KB114989

모택동 인민의 배신자

MOTAKUTO −NIHONGUN TO KYOBOSHITA OTOKO−
by Homare ENDO
ⓒ Homare ENDO 2015, Printed in Japan
Korean translation copyright ⓒ 201＊ by Timeline
First published in Japan by SHINCHOSHA Publishing Co.,Ltd.
Korean translation rights arranged with SHINCHOSHA Publishing Co.,Ltd.
through Imprima Korea Agency.

모택동 인민의 배신자

— 모택동은 왜 일본군의 進攻에 감사했나

엔도 호마레 지음   박상후 옮김

모택동 인민의 배신자
– 모택동은 왜 일본군의 진공에 감사했나

2021년 03월 31일 초판 2쇄 펴냄

지은이/ 엔도 호마레
옮긴이/ 박상후

펴낸이/ 길도형
편집/ 박지윤
인쇄/ 신흥인쇄문화
제책/ 책공감
펴낸곳/ 타임라인
출판등록 제406-2016-000076호
주소/ 경기도 고양시 일산서구 덕산로 250
전화/ 031-923-8668 팩스/ 031-923-8669
E-mail/ jhanulso@hanmail.net

ISBN 978-89-94627-76-2 03910

이 도서의 국립중앙도서관 출판예정도서목록(CIP)은
서지정보유통지원시스템 홈페이지(http://seoji.nl.go.kr)와
국가자료종합목록 구축시스템(http://kolis-net.nl.go.kr)에서
이용하실 수 있습니다. (CIP제어번호 : CIP2019018840)

중화민족을
배반한 자는 누구인가?

중국 건국의 아버지, 마오쩌둥.

중국 인민은 일중전쟁 기간, 마오쩌둥이 이끄는 중국공산당(중공)
군이야말로 일본군과 용감하게 싸워 일본을 패전으로 몰아넣었다고
교육받아 왔다. 그 사이 국민당군은 제대로 싸우지 않았으며, 국민당
군을 이끈 장제스는 매국노로 자리매김되어 매도당했다.

그러던 것이 타이완과의 평화통일이 필요하게 된 1980년대 이후
가 되자 차츰 '국민당군도 약간이나마 전투를 했다'는 식으로 수정
되고, 최근에는 '국민당군도 중공군과 거의 동일하게 일본군과 싸웠
다'는 식의 드라마가 제작되는 등 다소나마 개선된다.

하지만 2015년 9월 3일 성대하게 거행된 '중국인민항일전쟁 승리
와 세계반파시즘전쟁 승리 70주년 기념식전'에서는 일중전쟁(중국
에서는 항일전쟁)에 있어 중공군이 용감 과단하게 싸웠다고 하는 것이
기본 전제가 된다. 이런 자기 평가는 지금까지 시간이 흐르면서 역사
왜곡을 다소나마 시정했던 것과는 정반대의 방향이었다. 이것이야말
로 중국인민해방군(중공군)의 군사 퍼레이드를 대대적으로 치른 이유

이기도 했다.

그러나 만약 이 중공군이 실제로 일중전쟁 기간 중 일본군과는 이렇다 할 큰 전투를 치루지 않았을 뿐 아니라 오히려 일본군과 정면으로 전투를 벌였던 국민당군을 패퇴시키기 위해 일본군과 공모하고 있었다면 이를 어떻게 봐야 하는가. 중공군이 일본군을 타도한 덕에 중국이 탄생했다는 신화가 무너질 뿐만 아니라 시진핑정권의 기반이 흔들릴 만한 사안이다.

물론 일중전쟁에 있어 다소의 게릴라전은 중공군이 수행하기도 했다. 하지만 마오쩌둥이 최대의 적으로 간주한 것은 국민당의 장제스였다. 마오쩌둥은 될 수 있으면 국민당군이 일본군과 정면으로 싸우도록 하고, 시기가 무르익으면 소모전으로 피폐해진 국민당군을 두들겨 자신이 중국의 패자가 될 계산을 했던 것이다.

이를 위해 1939년 마오쩌둥은 판한녠(潘漢年)이라는 중공 스파이를 상하이에 있는 일본 첩보기관인 '이와이(岩井)공관'에 잠입시켜 외무성의 이와이 에이이치(岩井英一)와 친숙해지도록 했다. 이와이 에이이치는 판한녠으로부터 국민당군에 관한 군사정보를 취득했고, 그 대가로 고액의 정보 제공비를 지불했다. 가장 놀라운 것은 판한녠은 마오쩌둥의 지시에 따라 중공군과 일본군간의 정전(停戰)을 제의했다는 사실이다.

1936년(실행은 37년) 이후 형식적이긴 하지만 제2차 국공합작(국민당과 공산당이 협력해 일본군과 싸우자는 취지)을 했기 때문에 중공군이 국민당군의 군사정보를 취득하는 것은 용이했다. 일본이 일중전쟁에서 싸운 상대는 중화민국의 장제스정권이었다. 따라서 일본 측으로서는 국민당군에 관한 군사정보를 얻는 것은 전쟁을 유리하게 이끄는 데 도움이 되는 만큼 고마울 수밖에 없었던 면이 있다.

마오쩌둥은 1936년 시안사건(西安事件, 중국에서의 명칭은 시안사변. 상세한 내용은 제3장에서 다룸)을 일으킴으로써 장제스를 속여 국민당군이 중공군을 공격하지 않도록 해서 '합작'을 이유로 국민당 정부의 녹을 먹고 군복과 무기를 국민당정부로부터 지급받으면서 국민당군의 군사정보를 일본 측 첩보기관에 팔고 있었다. 한 마디로 중화민국을 팔고, 인민을 배반하고 있었던 것이다.

마오쩌둥은 머리가 좋았다. 판한녠이 접촉한 것은 일본 외무성 계열뿐이 아니었다. 당시 육군참모였던 가케사 사다아키(影佐禎昭) 대좌(나중에는 중장)와도 밀회를 가져 왕자오밍(중국에서는 왕징웨이로 통용) 괴뢰정권의 특무기관 '76호'와 내통하고 있었다. 이 모두 '중공군과의 화의和議'를 교섭하기 위한 것이었다.

1949년 현재의 중국, 즉 중화인민공화국이 탄생하자마자 마오쩌

상하이 시절 특무들과 함께하고 하는 판한녠(潘漢年). 왼쪽에서 다섯 번째.

둥은 스스로의 '개인적인' 의사결정에 따라 판한녠을 체포해 투옥한다. 판한녠은 마오쩌둥의 책략을 너무나도 많이 알고 있었다. 마오쩌둥은 판한녠을 매국노로 몰아 그 입을 원천봉쇄해 버렸고, 판한녠은 결국 1977년 옥에서 숨을 거둔다. 1976년 마오쩌둥의 사망에 따라 문화혁명은 종말을 고하게 되지만, 판한녠의 투옥은 마오쩌둥이 직접 지시에 따른 것이어서 그의 명예회복은 바로 이루어지지 않았다. 판한녠의 명예가 회복된 것은 사후 5년이 지난 1982년이 돼서야 가능했다.

그러자 판한녠을 아는 많은 지인들은 그의 원통함을 풀어주기 위해 판한녠을 둘러싼 정보를 수집하기 시작했다. 그리고 '모든 것은 마오쩌둥의 지시에 따라' 중국공산당을 위해서 행동한 것이라는 사실을 기술해 책으로 내기 시작했다. 이를테면 『판한녠의 정보생애(潘漢年的情報生涯)』[인치(尹騏) 저, 인민출판사, 1996]와 『판한녠전(潘漢年傳)』(인치 저, 중국인민공안대학출판사, 1997) 같은 제목의 책이 중국 대륙에서 출판되고 있었다.

그뿐만이 아니었다. 역사의 진실은 숨길 수 없었던 것이었을까. 판한녠과 관련해서는 2005년, 그리고 이와이 공관에 잠입했던 또 한 명의 저명한 중공 스파이 위안수(袁殊)에 관해서는 2011년, 중국에서 가장 권위 있는 〈중국공산당신문〉의 전자판인 〈중국공산당신문망〉에는 '그것은 억울하게 뒤집어쓴 죄였다'라고 그들의 공적을 찬양하는 대목이 있었다.(위안수도 판한녠과 동시에 연좌되어 투옥됐었다.)

주목할 만한 것은 모두 '판한녠도 위안수도 일본 측으로부터 일본군의 정보를 이끌어내 중공군이 일본군과 싸우는 데 유리하도록 스파이 활동을 수행해 중공군의 승리를 이끌었다'고 하는 줄거리가 기술되어 있다는 점이다.

그러나 중공 측 자료와 일본 측 자료는 사실이 정반대였다는 것을 보여 주고 있다. 예를 들어 이와이 에이이치가 저술한 회상록 『회상의 상하이』(『회상의 상하이』출판위원회 발행, 1983)에서 이와이 에이이치는 판한녠을 의심의 여지없이 '일본 측을 위한 정보 제공자'로 규정하고 있다. 그리고 판한녠이 '중공군과 일본군의 정전'을 제의해 온 것을 놀라운 심정으로 기록했다.

한편, 『판한녠의 정보생애』와 『판한녠전』도 판한녠 등이 '정보 제공료'로 이와이공관으로부터 보름에 한 차례씩 2000홍콩위안(당시 경찰관의 약 5년치 급여에 상당)을 받았다는 것을 무심결에 적고 있다. 만약 〈중국공산당신문망〉의 주장대로 중공 스파이가 일본에 관한 정보를 입수해 옌안(延安)에 있었던 마오쩌둥 등에게 전달하는 역할을 수행하고 있었던 것이라면(다시 말해 정보를 입수하기 위해 이와이 에이이치와 접촉했더라면), 일본 측으로부터 거액의 '정보 제공료'를 받는다는 것은 아무래도 이상하다. 앞뒤가 맞지 않는다.

게다가 판한녠과 위안수가 일본군 정보 입수를 위해서만 스파이 활동을 하고 있었다면 마오쩌둥은 어떤 이유에서든 판한녠 등을 '비밀을 너무 많이 알고 있었던 자'라고 해서 투옥해 종신형에 처할 필요가 없었을 것이다.

마오쩌둥의 전략은 어디까지나 천하를 취하기 위해 정적인 장제스가 이끄는 국민당군을 약화시키는 것에 있었다. 이를 위해 일본군이든 왕자오밍의 괴뢰정부든 가리지 않고 어디와도 손을 잡은 것이다.

이 전략이 마오쩌둥의 '제왕학'이라는 것을 인식할 필요가 있다. 마오쩌둥이 신봉하는 것은 마르크스-레닌주의가 아니라 마르크스-레닌주의를 이용한 '제왕학'인 것이다. 마오쩌둥에게 중요한 것은 인민이 아니었고, 스스로가 당黨인 자기 자신이었다. 자신이 천하를 취하는 것만이 의미가 있으며 이를 위해서는 무엇이라도 한다는 것이다.

판한녠이 상하이에서 스파이로 암약하고 있을 당시, 중공의 '특무기관사무소'(지하조직) 하나가 홍콩에 있었다. 이곳에서는 마오쩌둥의 명령을 받은 중공 측의 랴오청즈(廖承志)와 판한녠이 근무하면서 홍콩 주재 일본영사관에 있었던 외무성의 고이즈미 키요카즈(小泉淸一, 특무공작원)와도 협력했기 때문에 어느 의미에서는 '중공·일본 군협력첩보조직' 같은 것이 만들어진 셈이다.

랴오청즈는 중화인민공화국이 탄생하자 대외연락부 부부장과 국무원외사판공실 부주임을 역임하게 되는데 일본의 타카사키 타츠노스케(高碕達之助)와 협력해 1962년 '중일장기종합무역각서'에 조인하는 등 전후의 일본과도 깊은 관계가 있는 인물이다. 당시 일중무역

중일무역협정 조인식에서의 타카사키 타츠노스케와 랴오청즈. 오른쪽이 랴오청즈(廖承志).

을 랴오청즈(廖承志)의 랴오(廖, Liao)와 타카사키(高碕, Takasaki)의 이니셜을 따서 LT무역이라고 한다.

마오쩌둥이 판한넨과 위안수를 투옥하면서 랴오청즈는 문화혁명 시기 이외에는 투옥하지 않은 이유 가운데 하나는 그가 판한넨보다는 일본 측과의 접촉이 덜 밀접해 '비밀을 너무 많이 알고 있는 자'는 아니었기 때문인 것, 그리고 랴오청즈는 도쿄에서 태어나고 와세다대학을 다녀 일본인을 무색케 할 만큼의 일본어 능력을 가지고 있었기 때문일 것이다.

마오쩌둥은 전후에도 '다시 한 번 일본군을 이용했으면' 하는 생각도 있었다. 중화인민공화국의 건국 후 유엔은 '중국을 대표하는 나라'로서 중화인민공화국을 인정하지 않았으며 승인해 준 국가도 매우 적었다. 건국 후 곧바로 한국전이 발발해 미국을 비롯한 서방의 여러 나라들을 적으로 돌리게 된 것도 커다란 원인이었다. 이 때문에 마오쩌둥은 어떻게든 일본을 중국 편으로 확실히 붙잡아 일본이 중국을 국가로 승인해 주도록 힘을 쏟았다.

그래서 마오쩌둥이 목표로 삼은 것은 일중전쟁 당시의 일본군 장교들이었고, 대장급의 인사를 중국에 초빙하려 했다. 일본인으로서는 '왜 하필이면 적이었던 일본군 장교일까?'라는 의문이 생길 것이다. 여기에는 특별한 이유가 숨겨져 있었다.

사실 일중전쟁 당시 최후의 '지나 파견군 총사령관'이었던 오카무라 야스지(岡村寧次) 대장은 장제스의 승리 선언 내용과 200만이 넘었던 군과 민의 신속한 일본 귀국에 힘을 쏟았던 것에 감격해 장제스를 존경하게 된다. 두 사람은 깊은 우정을 가슴에 새기게 되고 아슬아슬하게 무죄의 몸으로 귀국이 가능하게 된 오카무라는 이후 장제스를 위해 '백단白團(바이퇀)'이라는 군사고문단을 비밀리에 결성해 타이완에 패주한 장제스의 대륙 탈환을 돕게 된다.

이를 알게 된 마오쩌둥은 어떻게 해서든지 오카무라를 자기편으로 끌어오려 한다. '대장급의 전 일본 군인을 초빙하고 싶다'고 희망한 것도 그런 이유에서였다.

그러나 오카무라는 방중을 거절했다. 전 일본군 대표로 방중한 이는 엔도 사부로(遠藤三郎) 중장이었다. 이때 일본어 통역을 담당한 이가 랴오청즈였다. 1956년 마오쩌둥은 엔도 사부로 등을 중남해中南海에 초대해 '일본의 군벌이 우리 중국에 진공進攻한 것에 감사한다. 그 전쟁이 없었더라면 우리는 지금 여기(베이징의 중남해)에 없다. 그 전쟁이 있었기 때문에 흩어진 모래와 같았던 인민이 단결할 수 있었다'고 말했다.

그 후 많은 일본인이 마오쩌둥을 만날 때마다 '사죄'를 하는데도 마오쩌둥은 싫증이 났는지 '황군에 감사한다'는 말을 연발하면서 '과거에 구애받지 않는다'는 생각을 일관되게 주장했다.

마오쩌둥의 이 같은 발언에 대해 중국에서는 궁색한 해석을 하고 있지만, 마오쩌둥의 일본군과의 공모와 협력 의사는 일중전쟁 시기부터 일관된 것이며 차라리 매우 정직한 것이다. 일본은 신중국(중화인민공화국) 탄생 후에도 계속 이어진 심리적 '국공내전'으로 쌍방(중국과 타이완)이 서로 빼앗으려 다투는 대상이었던 것이다.

마오쩌둥은 '난징대학살'(일본에서는 난징사건)에 관해서도 언급하지 않았으며, 교육 현장에서도 기본적으로 가르치지 않았다. 이것은 중국 인민의 반일감정과 일본 국민의 반중 감정을 억제함으로써 일본을 장제스의 타이완이 아닌 마오쩌둥 편으로 끌어들이고 싶다는 심정도 있었던 것으로 보이는데, 가장 주된 이유는 난징사건이 발생했을 때 마오쩌둥 일파는 옌안이라는 깊은 산중에 도주한 상태여서 일본군과 특별한 전투를 벌이지 않았기 때문이다.

항일운동의 선전만큼은 대대적으로 하면서 한편으로는 일본군과 공모해 장제스 국민당군의 힘을 빼는 데 진력하고 있었다. 마오쩌둥은 '난징대학살'이 부각되면 이런 사실(일본군과 공모)이 들통 나는 것을 두려워했을 것이다.

'난징대학살'이 중국 교과서에 실리기 시작한 것은 마오쩌둥 사후 개혁개방이 시작됐을 때의 일이다. 그것은 중국 인민에게 커다란 충격을 안겨 주었다. 그 때문에 80년대 들어서부터 야스쿠니신사 참배와 관련해서 격렬한 항의 운동이 전개되게 된 것이다. 마오쩌둥 시기와 비교해 볼 때 지금 달라진 양상은 일본의 역사의식을 규탄하는 것이 중국의 핵심 스탠스가 되어 외교 카드로까지 사용된다는 점이다. 그 전환점을 가져온 것은 장쩌민(江澤民)의 애국주의 교육이다.

장쩌민의 부친은 일본이 지휘하는 왕조명 괴뢰정권의 선전부 부부장이었다. 이 같은 출신이 드러나려 했기 때문에 장쩌민은 애국주의 교육을 반일 교육의 방향으로 경도시켜 자신이 얼마나 반일인지를 중국 인민에게 보여 주려 한 것이다. 장쩌민은 일중전쟁 당시 중국공산당과는 그다지 관계가 없었기 때문에 마오쩌둥의 깊은 책략 등을 알 리가 없다. 그렇기 때문에 중국에서 가장 큰 죄악으로 간주되는 한간漢奸(매국노)은 아니라는 것을 호소하려 했다.

현재 중국 젊은이들의 반일감정을 선동하고 있는 것도 같은 맥락이다. 후진타오의 전 정권처럼 시진핑정권도 '친일정부' '매국정부'로 인민에게 매도되지 않기 위해 대일 강경책을 연출하고 있다.

사실 마오쩌둥은 살아 있는 동안 단 한 번도 '항일전쟁승리기념일'을 경축한 적이 없다. 그것(항일전쟁승리)을 축하하는 것은 장제스를 찬양하는 것이란 인식이 명확했기 때문이다. 항일전승기념일을 전국적인 차원에서 축하하기 시작한 것은 역시 장쩌민이다. 1995년 9월 3일 '세계반파시즘전쟁기념일'과 병합해 경축한 것이 시초다.

시진핑 정권이 역사 카드를 더욱 높이 든 배경에는 미국을 중심으로 계속 형성되는 민주주의 국가의 '보편적 가치관'에 따른 대중국 포위망을 부수기 위한 속셈도 있다. '일본이 역사를 직시하지 않는다'는 구호를 국제사회의 공통 인식인 것처럼 만들어 일본을 비판의 대상으로 삼으면 그 동맹인 미국을 약화시킬 수 있다는 전략이다.

이 책에서는 마오쩌둥이 어떻게 일본군과 공모해서 일본을 이용했는지를 중심으로, 마오쩌둥이 왜 제왕학이라 말할 수 있을 정도로 의기양양한 전략을 고안해 냈는지, 그의 집념과 야망의 원류를 밝히고 인간 마오쩌둥의 묘사를 시도한다.

'역사를 직시하지 않는 자는 누구인지'를 명확히 하는 것을 기초로, 현재 일중 간에 깊이 패어 있는 부정적 악순환에 종지부를 찍을 수 있음을 굳게 믿는다.

(注) 마오쩌둥은 전략적으로 중공군이 일본군의 전선前線에서 싸우지 않도록 했지만, 중공군 병사 자신은 막상 전투를 하게 되면 용맹 과감했다는 것을 그들의 명예를 위해 기록해 둔다.

차례

서문 중화민족을 배반한 자는 누구인가? · 4

제1장 굴욕감이 낳은 제왕학 · 21

성장 내력 · 22 / 새로운 나라를 만들다 · 26 / 혁명에 눈뜨다 · 29 / 지식인 증오의 원점은 '베이징대학' · 35

제2장 '만주사변'에서 살아남다 · 41

후난에서의 활동부터 중국공산당 건설에 이르기까지 · 42 / '소라게 전략'으로 국민당 간부가 되다 · 47 / 왕자오밍과 친교를 맺다 · 51 / 장제스의 직감 · 53 / 장제스의 고뇌와 장쭤린 폭살사건 · 58 / 호랑이는 세 마리가 필요하지 않다 ― 징강산의 대량 살육 · 61 / 나라 안에 '나라'를 만들다 · 66 / 만주사변으로 '살아남은' 홍군 · 68 / 안으로 숨긴 코민테른에 대한 증오 · 73 /

제3장 일중전쟁을 이용하라 ― 시안사건과 국공합작 · 77

장정을 성공시킨 일본군의 아편 정책 · 78 / 장제스 납치사건을 둘러싼 음모 · 84 / '항일에는 병력의 10퍼센트 이상 투입하지 말라!' · 92 / 마오쩌둥은 '난징대학살'을 어떻게 보고 있었나? · 103 /

제4장 일본 첩보기관 '이와이공관'과의 공모 · 111

중국공산당에 의해 뒤바뀐 역사 해석 · 112 / 이와이 에이이치와 중공 스파이 위안수 · 116 / '공산당이어도 상관없다' · 121 / 마오쩌둥의 스파이 판한녠, 일본군에 정전을 제의하다 · 127 / 정보 제공료는 얼마였을까 · 135

제5장 일본군 및 왕자오밍 괴뢰정권과의 공모 · 141

이와이공관을 점령해 버린 랴오청즈 · 142 / 왕자오밍정권을 지지했던 일본 군인들 · 146 / 코노에내각의 '남진정책' 결정으로 살아남다 · 154 / 특무기관76호의 리스췬을 노려라 · 157 / 왕자오밍과의 밀약, 또 하나의 증언 · 165 / 판한녠, 왕자오밍과 재회? · 168

제6장 일본군과의 공모와 정적, 왕밍의 수기 · 173

일본 육군. 토코 대좌와의 밀약 · 174 / 중공, 오카무라야스지 대장과 접촉 · 178 / 정적, 왕밍과의 언쟁 실록 · 188 / 진실을 아는 자는 모두 사라지다! · 193

제7장 나는 황군皇軍에 감사한다 - 전前 일본군인을 환영한 이유 · 197

일본 민군民軍의 귀환에 지나치게 집중한 나머지 선수를 빼앗긴 장제스 · 198 / '창춘(長春)을 죽음의 도시로 만들라!' · 202 / 마오쩌둥과 전 일본 군인, 엔도 사부로와의 대담 · 214 / 좌익의 '사죄'에 진절머리를 내고 있었다 · 221 / 마오쩌둥과 장제스, 오카무라 야스지를 두고 서로 다투다 · 224 / 역사 인식에 관하여 · 237

옮긴이 보충 해설 · 253

마오쩌둥이 인용한 일본 한시 〈징동유제벽將東遊題壁〉· 254 / 긴자(銀座)의 밤거리를 누빈 벽안의 스파이, 리하르트 조르게Richard Sorge · 257 / 쑨원과 우메야 쇼키치의 신해혁명 지원 · 262 / 중화민국 국군을 지원한 일본의 군사고문단 백단 · 266 / 장제스의 일본 딜레마 · 271 / 저우언라이와 일본의 인연 · 273

옮긴이 후기 · 275

참고 문헌 · 280

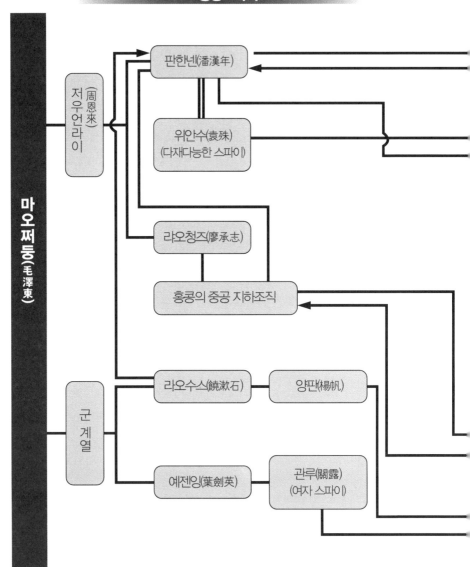

중공스파이

마오쩌둥(毛澤東)

저우언라이(周恩來)

판한녠(潘漢年)

위안수(袁殊)
(다재다능한 스파이)

라오청즈(廖承志)

홍콩의 중공 지하조직

군계열

라오수스(饒漱石)

양판(楊帆)

예젠잉(葉劍英)

관루(關露)
(여자 스파이)

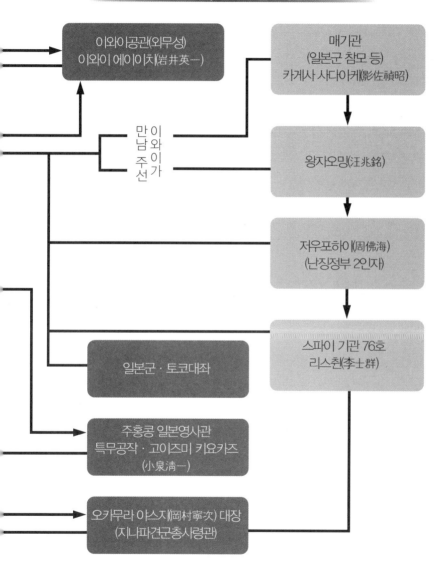

일본군, 그리고 첩보기관

이와이공관(외무성)
이와이 에이이치(岩井英一)

매기관
(일본군 참모 등)
카게사 사다아케(影佐禎昭)

왕자오밍(汪兆銘)

만남주선 이와이가

저우포하이(周佛海)
(난징정부 2인자)

일본군·토코대좌

스파이 기관 76호
리스췬(李士群)

주홍콩 일본영사관
특무공작·고이즈미 키요카즈
(小泉淸一)

오카무라 야스지(岡村寧次) 대장
(지나파견군총사령관)

제1장

굴욕감이 낳은 제왕학

성장 내력

마오쩌둥은 언제부터 그리고 어떻게 제왕학을 몸에 익히게 된 것인가. 그 편린이나마 찾아보기 위해 우선 그의 성장 내력부터 고찰해 보겠다.

1893년(청왕조, 광서光緖 19년) 12월 26일, 마오쩌둥은 후난성(湖南省) 창사부(長沙府) 상탄현(湘潭縣) 샤오산(韶山)에서 출생했다. 자字는 윤지潤之였다. 부친은 부유한 농민으로, 말하자면 지주였다. 마오쩌둥은 5형제의 3남이었는데 형들이 다 어린 나이에 일찌감치 죽는 바람에 사실상 장남으로 자랐다.

부친은 빈한했다가 부농이 됐기 때문에 상당히 엄격했고 금전관리도 꼼꼼했다. 마오쩌둥의 조부에게는 빚이 있어서 한동안 샹난(湘南, 후난성 남부) 지방군인 상군湘軍에 종군한 대가로 지급된 급여로 다소간의 교육도 받아 글을 읽거나 쓰고 숫자 계산 정도를 할 줄 알았다. 그래서 마오쩌둥이 6세였을 때부터 소를 방목하거나 잡초 제거 등의 전답에서 하는 일을 시키기도 했다. 8세가 되자 작은 사숙私塾에 다니도록 했고 남은 시간은 여전히 전답 일을 해야 했다.

사숙이라고 해봐야 모毛씨의 친척이 운영하는 농촌의 서당이어서 배우는 것은 글을 읽고 쓰는 정도였다. 그의 모친은 문맹이어서 아들이 그 정도 배우는 것만 해도 감지덕지해 했다.

드디어 하루에 두 시간 정도 논어와 사서 혹은 삼자경三字經 육언잡시六言雜詩 등을 소리 높여 읽는 법을 배웠다. 한시漢詩에는 흥미를 가졌지만, 그 외의 고지식한 가르침들에는 흥미를 느끼지 못했다. 마오쩌둥은 당시 청왕조에서 금서였던 『수호전水滸傳』과 『삼국지연의三國志演義』, 『서유기西遊記』 등은 흠뻑 빠져들 정도로 탐닉했다.

13세 무렵의 어느 날, 거래처의 단골손님들을 초대해 연회를 베푸는 자리에서 부친이 아들에게 일손을 도우라고 하자 마오쩌둥은 싫어하는 티가 역력했다. 부친은 손님들이 보는 앞에서 "너는 아주 게을러 터져 도움이라고는 안 되는 놈이다, 이 불효자 자식아!"라고 욕설을 했다.

부친은 마오쩌둥이 하찮은 책만 읽고 있어 속을 끓이고 있던 참이었다.

마오쩌둥은 이때 유교의 가르침을은 정리한 『예기禮記』에 나오는 문장 '부자자효'(父慈子孝; 부친이 자애심이 깊으면 자녀들은 효행을 한다)라는 말로 손님들 보는 앞에서 부친에게 말대꾸를 했다. 이것은 유교 따위는 배운 적이 없는 부친에 대해 싫은 티를 내는 것이기도 했고 최대한의 반항이었다.

자식으로부터 이런 말을 들은 아버지는 더욱 격노했고, 늘 그랬던 것처럼 작정하고 몽둥이찜질을 하려고 했다. 마오쩌둥이 맞지 않으려고 달아나자 아버지는 기를 쓰고 쫓아갔다. 마오쩌둥은 집 앞에 있는 연못으로 몸을 날려 연못 한가운데 서서는 "때리려면 때려. 더 이상 가까이 다가오면 연못에 빠져 죽을 거야!"라면서 아버지를 위협했다. 이런 일이 벌어지면 수습하는 것은 모친의 몫이었다. 모친은 일자무식이었지만 상냥한 마음씨의 소유자였고, 마오쩌둥에게 한없이 자애로운 어머니였다.

그러나 부친은 한 번 화를 내면 좀체 거둘 줄 몰랐다. "그렇다면 땅바닥에 머리를 조아리고 용서를 빌어!"라면서 마오쩌둥을 더욱 꾸짖었다. 마지못해 무릎을 꿇고 땅바닥에 머리를 조아린 와중에도 마오쩌둥의 반항심은 불타올랐음에 틀림이 없다.

상대방이 강하게 나오면 이쪽도 위협을 해본다. 하지만 힘이 없을 때는 '어둠 속에 숨어 힘을 키우고 보복의 순간을 기다린다'. 이것을 '도광양회韜光養晦'라고 하는데 이는 후에 마오쩌둥이 편찬해 낸 『제왕학』의 기본 중 기본이다.

이처럼 무릎을 꿇는 자세의 '어둠' 속에서 마오쩌둥은 '도광양회'의 네 글자를 발견한 것은 아닐까. 여기서 제왕학의 처음 싹이 움튼 것일지도 모른다.

이 사건이 있은 뒤 부친은 아들이 사숙에 다니는 것을 금지시켰고, 오로지 농사일에 매달리게 강제했다. 낮에는 밭일과 소를 방목하며 쇠똥을 모았고, 밤에는 부친의 장부 정리를 했다. 그러나 마오쩌둥은 주눅 들지 않고 짬을 내 독서를 했다. 그러자 부친은 또다시 게으른 놈이라며 심하게 나무랐다.

하지만 마오쩌둥은 독서를 멈추지 않았다. 밤에는 불빛이 새나가지 않도록 창을 담요로 막고 심야까지 책을 읽었다. 마오쩌둥은 평생 야행성 생활을 했고, 그의 침대 주변에는 책이 쌓여 있었다고 하는데, 어릴 때 부친의 눈을 피해 밤을 새가며 책을 읽던 어릴 적 습관이 몸에 밴 탓이 크다고 봐야 한다.

14세 때 그는 『지나과분지운명支那瓜分之運命(분할되는 중국의 운명)』이란 책을 접한다. 이 책에는 '아아 중국이 마침내 멸망하는구나!'라는 문구가 있었고 일본제국의 조선 점령, 타이완 점령을 비롯해 대영제국의 미얀마 점령, 프랑스의 베트남 점령 등이 기술되어 있어서 마오쩌둥에게 '국가'라는 의식을 불러일으키게 했다. 그리고 메이지유신에 관한 책도 읽게 됐다.

마오쩌둥의 지적욕구는 멈추지 않았다. 반대하는 부친을 친척이 설득해 그는 처음으로 '소학당'에 진학한다. 상향현립동산고등소학당湘鄕県立東山高等小學堂이라는 소학교는 이웃 현인 상향현에 있어서 마오쩌둥이 태어난 샹탄현과는 거리가 있었지만, 부친과 떨어지게 되면서 사이고 타카모리(西鄕隆盛)가 읊은 한시 '장동유제벽將東游題壁'[1](장차 동쪽으로 출항하기에 앞서 벽에 제호를 쓴다)을 비틀어 쓴 한시 '개서향융성시증부친改西鄕隆盛詩贈父親'(사이고 타카모리의 시를 고쳐서 부친에게 바치다)을 읊조리면서 부친과의 이별가를 지었다. 이 한시는 막말幕末의 존황양이파의 승려 석월성釋月性(샤쿠 겟쇼)이 노래한 것인데 마오쩌둥은 사이고 타카모리의 시를 약간 변형했다. 어쨌든 마오쩌둥은 메이지 유신에 매혹된 것만큼은 틀림없어 보인다.

각주)——————————————
1) 〈옮긴이 보충 설명〉 참조.

새로운 나라를 만들다

마오쩌둥을 건국의 아버지답게 만든 결심을 하게 된 발단 가운데 하나는 메이지유신에 있었는지도 모른다. 상향동산소학에는 일본 유학을 하고 돌아온 교사가 있어서 마오는 그에게서 또한 메이지유신과 일본제국의 혁신적인 정신을 배웠다. 이때 배운 일로전쟁에서 일본의 승리를 찬양한 노래인 〈황해의 전투〉를 통해서 마오쩌둥은 일본제국의 강대함을 느껴 어떻든 분발해야겠다고 다짐하고 깨닫는 계기가 되었다.

아마도 1840년에 발생한 아편전쟁에서 청왕조가 패배한 이래 영국과 프랑스 등 구미 열강의 아시아 진출은 대단한 것으로써 중국을 비롯한 많은 동남아시아의 여러 나라들을 점령, 식민지로 만들고 있었다. 이때 일본도 구미 열강에 의해 식민지가 된다고 해도 이상하지 않을 정도였다.

하지만 아시아의 소국에 불과한 일본은 구미 열강의 식민지화를 모면할 수 있었다. 그것을 가능하게 한 것은 메이지유신 이후의 부국강병책이며 선악의 문제와는 별개로 스스로 국가의 길을 만든 덕분이 아닐까.

당시 일본에 가장 커다란 위협은 러시아제국(1721~1917)이었다. 대영제국의 규모에 필적했던 러시아제국은 태평양으로 열린 부동항을 구하기 위해 지속적으로 동진 남하, 랴오닝 성(遼寧省)의 다롄(大連)과 뤼순(旅順) 등을 청왕조로부터 조차해 식민지화하고 있었다. 사실상 러시아는 중국의 동북부(만주) 일대를 제패하고 있다고 해도 과언이 아니었다. 나중에 조선반도까지 획득하면 일본의 식민지화도 목전에 닥칠 판이었다. 일본으로서는 필사적으로 이를 막아야 했을 것이다.

때마침 러시아는 프랑스와 노불동맹露佛同盟이란 군사동맹을 맺어 프랑스의 투자로 시베리아철도 개발에 착수했다. 프랑스와 세계 도처에서 식민지 쟁탈전을 벌이고 있는 영국은 프랑스의 강대화를 억제하기 위해 일본과 일영동맹을 맺었다. 일본에 있어서도 일영동맹은 일본이 식민지화되는 것을 피하기 위한 최상의 선택임에는 틀림없었다.

일본은 표면적으로 조선반도의 '중립화'를 주창하면서 일청전쟁 (1894~1895)을 벌여 승리했다. 그 결과 체결된 시모노세키조약에 대해 러시아, 독일, 프랑스가 '요동반도를 청에 반환하라'고 간섭한 것이 '삼국간섭'이다.

요컨대 러시아는 뤼순, 다롄이라는 부동항을 손에 넣고 싶어 했던 것이다. 청에 반환하라고 압박을 가해 일본으로부터 양보를 이끌어내 일본이 청에 반환하자, 결국 러시아는 자국의 군사기지로 뤼순을 사용하기 시작했다. 게다가 1896년 러시아는 청왕조와 밀약을 맺고 시베리아철도를 연장해 중국 동북3성의 북부를 횡단하는 동청철도 東淸鐵道의 부설권을 획득했다.

중국을 겨냥한 러시아의 야심은 '일본이 침략 당할지도 모른다'는 위협을 일본에 가한 셈이었다. 이런 연유로 일본은 러시아와 전쟁을 시작했다. 일러전쟁이 시작되고 기적적으로 일본이 승리했다. 마오쩌둥은 일청전쟁에 대해서는 그다지 비판도 관심도 없었지만, 일러전쟁에 관해서는 아시아 인이 백인에게 승리했다고 높이 평가하고 강한 관심을 보이고 있었다.

또 미국의 조지 워싱턴과 러시아의 피터대제 등의 위인전도 애독했었던 것을 보면 이때부터 반드시 '천하를 취할 큰 뜻'을 꿈꾼 것이 아닐까 한다. 중국 국내에 관해서는 청왕조 말기 '무술변법'을 일으켰던 캉유웨이(康有爲)와 량치차오(梁啓超) 등의 유신개혁 사상에 감명 받고 있었다.

혁명에 눈뜨다

1911년 18세가 되던 해 후난 성의 성도 창사 시(長沙市)에 있는 상향주성중학에 입학하는데 이때 쑨원(孫文)이 이끄는 혁명당을 신문에서 황화강무장봉기黃花崗武裝蜂起(중국어로는 黃花崗起義)라고 하는 반청정부혁명운동이 일어난 것을 알게 된다. 이것은 쑨원이 청 정부를 타도하기 위해 1905년 도쿄에서 결성한 중국동맹회를 중심으로 한 멤버가 1911년 4월에 광둥 성 광저우에서 일으킨 것이다. 마오쩌둥은 이 무장봉기를 알게 되고는 자기도 청왕조를 무너뜨리기 위해 무엇인가를 하고 싶다고 생각해 처음으로 정치적 행동에 나선다.

학교 벽에 '만주 청정부를 타도하라! 민국을 세우자!' 라는 벽보를 붙이는 등의 행동으로 청왕조에 대한 항의를 표하고 청왕조가 강제하고 있는 변발을 스스로 잘라 버렸다.

황화강무장봉기가 실패로 돌아가 일부 혁명가들은 장강 유역으로 거점을 옮겨 후베이 성 우한 시(武漢市)에 있는 우창(武昌, 현재의 우창구)에서 1911년 10월 10일 '우창봉기'를 일으켰다. 신해혁명의 막이 오른 것이다. 우창은 삼국지 시대인 208년 조조의 위나라대 손권의 오와 유비의 촉 연합군 사이에 벌어진 '적벽대전'으로 알려진 장소다. 이런 우창에서 혁명군이 무장봉기를 한 것은 청년들의 뜨거운 피를 자극했다.

이때 마오쩌둥도 창사혁명당이 이끄는 혁명군 병사가 되어 혁명운동에 참가하는데 바로 후난신군의 병사였다. 이때 학생들이 만든 학생군도 있었는데, 마오쩌둥이 학생군에 참가하지 않고 후난신군에 들어간 것은 매월 7원의 급료를 받을 수 있다는 장점 때문이었다. 여기서 마오쩌둥은 약간의 군사훈련을 받았는데 이는 나중에 도움이 된다.

1912년 청왕조의 마직막 황제 아이신지오로푸이(愛新覺羅溥儀)의 퇴위에 따라 청왕조는 붕괴했다. 마오쩌둥이 혁명군에 참가한 것은 청왕조 타도를 위한 것이었는데, 그것이 이루어진 지금 입대한 목적은 달성됐다고 생각해 창사의 중학교에 돌아가 다시 면학에 열중하기로 한다.

하지만 18세가 넘은 청년이 여섯 살 정도의 연하 소년들이 다니는 중학에 돌아가는 것은 자존심이 상했다. 마오는 또 이래저래 자신처럼 큰 그릇을 받아줄 도량이 중학에는 없을 거라고 생각했다. 규칙에만 얽매일 뿐 이미 다 공부한 내용의 수업을 다시 받아야 한다는 사실에 질색하지 않을 수 없었다.

그 결과 수업에 거의 출석하지 않아 제적당하게 된다.

보통고교 입학을 시도했지만 수학과 영어가 0점이라 불합격한다. 부득이 창사에 있는 도서관에서 독서에 몰두하는데 여기서 루소의 『사회계약론』과 아담 스미스의 『국부론』, 몽테스키외의 『법의 정신』, 헉슬리의 『진화론과 윤리학』 등을 읽어 자기계발을 하게 된다.

무엇보다 커다란 충격이었던 것은 난생처음 '세계대지도'를 본 것이었다. 그 지도는 도서관 벽에 걸려 있었다. 세계대지도 속에서 무한하게 크다고 여겼던 중국이 세계의 일부에 지나지 않았다.

그것은 신선한 충격으로 작용함과 동시에 세계 제패는 불가능하니 하다못해 세계대지도 가운데 중국 부분이라도 제패해야겠다는 '큰 뜻'을 품게 해주었다. 마오는 도서관에 다닐 때마다 매일 지도를 올려다보았다. 지도를 응시하며 선 채로 '좋아' 하고 다짐을 되새기며 독서에 매진한다.

이 같은 나날들을 보내던 마오쩌둥에게 부친으로부터 심각한 내용의 편지가 왔다. '학교에도 가지 않고 게으르게 허송세월만 하고 있으니 이제부터는 일체의 학비를 내주지 않겠다'는 내용이었다.

다행히 마오쩌둥은 창사에 머물며 학비를 내지 않아도 좋다는 조건으로 후난 성 제4사범학교에 입학한다. 이 학교는 곧 후난성립제1사범학교에 병합되지만 학비 무료의 조건은 변하지 않았다. 여기서는 친척과 동산소학당 은사의 도움으로 생활비 지원을 받아 안정된 생활을 하게 되어 수업에도 충실히 임했다.

다만 제4사범이든, 제1사범이든 모두 중등전문학교였다. 제1사범은 5년제로 일본으로 치자면 고교 2학년까지의 학습 수준이었다. 이것이 마오쩌둥의 생애를 결정지어 그가 건국의 아버지가 되는 원류의 하나가 되고, 또 건국 후 지식인을 박해한 개혁개방 전의 중국을 형성한 근간이 된 것으로 주의 깊게 고찰할 필요가 있다.

제1사범에서는 사회과학에만 흥미를 가졌고, 특히 윤리학에 강한 관심을 지녔다. 부연하자면 마오쩌둥의 운명을 결정한 양창지(楊昌濟, 1871~1920)라는 윤리학 교원이 제1사범에 있었던 것이다. 양창지는 1902년부터 1908년까지 6년간 일본 유학을 했으며 도쿄고등사범학교에서 교육학을 전공했다. 도쿄고등사범학교는 도쿄교육대학 또 이후 츠쿠바대학의 전신이었다.(츠쿠바대학에서 강의했던 필자로서는 특히 흥미로웠다.)

양창지는 일본 유학 후 영국에도 유학을 갔는데 에든버러대학에서 철학과 윤리학, 심리학 등을 공부하고 문학사 학위를 취득했다. 이후 독일과 스위스에서 교육제도를 고찰한 뒤, 1913년 고향인 후난 성 창사 시로 돌아왔다. 귀국 후에는 후난 성 제4사범학교에서 교편을 잡았다가 1914년 후난공립제1학교가 후난 성 제4사범학교와 합쳐져 후난제1사범학교가 설립되자 제1사범학교의 교원을 겸임하게 됐다. 그의 학생 가운데 마오쩌둥이 있었던 것이다.

양창지는 마오쩌둥이 상당히 마음에 들었고 마오쩌둥도 양창지의 강의를 듣는 것이 미칠 정도로 좋았다. 양창지가 교과서로 독일 철학자 프리드리히 파울젠Friedrich Paulsen(1846~1908)의 저서 『윤리학원리』를 사용했는데, 이 책은 이후 베이징대학 학장(1916~1927)이 된 차이위안페이(蔡元培)가 일본어본을 중국어로 번역한 것이었다.(차이위안페이 역시 일본에서 유학했다.) 독일어에서 영어로 번역된 것을 1900년에 일본인 카니에 요시마루(蟹江義丸)가 일본어로 번역 출판했고, 이것을 차이위안페이가 중국어로 번역했으니 세계를 한 바퀴 돈 책이었다.

마오쩌둥은 이 책을 읽고 또 거듭 읽어 숙독했다. 책의 공란에는 마오쩌둥의 의견이 잔뜩 적혀 있어 나중에 현실주의라는 논리를 이끌어내게 된 계기가 됐다.

마오쩌둥이 말하는 현실주의는 대체로 '인간의 생은 짧은 것이다. 그렇기 때문에 현실에서 떨어져 환상과 허구의 이상이나 가치를 추구하는 따위는 해서는 안 된다. 정해진 시간 속에서 자기실현을 이룩하지 않으면 안 된다'는 것이다.

이것이 이후 '마오쩌둥사상'으로 제창되고 있는 '실천론' 내지

'모순론'의 기초를 형성한다. 따라서 '윤리학원리'는 마오쩌둥이 마르크스주의로 넘어가는 다리 역할을 하는 동시에 '마르크스주의의 중국화'라는 마오쩌둥사상의 기둥을 만들어낸 것이다.

1917년 10월 러시아혁명이 일어나 제정러시아가 붕괴되고 소련(소비에트연방)이 탄생했다. 이때 중국은 군벌에 의한 내란 상태였다. 모처럼 1912년 중화민국이 탄생했다고 하지만 쑨원이 임시정부의 대총통이 되려 하자 야심만만한 위안스카이(袁世凱)가 쑨원을 누르고 대총통에 취임하게 되고, 1916년에는 중화제국 황제 즉위를 선언하는 등 정권은 매우 불안정했다.

1916년 위안스카이가 죽자 각지의 군벌이 할거했다. 마오쩌둥이 있던 제1사범에도 그 군벌에 의한 충격파가 밀려들고 있었다. 1917년 패퇴한 북양군벌이 창사 시로 도주해 들어와 시민을 공포에 몰아넣었고, 제1사범학교도 학생들을 피난시키려 하고 있었다. 그런데 이때 마오쩌둥은 군사훈련을 하고 있던 학생들을 조직, 지원군을 결성해 패주한 군벌을 격퇴하는 방안을 학교 측에 제의했다.

사실 제1사범학교가 위치한 창사 일대는 철도의 요충지면서 군웅할거한 군벌의 패잔병이 지리멸렬할 때마다 늘상 들이닥치는 곳이었다. 이 때문에 1916년부터 군사관리 등의 과목이 늘어 군사훈련을 시행하고 있던 참이었다.

마오쩌둥은 1911년 신해혁명이 일어나기 전 한동안 후난신군에 종군했던 경험이 있었다. 그 시기에 받은 군사훈련과 그 때까지 읽어온 많은 책에 있었던 전법을 응용해 학생들을 조직했다. 200명 정도의 학생지원군을 몇으로 나눠 3000명의 패잔병이 모이는 근처의 산에 잠입해 목검을 들고 폭죽을 격렬하게 터뜨렸다. 한편으로는 현지의 경찰에 협력을 청해 실제 총포를 쏘도록 하기도 했다. 패잔병들은 자신들이 감당할 수 없는 대군에 포위당한 게 틀림없다는 착각으로 공포와 혼란에 빠져들기도 했다. 마오는 패잔병들에 대한 정면공격을 삼가면서 사자를 보내 교섭을 했다. 이런 전법이 주효했는지 2000여 명의 패잔병이 항복했고 소지하고 있던 모든 무기를 학생지원군과 경찰에 건넸다.

이 성공은 다음 장에서 자세히 기술할 마오쩌둥의 '게릴라전' 전략의 계기를 마련한 셈이다. 마오쩌둥의 이 쾌거는 그 대담함에 있어 높이 평가되고 있으며, 이로 인해 창사에서는 제법 영웅이 됐다.

같은 해 미야자키 토텐(宮崎滔天, 1871~1922)이 후난 성에 연설하기 위해 왔다. 미야자키 토텐은 쑨원 등이 일본에 체재하고 있었을 때 쑨원의 생활과 사상을 지원해 신해혁명 성공을 응원해 온 인물이다. 미야자키는 '구미 열강에 식민지화되고 있는 아시아를 가르치는 데 있어 아시아 문명의 중심인 중국의 독립과 민중의 자유가 불가결하다'라는 취지의 '아시아주의'를 제창했다. 그는 1891년 상하이에 온 것을 시작으로 일본과 중국 사이를 왕래했다. 무술정변에 실패해 홍콩에 도피한 캉유웨이를 일본으로 데리고 간 것도 그였다.

마오쩌둥은 미야자키 토텐의 연설에 깊이 감격해 일본을 향한 존경의 마음을 굳히게 된다. 당시 그와 함께 공부했던 이 가운데는 이후 공산당 결성에 도움을 준 차이허썬(蔡和森)이 있었는데, 마오쩌둥은 그와 함께 1918년 4월 '신민학회'를 창설했다.

지식인 증오의 원점은 '베이징대학'

1918년 여름 마오쩌둥은 제1사범학교를 졸업하는데 이때 양창지는 이미 후난대학교 창설 준비위원이 되고 베이징대학의 교수로 갔다. 당시 프랑스에 유학해 아르바이트를 하며 주경야독을 하는 근공검학勤工儉學이 유행하고 있었다. 프랑스를 내세워 북경대학 학장 차이위안페이(蔡元培, 1868~1940) 등이 조직한 제도였다. 저우언라이도 덩샤오핑도 모두들 이 제도로 프랑스에 유학했다.

1918년 8월 마오쩌둥도 20여 명의 뜻있는 청년들을 모아 북경으로 향했다. 근공검학 그룹을 조직해 프랑스로 가기 위한 것이었다. 마오쩌둥에게 프랑스 유학을 권유한 이는 베이징대학의 양창지였다.

베이징대학의 캠퍼스는 활기가 넘쳤고, 중국 최고의 지식인들이 국가가 나아갈 바와 관련해서 열띤 토론을 벌이고 있었다. 마오쩌둥이 책이나 신문에서나 봤을 만한 사람들이 목전에 있었고 현기증이 날 정도의 열기가 마오쩌둥을 압도했다.

양창지는 마오쩌둥에게 베이징대학에 응시하면 어떻겠느냐고 권했지만, 중등전문학교에 불과한 후난제1사범학교 졸업이란 학력이 콤플렉스로 작용했다.

1912년 중화민국이 탄생하자 교육부는 대학령을 발표한다. 여기에는 어떤 학력이면 대학수험 자격이 되는지와 관련된 규정이 제정

됐는데, 이에 따르면 '중등교육전과과정中等教育專科課程(중전中專 수준)은 대학수험 자격이 없다'는 규칙이 만들어져 있었다. 마오쩌둥은 베이징대학 수험 자격이 없었다. 유일한 길이 있다면 보통고교 졸업에 상당한다고 인정되는 실습 또는 연수를 받으면 그것이 학력으로 인정될 수 있다는 여지는 남아 있었다. 이에 양창지는 마오쩌둥을 베이징대학의 리다자오(李大釗) 도서관장에게 소개해 아르바이트 조수가 되도록 한다. 업무는 도서관장실의 청소, 신착 신문잡지의 정리, 도서관 이용자의 성명 등록 등의 업무직이었다. 중국어로는 조리보助理補였다.

주변에는 베이징대학의 차이위안페이 학장이라고 하는 지식인들이 가장 숭배하는 인물과 진보적 문화인들 사이에서 신이나 다름없었던 존재인 천두슈(陳獨秀) 등이 실존인물로 빛나고 있었다. 리다자오는 마르크스주의 사회주의라는 단어를 빈번하게 사용하며, 1917년 10월에 레닌이 일으킨 러시아혁명을 찬양하고 있었다. 이 마오쩌둥이라고 하는 인물이, 원래대로라면 자신이야말로 최선봉에 서야 직성이 풀리는데 어릴 적에 들판에서 일을 했던 것처럼 여전히 청소일을 하고 있단 말인가! 베이징대학이 학칙에서 인용한 대로 '전과專科가 아닌 보통학교' 졸업을 한 젊은이들은 베이징대학 예과시험에 합격한다든지 '근공검학제도'를 이용해 프랑스 유학을 한다든지 스스로 동분서주하며 자금을 모으고 있는 마당에 이 마오쩌둥은 무엇을 하고 있는 것일까.

격한 열등감과 좌절감은 마오쩌둥에게 용솟음치는 복수심을 불태우게 했음이 분명하다고 필자는 보고 있다.

1919년 4월 6일, 마오쩌둥은 창사로 돌아가 소학교의 교원이 되고 그 곳에서 역사를 가르치는데 중공 측이 기록한 마오쩌둥론은 이 시기 마오쩌둥의 행동을 '창사의 소학교 교원이 돼 창사의 신민학회 회원과 연락을 강화해 사회참여가 가능하게 된 것은 나쁘지 않았다고 생각했기 때문'이라고 해설하고 있다.

그러나 마오쩌둥이 베이징대학에 간 시점에 주목할 필요가 있다. 1919년 5월 4일, 베이징대학을 중심으로 발생한 5.4운동으로부터 불과 1개월 전의 일이다. 중국의 조류가 바뀌고 중국공산당을 탄생시킨 계기가 된 커다란 물결을 피해 생뚱맞게 창사로 돌아간 것은 왜일까?

사회활동에 참가하는 것이라면 베이징대학에 남아 5.4운동에 참여했으면 더할 나위 없었을 것이다. 당시 그 이상 시대를 변모하게 한 커다란 조류도 없었다. 이것을 버리고 소학교의 교원이 된 것은 어떤 이유에서였을까?

물론 소학교의 교원이 나쁘다는 것은 아니다. 이 점에 대해서는 오해가 없기를 바란다. 세계대지도 앞에 서서 그 중국을 제패하겠다고 마음속으로 결심했던 사람이 왜 세계적인 대전환인 5.4운동의 시기에 창사에 틀어박혀 소학교 교원이 됐는지에 대해 이야기하고 싶을 뿐이다.

이것은 중국 최고학부에 대한 저항이었다. 이것이야말로 마오쩌둥의 결의의 심도와 격렬한 열등감이 역설적으로 낳은 도약의 힘을 더욱 강화시켜 준 것이 아닐까 생각된다. 그렇기 때문에 억지로 소학교를 선택한 것이다.

1949년 신중국(중화인민공화국)을 탄생시킨 마오쩌둥이 처음 시작한 것은 지식인에 대한 박해였다. 자본가 계급이 낳은 인텔리 계층이라고 해서 영구적 계급투쟁을 주장했고, 많은 지식인들을 체포 투옥해 철저하게 탄압했다.

문화대혁명을 발동했을 때는 대학을 폐쇄하고 대학원을 철폐했으며 혁명에 불타는 공농병工農兵이 다니는 전과專科만 남겼다. 학력을 중시하는 학교교육제도를 완전하게 파괴하고 보통고교 이상의 학력을 가지고 있는 자를 모두 지식인으로 분류해 변방 지역에 하방해서 육체노동에 종사시켰다.

지적 수준이 높으면 높은 만큼 박해를 받는 수준도 심각했다. 그들을 민중의 폭력에 노출시켜 굴종을 주고 숨이 끊어지면 마오쩌둥은 쾌감을 느꼈다. 그 정도만이 아니었다.

베이징대학의 도서관에 들어가려면 출입카드에 이름과 소속을 기입해야 했다. 교수들이 도서관에 이름을 등록하고 이용할 때, 출입카드는 있지만 그것을 (사서인 마오쩌둥에게) 제출해야 하는지 따위는 안중에도 없었다. 다시 말해 교수들의 눈에 도서관 사서 따위 마오쩌둥은 존재하지도 않았던 것이다.

마오쩌둥이 그런 일을 하고 있을 때 그는 베이징대학에서 가까운 양창지의 집에 머물며 신세를 지고 있었다. 마오쩌둥은 훗날 그의 딸과 결혼을 하게 되는데 양창지의 집에는 빈번하게 베이징대학의 교수들이 그를 만나기 위해 찾아왔다. 양창지의 집에서 문을 여는 것은 마오쩌둥의 몫이었다. 방문자들은 문을 열어주는 '도어보이'가 누군지는 기억할 리도 없었다. 마오쩌둥이 옌안에 혁명 근거지를 만들 때 옌안을 방문하는 이들 가운데는 양창지 집의 문을 두들긴 사람들도 있었다. 좀처럼 베이징대학에 근무했다는 사실은 이야기하고 싶지 않았던 마오쩌둥이지만, 훗날 옌안에 찾아온 이들에게는 자신이 누군지 알고 있는지를 묻기도 했다. 그들은 잘 모르겠다고 했다.

'그럴 것이다. 내가 바로 그 때의 도어보이다. 당신들 안중에 없었던 바로 그 인간이란 말이다!'

마오쩌둥의 복수심이 얼마나 강했으며 얼마나 오랫동안 사무쳐 가슴속에 쌓아 놓고 있었을까. 그것은 신중국 탄생 후에 알 수 있다. 화산에서 분출되는 마그마와 같은 에너지는 지식인 박해와 교육제도 파괴라는 형식으로 폭발했다.

그런데 5.4운동은 일본이 중화민국에 제기한 21개조 요구에 대한 항의가 하나의 계기가 돼 발생했다. 일영동맹을 맺고 있었던 일본은 영국의 요망에 응해 1914년 유럽에서 발생한 제1차세계대전(1914~1918년 말)에 참전하고, 1915년에 '대중국 21개조' 요구를 중화민국에 제출한다. 위안스카이를 황제로 인정하는 대신 21개조 요구를 받아들이라고 위안스카이를 압박했다. 그 요구는 아무래도 지나친 것이었다. 아니나 다를까 위안스카이는 16개조까지 줄여 달라고 일본에 요구하게 되고, 결국 제1차세계대전의 강화조약인 베르사유조약에서 16개조로 축소된다.

그러나 제1차세계대전에서 중화민국은 일본과 함께 전승국이라 그 강화조약에서 일본의 대중국 요구가 인정되는 것은 이치에 맞지 않는다는 이유로 격렬한 반일운동이 일어난다. 이 시기에 베이징에 없었다고 하는 것은 마오쩌둥에게 상당히 복잡한 심리작용을 일으켰을 것이다. 마오쩌둥에게 있어서 '증오하는' 대상은 21개조 요구를 중화민국에 들이민 일본이 아니라 이 중요한 역사적 시점에 자신을 베이징대학의 하찮은 곳에 처박아둔 중국인 지식층이었다. 마오쩌둥에게 있어 적은 그들이었다.

이 한을 풀기 위해 마오쩌둥이 이후 일중전쟁에서 일본군과 손을 잡은 것은 오히려 자연스런 것인지도 모른다. 마오쩌둥으로 하여금 일본군과 공모하도록 한 원인의 하나가 베이징대학에서의 경험에 있다고 해도 과언이 아닐 것이다. 베이징대학 모某 연구소의 특약연구원이었던 필자가 베이징대학 도서관에 출입했을 때 어느 고령의(이미 퇴직했다고 한다) 노교수로부터 마오쩌둥의 이야기를 들은 적이 있다. 그 교수는 나지막한 목소리로 '만약 당시에 베이징대학에 좀 더 사람을 제대로 알아보는 눈과 도량이 있었더라면 중국의 역사는 달라졌을 것임에 틀림없다' 라고 속삭이듯 말씀하신 것이 인상적이었다.

제2장

'만주사변'에서 살아남다

후난에서의 활동부터 중국공산당 건설에 이르기까지

후난 성 창사에 돌아온 마오쩌둥은 소학교 역사담당 교원이 되면서 신민학회의 중심으로 1919년 7월 14일 진보적인 잡지 『상강평론湘江評論』을 창간한다. 예상했던 만큼은 원고가 모이지 않아 할 수 없이 자기가 많은 원고를 쓰고 있었다. 한편 루쉰(魯迅)의 동생으로 작가이기도 한 저우쩌런(周作人)이 『신청년新靑年』에 소개하고 있었던 '일본의 새로운 마을'에 깊은 관심을 가지고 있어 마오쩌둥은 후난에서 '신촌건설계획新村建設計劃'에 착수하고 있었다.

이 '새로운 마을(新村)'은 일본인 작가 무샤노코지 사네아쓰(武者小路實篤)가 1918년에 주창했던 것으로 '스스로 마을을 만들고, 집을 짓고 밭을 경작하는 방법으로 자급자족의 생활을 해 인간답게 살아 스스로를 살리자'라는 사회운동의 하나였다. 일찍이 일본에 유학해 일본 여성과 결혼도 했던 저우쩌런은 여기에 호응해 천두슈가 주재하는 『신청년』에 글을 게재하고는 '새로운 마을, 베이징지부'를 만들자고 호소하고 있었다.

이것을 본 마오쩌둥은 감동해서 후난 성 산록에 같은 '신촌新村'을 만들고 이것을 조금씩 확대하면 사회개혁을 이룩할 수 있을지도 모른다는 꿈을 꾸었다. 그리고 1919년 12월 1일 『후난교육월간』에 그 기획안을 게재했다.

그런데 그것은 곧바로 당시 후난 지역을 제압하고 있었던 북양군벌의 감군監軍(군대를 감독하는 직책) 장징야오(張敬堯)에 저지당했다. 당시 중국은 각지의 군벌이 할거하던 시기였다. 1912년 중화민국이 탄생한 뒤 일시적으로 제정帝政을 선포한 위안스카이는 원래 청왕조 시대부터의 북양군벌을 강화시켜 그 군사력은 발군이었다. 1916년 위안스카이가 사망하자 중화민국 베이징정부의 기초가 됐던 북양군벌은 몇 개의 분파로 나뉘어 패권경쟁에 나섰다. 이 가운데 예를 들면 다음과 같다.

■ 직예벌直隷閥 – 펑궈장(馮國璋), 우페이푸(吳佩孚) 등(미국, 영국이 지원) : 양쯔 강 하류 지역

■ 안휘벌安徽閥 – 돤치루이(段祺瑞) 등(일본이 지원) : 안후이 성, 저장 성, 산둥 성, 산시 성(陝西省) 등

■ 봉천벌奉天閥 – 장쭤린(張作霖), 장쉐량(張學良) 등(일본이 지원) : 리허 성(熱河省, 현재의 허베이, 랴오닝, 네이멍구 자치구 등에 해당하는 지역), 헤이룽장 성, 지린 성 등

■ 산서벌山西閥 – 옌시산(閻錫山) 등(일본이 지원) : 산시 성(山西省)

필자는 위안스카이가 북양신군을 창설한 톈진에서 자라 펑궈장의 구택舊宅에 살았고 맞은편은 위안스카이가 첩을 위해 지은 호화로운 저택이 있었기 때문에 북양군벌에 대해서는 마치 눈앞에서 펼쳐지는 것과 같은 느낌이라 상세하게 고찰하고자 한다.

여기에는 군벌명의 괄호에 들어가는 지원 국가에 주목할 필요가 있다. 일본이 유독 많은데 사실 당시 중국을 식민지화하고 있었던 열

강 제국 가운데 일본은 러시아와의 전쟁 이후 그 침략성을 강화하고 있었던 국가라는 특수한 위치에 있었다.

일러전쟁에서는 확실히 아시아 인이 백인을 무찔렀다는 것 때문에, 어떤 의미에서는 쾌거이면서 무엇보다도 일본이 백인 사회에 의해 식민지화되지 않았다는 점에 있어서는 평가할 만한지도 모른다. 하지만 그렇다고 해서 일본이 제1차세계대전 후에 중국에 있어 지분을 확장하는 데 대해서는 국제사회가 강한 경계감을 나타내고 있었다. 제1차세계대전의 강화조약인 베르사유조약에는 '더 이상 제국주의 확장은 그만둬야 한다'는 기본정신이 있었는데도 '일본만 오히려 패권의 확장을 도모하고 있다'는 국제사회의 눈총이 있었다.

1921년 11월 21일부터 1922년 2월 6일까지 미국 워싱턴에서 국제 군축회의가 열렸다. 참가국은 미국, 영국, 프랑스, 이탈리아, 중화민국, 일본, 네덜란드, 벨기에, 포르투갈 등 9개국으로 워싱턴에서 개최된 까닭에 '워싱턴회의'라고 부른다.

워싱턴회의의 의제는 주로 '일본군의 확대 저지'였다. 동시에 일영동맹을 맺고 있는 영국의 패권을 경계하고 있던 미국의 의도가 있었다. 그 결과 회의는 '일영동맹의 파기'를 비롯해 일본에 많은 양보를 강제하고 있었다. 이것을 '9개국조약'이라고도 한다.

하지만 일본이 중국에 있어 이권 확장을 멈추지 않은 것은 어떤 이유에서일까. 그 이유의 하나는 일러전쟁에서 승리를 하기는 했지만, 상당히 팽창한 전비로 인해 일본이 거액의 부채를 안게 됐다는 점을 들 수 있다. 이 때문에 일러전쟁 후 일본은 불경기로 몸살을 앓았다. 따라서 중국에서의 이권을 확대해 부채로 인한 불경기를 무마하려고 했던 것임에 틀림이 없다. 그 결과 중국 전역에 할거한 많은 군벌의 배경에 일본이 있었던 것이다.

마오쩌둥이 후난 성에서 싸우려 했던 장징야오(張敬堯)는 현지의 청방靑幇 내지 홍방紅幇이라 불린(마피아와도 같은) 비밀결사와 결탁해 제멋대로 폭정을 일삼고 있었다. 마오쩌둥이 창간한 『상강평론』도 1개월 후에는 발매가 금지되고 있었다.

격노한 마오쩌둥은 직예벌과 안휘벌이 반목하게 된 것을 이용해 '타도 장징야오 운동'을 일으킨다. 현지의 노동자, 민중을 조직화하는 것뿐만 아니라 '타도 장징야오'라는 팸플릿을 대량으로 만들어 상하이와 광둥, 그리고 베이징 등 진보분자들이 모이는 지역에 배포하고 항의 표명을 각지에서 하도록 한다.

후난 성의 개혁을 지렛대 삼아 이 같은 운동을 전국에 확대하려 생각했다. 이 운동은 여러 신문에도 실려 전국 각지의 진보적 지식인에게 전달됐다. 베이징에 있었던 은사 양창지도 이 사실을 알게 됐다. 그는 병상에 있었지만 '구국을 하려면 반드시 마오쩌둥과 차이허썬을 우리나라의 재목으로 중용하지 않으면 안 된다'고 여러 요로의 인사들에게 최후의 메시지를 전하고 있었다. 마오쩌둥 자신도 단기간이기는 하지만 베이징과 상하이에 모습을 나타내면서 지방군벌 타도 선전을 벌였다. 이때 중국공산당을 만든 중심인물인 천두슈와 리다자오 등과도 만나고 있었다.

장징야오는 1920년 6월에 후난감군직에서 파면된다. 이 같은 일련의 일들이 주효했는지 1921년 7월 23일 상하이에서 개최된 중국공산당 제1회전국대표대회(제1회당대회)에 있어 마오쩌둥은 '창사대표'로 참가하게 된다. 다시 말해 마오쩌둥은 중국공산당 창립 당원의 일원이 된 것이다. 이때 대표자의 수는 12인이었다. 당원은 전국을 통틀어 50인 전후밖에 없었다(일설에서는 30인이라고도 함). 여기에는 베이징, 상하이, 우한 대표 등도 있었는데 만약 마오쩌둥이 베이징대학 도서관에 그대로 남아 있었더라면 내로라하는 지식인들 사이에서 베이징 대표 안에 들어가지 못했을 가능성도 크다. 오히려 창사에 있었던 덕분에 창립대회의 대표 멤버가 될 수 있었는지도 모른다.

인생은 알 수 없는 것이다. 속담에 계구우후鷄口牛後(닭의 주둥이가 될지언정 소의 똥구멍은 되지 않겠다)라고 했던가. 창사에 내려간 목적의 하나로 만약 지금까지의 것을 계산한 것이라면 대단한 것이다. 무엇보다 마오쩌둥은 제1차 당대회에서 거의 발언을 하지 않고 있었다. 중공중앙문헌연구소편(주편主編 : 金冲及)의 『마오쩌둥전』(중앙문헌출판사, 1996년)조차도 '다른 대표는 외국어가 가능해 마르크스주의 책을 숙독하고 있어 문헌의 근거를 들어가며 고매한 이론을 전개하고 있었기 때문에' 마오쩌둥은 과묵하게 될 수밖에 없었다는 뉘앙스의 내용을 기술하고 있다. 마오쩌둥은 상당히 위축된 상태여서 참가자는 그를 상당히 신경질적이고 욱하는 병을 가진 인간이 아닌가 생각했을 정도라는 것이다.

필자는 마오쩌둥이 베이징도서관에서 느낀 모욕감을 가슴속 깊은 곳에 응어리 진 채로 가지고 있던 것이 도약의 힘이 된 것이 아닌가 하는 필자의 견해를, 이 같은 중공중앙문헌의 기술이 뒷받침하고 있다고 생각한다.

그런데 12인의 대표 중 일본 유학자 대표로 참가한 저우포하이(周佛海)라는 인물이 있다. 이 책 후반부에 소개될 왕자오밍 괴뢰정권의 2인자가 된 인물이다. 나중에 공산당을 버리고 국민당원으로 전향했고 일본군참모본부에 파견돼 대중국 특무공작 전임이었던 카게사 사다아키(影佐禎昭) 중장 밑에서 근무한다. 이것은 후술하도록 한다.

'소라게 전략'으로 국민당 간부가 되다

이때는 공산당도 국민당도 혼연일체가 되어 있었다. 국민당은 쑨원이 창립한 중화혁명당을 1919년 10월 10일에 개조한 것이다. 중화혁명당은 1906년 삼민주의三民主義(민족, 민권, 민생)을 강령으로 삼아 신해혁명을 성공시켰다. 공산당이 탄생했을 때 중국의 국호는 중화민국이었고, 중화민국의 집권여당은 국민당이었다.

쑨원에 대해 소련의 코민테른은 집요하게 국공합작을 제안했다. 코민테른은 1919년 창립된 공산주의 정당에 의한 국제 조직으로 모스크바에 본부를 둔 '공산국제(공산주의 인터내셔널)' 조직이다. 영어로는 Communist International이라 표기하는데 'Com+Intern'으로 줄여 '코민테른'이라고 한다. 소련은 탄생하자마자 신생 국가로서 각국의 승인을 받고자 했지만 쉽지가 않아 아예 세계 각국을 공산주의 국가로 만들어 버리자는 취지에서 만든 기구가 코민테른이었다. 유럽에서 확산이 여의치 않자 소련은 그 목표를 중국에 집중했다.

중국공산당을 창립하는 것조차도 코민테른의 시시콜콜한 지시에 의한 것이었다. 천두슈와 리다자오를 코민테른 멤버로 만들어 모스크바의 지도하에 중국공산당을 창립하도록 한 것이다. 따라서 당시 중국공산당은 말하자면 소련의 괴뢰라고 해도 과언이 아니었다. 그래도 탄생까지는 가까스로 목적은 이룬 셈이었다. 하지만 무엇보다

당원의 수가 너무 적었다. 사실 1922년 7월 16일부터 23일까지 '중공 제2회당대회'가 상하이에서 개최되지만 당시 전당원의 수는 195명이었다.(참고로 마오쩌둥은 결석) 이와 비교해 국민당 당원 수는 이 시점에 13만 5000명에 달했다. 이 상태로는 중국에 공산주의 정권을 건설하는 것은 수십 년 걸린다 해도 가능할지 가늠할 수 없는 형편이었다. 우선 절대적인 힘을 가지고 있는 쑨원이 창립한 국민당에 기생해 그 곳에서부터 발전시켜 나가지 않으면 안 되겠다는 논의가 코민테른에서 크게 벌어졌다. 그 결과 국민당에 '소라게' 형태로 기생하면서 국민당을 내부에서 붕괴시키는, 즉 숙주를 중심으로 공산당이 성장해 나가면 좋겠다는 '음모'가 결의됐다. 이를 위해 코민테른에서는 우선 쑨원을 설득시키는 수순부터 '소라게' 전략을 개시해 공산당이 어떤 식으로 움직여야 하는지까지 치밀하게 검토하고는 쑨원 설득에 착수했다. 쑨원은 처음에는 내심 강력하게 거부했지만, 코민테른 대표 요페가 '소련은 중국에 대해 일체의 특권을 포기한다' 내지 '중국에서 공산주의를 실행하는 것은 아니'라고 선언하고 '중화민국의 통일과 완전한 독립을 응원한다'는 등의 미사여구를 늘어놓자 결국은 설득당해 국공합작에 동의한다.

국공합작은 국민당과 공산당의 협력관계를 말한다. 이때가 최초의 합작으로 역사에서는 '제1차국공합작'이라고 한다. 공통의 적으로는 주로 군웅할거 양상으로 나라를 혼란시키고 있는 군벌과 이를 지원하는 제국주의 열강이었다.

1923년 6월 12일 광저우에서 개최된 '중공 제3회당대회'에서는 국공합작이 제창됐다. 쑨원이 코민테른의 지시에 따른 것에 대해 아무래도 찬동하지 않는 이들이 국민당 내부에는 있었고, 국공합작에 관해서는 공산당 내에도 반대자가 적지 않게 있었다. 중공 측의 회의에서도 큰 논쟁이 벌어졌고 최종적으로는 '공산당원 개인의 명의로 국민당에 입당한다'는 형태를 취하는 것으로 타협이 이루어진다. 이 형태는 코민테른이 최초부터 기획하고 있었던 바였다.

이런 것을 알지 못한 채 어찌됐든 중국을 통일해야 한다는 혁명의 열정을 불태우던 쑨원은 1924년 1월 24일, '제1회국민당전국대표대회'를 광저우에서 개최한다(이때 새롭게 국민당에 가입한 국민당원의 수는 9018명이었다. 국민당의 당원 수는 대회 시점에는 14만 5700명이 된다). 이 대회에서 쑨원은 삼민주의를 기본으로 하면서도 국공합작을 위해 '연소聯蘇(소련과의 제휴), 용공(容共, 공산당 수용), 부조공농(扶助工農, 노동자·농민을 도움)'을 당 강령으로 결의한다.

이 회의에는 개인자격으로 많은 공산당원이 참가하고 있었다. 마오쩌둥도 참가했는데 의석 번호는 39석이었다. 대회에서 국공합작에 반대하는 국민당 우파가 '공산당원을 국민당에 입당시켜서는 안 된다'고 반대의견을 피력하자 마오쩌둥은 "주석! 주석! 39번이 발언을 구합니다"라고 소리치며 손을 들었다. 발언권을 얻은 마오쩌둥은 "본석本席(자신)은 이런 심의 자체를 중지하고 즉각 표결해야 한다고 생각합니다"는 의견을 제출했다. 의장인 주석과 출석자의 찬성을 얻어 국민당 우파의 반대의견은 심의 의제에서 제외됐다. 다음으로 비례선거제도를 의안으로 상정할지 거부할지에 대한 토의에 들어가자 '39석'(마오쩌둥)은 또 손을 들고 발언을 신청하고는 '비례선거제도는 소수파 의견을 버리는 것은 좋을지 모르겠지만, 이 당은 혁명을 앞으로 전진시키기 위해 탄생한 당이다. 주류에 반대하는 소수당에 활동의 기회를 주지도 못한단 말인가. 지금은 혁명에 전력투구해야 한다. 따라서 비례선거제도는 응당 토의할 만한 것도 표결에 붙일 만한 것도 아니다'라고 주장했다.

이 의견은 대회에 참석한 대다수의 찬성을 얻어 통과됐다. 놀란 것은 쑨원과 국민당의 간부들이었다. 당당하고 논리에 입각한 발언을 했기 때문이었다. 쑨원과 국민당 간부는 마오쩌둥의 존재에 주목했다. 그리고 국민당의 중추인 중앙집행위원 선거에 즈음해 후보자 명단에 마오쩌둥의 이름을 포함시켰다. 마오쩌둥은 국민당 집행부에 의해 높이 평가되어 별안간 국민당중앙후보집행위원에 당선됐다.

이는 도대체 어떻게 된 것인가. 중국공산당의 제1회 당대회에서는 거의 한 마디도 하지 않았던 마오쩌둥이 국민당 당대회에서는 느닷없이 본령을 발휘한 것 아닌가. 이것은 사서로 있던 베이징대학에서의 콤플렉스가 마오쩌둥에게 얼마나 큰 것이었는지 그의 발언 속에 담겨 있는 게 필자에게는 보인다. 무엇보다 국민당 대회에 참가한 공산당원이 순차적으로 발언해 '논의를 빼앗는' 전법을 취한 측면도 있지만, 국민당 대회에서 마오쩌둥이 그 발언 전술을 더한 것은 역시 주목할 만하다.

왕자오밍과 친교를 맺다

이때 국민당에는 몇 개의 부部가 있었는데 그 부장 가운데 왕자오밍(汪兆銘)이란 이가 있었다. 쑨원도 왕자오밍도 마오쩌둥이 마음에 들어 국민당대회가 끝난 뒤 그를 국민당 조직부비서에 앉힌다. 중공 중앙에서도 국민당을 모방해 조직부, 선전부 같은 부를 설치했는데 마오쩌둥은 중공 중앙의 조직부장이 된다. 순조롭게 진행된 국공합작이었지만 국민당 우파는 변함없이 공산당원을 꺼렸고 특히 국민당 상하이집행부에서는 마오쩌둥의 활약을 저지하기 위해 여러 가지 방해를 했다. 과로로 쓰러진 마오쩌둥은 1924년 말 일시적으로 후난 성으로 휴양을 떠났는데, 그러던 중 1925년 3월 쑨원이 서거한다.

이어 국민당 좌파와 우파 사이에 균열이 표면화되고, 1925년 8월에는 국민당 좌파의 원로인 랴오중카이(廖仲愷)가 암살된다. 그는 훗날 마오쩌둥의 휘하에서 스파이 활동을 하게 되는, 일본어를 유창하게 구사하는 랴오청즈의 부친으로 쑨원과 친구이기도 했다. 국민당 좌파의 원로였던 쑨원과 랴오중카이가 사라지자 공산당을 절대 받아들일 수 없는 국민당 우파가 대두하기 시작했다. 그 우두머리가 장제스였던 것이다. 그러나 국민당 좌파에는 또 다른 국민당의 원로 왕자오밍이 있었다. 왕자오밍은 쑨원이 사망한 뒤 광저우 국민당정부의 주석을 맡고 있었다. 사실 주석이란 자리는 코민테른이 배후에서 조종하고 있었다. 국민당 내에 '좌파'와 '우파'라고 하는 딱지를 만들고 좌파와 우파를 부각시켜 이데올로기적으로 다르다고 하는 고정관념을 심으라는 지령은 최초 단계부터 코민테른이 낸 것이다. 그렇게 하면 국민당을 내부에서 분열시키는 것이 가능하다는 작전이었던 것이다.

그 결과 이 시기까지 국민당의 주요 자리는 국민당 좌파가 공산당원에 의해 잠식당한 채였고, 공산당에 의한 국민당 편승작전은 착실하게 진행돼 왔다.

1925년 9월, 후난에서 광저우에 돌아온 마오쩌둥은 왕자오밍으로부터 국민당 중앙선전부장대리를 임명받는다(같은 해 10월 15일). 왕자오밍은 주석으로서의 집무가 너무 많아 자신이 겸임하고 있었던 선전부장 자리를 소화할 수가 없었다. 그래서 마오쩌둥에게 그 직을 넘긴 것인데 뭔가 기묘하게 꼬여 버리고 말았다. 마오쩌둥은 국민당 좌파인 왕자오밍과 제휴하면서 국민당정부의 선전활동에 힘을 쏟고 있었던 것이다.

훗날 일본 괴뢰정권의 주석이 되는 왕자오밍은 마치 동생 같은 마오쩌둥을 귀엽게 여기게 되고 두 사람은 그 때 매우 돈독한 사이가 된다. 왕자오밍은 1883년생, 마오쩌둥은 1893년생이어서 딱 10년 연상이었다. 이 시기 두 사람의 친교는 나중에 '왕자오밍 괴뢰정권'과 마오쩌둥의 공모로 이어지는 관계인데 이 대목에서 기억해 두었으면 한다.

장제스의 직감

한편 1887년생인 장제스는 1906년 허베이 성 바오딩(保定)에 있었던 육군군관학교에서 군사교육을 받고 1907년 일본에 건너가 도쿄 진무학교(東京振武學校)에서 훈련 받은 뒤, 1909년에는 대일본제국 육군에서 근무하고 있었다. 1911년까지 육군 13사단 타카타(高田)연대 야전포병대(니이가타 현) 장교로 근무한 경험이 있다. 이때 쑨원이 일본으로 건너왔다. 이를 알게 된 장제스는 도쿄에 있던 쑨원을 만나기 위해 니이가타에서 도쿄로 향한다. 장제스도 쑨원이 제창한 중국동맹회에 호응해 쑨원에게 군사적으로 공헌하고 싶다고 말한다.

1911년 10월에 신해혁명이 발발하자 장제스는 곧바로 귀국, 혁명에 참가한다. 이후 쑨원과는 그 사이 복잡한 관계가 있어, 군사력이 취약했던 쑨원은 장제스를 중시하면서도 장제스에게는 라이벌 의식을 품고 또 다른 거물 군인인 천중밍(陣炯明)을 신용했기 때문에 쑨원과 장제스 사이에는 골이 생겼다. 그러나 장제스의 경고대로 천중밍은 쑨원을 무력 공격함으로써 쑨원은 장제스의 중요성에 유의하게 된다.

그리고 1923년 쑨원은 장제스를 모스크바에 보내 소련 적군의 군사시찰을 하도록 하는데 이것은 역으로 장제스가 공산당을 극단적으로 경계하는 계기가 된다. 코민테른은 장제스를 크게 환영하면서 어떻게든 코민테른에 가입할 것을 집요하게 권유했다. 또 소련은 '중국에 대해 일체의 특권을 포기한다'고 언명하기는 했지만, 장제스는 도처에서 소련의 진짜 속내는 영토 야심에 있음을 시찰 중에 느낀 것이다. 이때 장제스는 '소련은 진실로 국민당을 도와 국민당이 자주독립하고 삼민주의 국가를 수립하는 데 협력하려 하고 있는가'라는 의심을 가지게 됐다. 코민테른은 입에 발린 말만 하면서 실제로는 국민당을 이용해 중국공산당을 강화시키려 한다는 것을 눈치 챈 것이다. 이때 장제스는 '기생충' 내지 '소라게'라는 이미지를 중국공산당과 이를 배후에서 조종하는 코민테른에 대해 가지고 있었다.

장제스의 이런 직감은 쑨원보다 확실히 한 수 위였다. 장제스는 귀국 후 곧바로 쑨원에게 '주의하는 편이 좋다'고 진언하지만, 쑨원의 귀에는 들리지 않았다. 사태는 이미 되돌릴 수 없는 지경으로 흘러가고 있었고, 1924년 1월 20일 국민당의 제1회전국대표대회가 광저우에서 열렸다. 그리고 주목할 만한 점은 그 위험한 코민테른 대표가 쑨원의 요청에 따라 국민당 최고고문이 되어 있는 것이 아닌가!

또 국민당 중앙후보집행위원으로 공산당원인 마오쩌둥이 선발되어 있어 장제스는 점점 공산당에 대해 불신을 품게 됐다. 장제스도 이 대회에 출석했는데 그는 중앙집행위원에도 그 후보에도 선발되지 않았다. 단지 이 대회에서 국민당 혁명군과 그 군대의 장교에 의한 교육기관인 군관학교 설립이 결의되어 장제스는 군관학교 설립준비위원회위원장 및 육군군관학교장 겸 광동군 총사령부참모장에 임명됐다.

이리하여 우여곡절이지만 1924년 5월 3일 장제스는 광저우에 설립된 황포군관학교의 교장이 된다. 그러나 황포군관학교의 학생 모집 단계에서 코민테른이 움직여 저우언라이와 예젠잉(葉劍英) 등 나중에 공산주의 정권수립의 골간이 된 간부후보생을 황포군관학교에 들이고 있었던 것이다. 장제스가 심혈을 기울인 군사교육기관도 이렇게 공산당원들에 의해 점유되는 형태가 되는 바람에 장제스의 경계심은 한층 높아져만 가고 있을 뿐이었다.

'쑨원–요페 선언' 따위는 어느새 사라진 것이나 다름없었다. 쑨원의 달관達觀보다 장제스의 경계감 쪽이 적중한 셈이었다. 이렇게 국공합작은 마침내 '정부; 왕자오밍. 군; 장제스, 노농계급조직; 중국공산당(중공)' 이라는 세 가지로 분열하는 경향을 노정하기 시작했다.

1925년 5월 30일, 훗날 '5.30사건' 으로 불리게 되는 노동쟁의가 발생한다. 이는 상하이에 있는 일본계 자본의 제면製綿 회사에서 일어난 폭동에 공산당원인 공장 노동자가 사망한 것을 계기로 그 때까지의 열강에 의한 조계지대 행정에 대한 불만이 폭발하며 전국 각지로 확산됐다. 이에 대해 북양군벌과 그 배후에 있었던 일본군이 탄압을 가하는 바람에 폭동은 전국 500곳으로 번졌고, 25만 명 규모의 노동자에 의한 총파업운동으로 폭발했다.

5.30운동 후인 1925년 9월 후난에 있었던 마오쩌둥은 왕자오밍 주석 하의 선전부부장대리라는 국민당 간부직에 취임한 상태였는데, 이로 인해 1926년 1월 광저우에서 개최된 국민당 제2회전국대표대회에서 마오쩌둥은 계속 국민당 중앙후보집행위원에 선발된다. 장제스는 후보가 아닌 그 위의 중앙집행위원으로 선발돼 국민혁명군의 총감으로 근무하게 된다.

군을 장악한 자가 승리한다. 그것은 중국 역사의 철칙이다. 코민테른은 장제스가 군을 장악한 것을 경계했다. 코민테른의 목적은 공산주의 정권을 세계로 넓혀 중국에 뿌리를 내리려는 데 있었다. 장제스는 모스크바가 야심을 달성하는 데 있어서는 안 될 장애물이었다.

1926년 3월 18일, 국민당해군소 관할의 군함 중산함이 광저우 황포군관학교 앞바다에 나타났다. 장제스는 이를 '자신을 납치해서 소련으로 끌고 가려는 음모'라는 것을 알아채고 3월 20일 함장(공산당원)을 비롯해 공산당원과 소련 군사고문 관계자를 차례차례 체포했다. 광저우 시에는 계엄령이 선포됐다.

중공 측 자료에는 납치는 장제스의 '날조'라고 돼 있는데 그러면 어찌 된 일인가. 나중에 기술할 1936년 시안사변에서는 장제스가 정말로 납치당해 중공 공격이 불가능하게 됐었는데, 그 배후에는 코민테른이 있었다는 것은 명백한 사실이다. 그 10년 전인 1926년 같은 수법이 사용됐다고 해도 전혀 이상하지 않다. 장제스는 그가 어떻게 중공의 음모를 눈치 챘는지에 관해 상세하게 그의 일기에서 기록하고 있는데 그것은 논리적으로 맞는 얘기다.

장제스는 국민당 회의에서 '당무정리안'을 제의해 가결시켰다. 이에 따라 공산당원은 국민당 집행기관에서 부장급 이상의 직위에 취임할 수 없도록 했다. 이때 왕자오밍 일파는 국민당 좌파가 마오쩌둥 등 공산당원과 함께 반 장제스를 외치면서 정부를 우한으로 옮기도록 했는데, 바로 이 당무정리안의 가결에 의해 1926년 마오쩌둥은 국민당선전부장대리직을 내려놓고 자신과 돈독했던 왕자오밍과도 헤어지게 된 것이다.

그 무렵, 상하이에서는 노동자의 무장봉기가 빈발하게 된다. 1926년 5월 1일 메이데이(전세계 노동자의 날)에 노동자대회가 열렸는데 그 수가 124만 명에 달했다. 같은 해 10월 23일 상하이에서 노동자들의 무장봉기가 일어났는데, 이듬해 1927년 2월 22일과 3월 21일에도 상하이 노동자들의 무장봉기가 발생했다.

한편 1926년 6월 15일 국민혁명군 총사령관에 임명된 장제스는 같은 해 7월 4일 본격적인 북벌을 선언하고, 이듬해인 1927년 3월 24일에는 난징에 입성했다. 그러자 갑자기 난징의 민중이 일본을 포함한 외국 영사관과 거류민을 습격하는 사건이 발생한다. 이른바 '난징사건'이다. 장제스에 대한 평판을 실추시키고자 하는 코민테른의 음모였다. 이 같은 일련의 움직임을 본 장제스는 중공세력이 정권을 탈취하려 하고 있다는 것을 감지하고, 1927년 4월 12일에 '상하이 쿠데타'를 일으켰다. 이것은 중공세력을 무력으로 숙청하려 한 것으로 중공과 노동자 측은 참패했다.

마오쩌둥은 중공이 군사력이 없음을 통감하는 것과 동시에 노동자 계급만을 상대했기 때문에 중국 인민의 압도적 다수를 점하고 있는 농민을 아군 편으로 끌어들이지 않으면 안 된다는 것을 깊이 자각한다. 무력강화와 '농촌에 근거지를'이라는 마오쩌둥의 전략은 이렇게 시작된 것이다.

장제스의 고뇌와 장쭤린 폭살사건

마오쩌둥의 전략에 들어가기에 앞서 장제스의 고뇌와 일본의 움직임을 봐두기로 하자. 1927년 7월, 이때까지는 중공에 협력했던 국민당 좌파의 왕자오밍 우한정부는 중공의 배후에 코민테른이 있어 결국은 소련의 야심을 위해 중공이 움직일 것이라는 것을 알게 되고는 갑자기 중공과 손을 끊는다. 그리고 '장제스 타도'라는 구호를 중공과 공유하는 방침도 버리게 된다.

장제스의 꿈은 중국 전체를 할거해 어지럽히고 있는 군벌을 퇴치해 중화민국을 통일하는 것이었다. 민족의 독립을 달성하겠다는 것 말고는 없었다.

1926년 7월 4일, 장제스는 북벌을 선언하는데 일본으로서는 중화민국이라는 나라가 혼란 상태로 유지되는 것이 이득이어서 중국 각지에 군웅할거하고 있는 군벌이 무너지는 것은 곤혹스런 일이었다. 그런 까닭에 1927년 5월 강경파인 타나카 기이치(田中義一) 수상은 제1차 산동출병을 강행했다. 명목은 '일본인 거류민 보호'였지만 실제로는 중국의 군벌을 통해 손에 넣고 있었던 기득권을 유지하면서 북벌의 성공을 저지하기 위한 것이었다. 이 같은 산동출병에 맞닥뜨린 장제스는 1927년 6월 23일에 더 이상의 북벌을 밀고나가는 것을 포기(제1차 북벌 종료)하고 난징방어선에서 머무르게 된다.

한편 코민테른은 난징사건을 획책한 이후 '타도 장제스' 슬로건을 내걸고 같은 해 8월 1일 장시 성(江西省) 난창(南昌)에서 중국공산당 군대로 하여금 무장봉기하도록 한다. 이것을 '난창봉기(南昌蜂起)'라고 하는데 중공군의 건군기념일이 바로 8월 1일이다(현재 중국인민 해방군 군기에 있는 '八一'이란 글자는 여기에서 유래된 것이다). 봉기군의 처음 명칭은 중국공산당의 이름이 아닌 '국민당혁명위원회'에서 차용한 '국민혁명군 제2방면군'으로 국민당 내부의 무력을 일부 접수하고 있었다. 난창의 공안국장이 주더(朱德, 공산당원으로 훗날 중화인민공화국 원수, 국가부주석)였던 점도 십분 이용했다. 진짜 '소라게' 작전을 실행하고 있었던 것이다.

쑨원의 이상을 이루려 분발하고 있었던 장제스였지만, 같은 해 8월 13일 스스로 사직 선언을 하고 고향에 돌아가 버렸다. 그리고 세계에 대한 견문을 넓히기 위해 우선 일본으로 가게 되는데, 이때 타나카 기이치 수상과도 만난다. 하지만 타나카 수상의 중국에 대한 침략 야심에 실망했고, 중국 국내에서의 정계복귀 요청이 강해서 이듬해인 1928년 1월 국민혁명군 총사령에 복직해 일거에 북벌을 완성하려 했다. 타나카 내각은 같은 해 4월과 5월, 제2차 그리고 제3차 산동출병을 하게 되는데 장제스는 이에 대처하며 북벌을 계속해 봉천벌의 수령 장쭤린을 궁지에 몰아넣었다. 6월 4일 장쭤린은 장제스 북벌군과의 싸움을 피해 베이징에서 철수한다. 이에 따라 북벌은 완성되는 것처럼 보였다.

그런데 이때 '장쭤린폭살사건(張作霖爆殺事件)'이 발생한다. 이날 베이징에서 봉천(현재의 랴오닝 성 선양)에 돌아가려고 탄 열차 안에서 장쭤린이 폭살된 것이다. 봉천벌은 원래 일본의 지원을 받고 있었다.

그런데 장제스의 북벌의 세가 대단해 미국과 영국이 지원하는 직예벌直隷閥이 파멸하게 될 경우 장쭤린은 일본 지원에서 미국과 영국 지원으로 갈아탐으로써 구미 계열, 특히 미국으로의 접근을 강화할 참이었다.

이 같은 장쭤린을 어떻게 다룰 것인가. 당시의 일본 타나카 기이치 내각과 일본의 관동군 사이에는 의견이 갈렸다. 타나카 내각은 장쭤린의 온존을 선택한 반면, 관동군은 만주국 건설을 꾀해 장쭤린 배제 쪽으로 비밀리에 움직였다.

미국과 타나카 내각에서도 장쭤린의 폭살 범인으로 관동군을 지목했는데, 지금은 오히려 코민테른 음모설도 뿌리 깊은 상태다. 타나카 기이치는 책임을 지고 사직했다. 장쭤린폭살사건은 이후 만주사변으로도 이어진다.

장쭤린의 아들 장쉐량은 부친이 최후에 남긴 것으로 알려진 '일본군에 당했다'는 말을 믿고 국민당 장제스와의 협력관계로 가는 방향으로 움직였다. 이렇게 해서 장제스의 북벌은 완료된 셈으로 쳐 국민당에 의한 중국 통일은 일단 완성된 것으로 보기도 한다.

덧붙이자면 국민당이 건국한 중화민국 정부를 정식으로는 '국민정부'라고 하는데, 경우에 따라 이 책에서는 '국민당정부' 등으로 쓰기도 한다. 국민당정부는 시기에 따라 수도를 옮기는데 1940년 일본이 탄생시킨 왕자오밍정부(난징)를 제외하면 광저우정부(쑨원 1925~26년), 우한정부(왕자오밍 1927년, 1937~38년), 난징정부(장제스 1927~37년, 1946~48년), 충칭정부(장제스 1937~46년) 등 옮겨진 수도 명칭으로 정부 명을 구별하고 있다.

호랑이는 세 마리가 필요하지 않다
– 징강산의 대량 살육

한편 중공은 1927년 8월 7일 후베이 성 한커우(漢口)에서 긴급회의를 열고 중공 측의 무력이 없음을 통감한 것에서 출발해 무력강화를 결정하고, '정권은 총구에서 나온다'를 슬로건으로 한다. 또 '총구를 장악하는 것은 당'이라고 하는 '당지휘창黨指揮槍'(당이 군을 지휘한다. 창槍은 중국어로 총의 의미)을 당의 기본으로 했다. 이 회의를 '8.7회의'라 한다.

현재의 중국에서도 군은 당의 지휘하에 있다. 중공중앙위원회 관할하의 중공중앙군사위원회가 있고 그 주석은 중공중앙의 총서기가 겸한다. 우여곡절은 있지만 이 기본정신은 1927년의 8.7회의에서 만들어진 이후 100년 가까이 변하지 않고 있다.

그러나 이때 군사력 등이 아직은 전혀 따라주지 않았는데도 중공군은 각지에서 무장봉기를 일으켜 국민당군과 싸웠다. 마오쩌둥도 1927년 9월 9일 중추절에 5천 명 정도의 공농혁명군을 이끌고 추수기의秋收起義(가을 수확기에 일으킨 봉기)를 일으키지만 실패한다.

10월, 후난 성과 접한 장시 성(江西省) 징강산(井岡山)으로 도주해 천 명 정도가 된 패잔병과 함께 산에 몸을 숨기는데, 징강산에는 산의 위계질서가 있었다. 여기에는 일찍부터 농민자위군이 수립되어 두령 두 명이 이끌고 있었는데, 두령들은 '산의 대왕大王'이라 불렸다. 한 사람은 위안원차이(袁文才)라는 이로 공산당원이면서 농민자위군 총지휘를 맡은 이였다. 또 한 사람은 위안원차이와 의형제를 맺은 왕쭤(王佐)로 두 사람은 사이좋게 산을 관리하고 움직였다. 험준한 산 중간에는 논과 촌락이 있어 농촌 경제에 의해 군대를 유지하고, 때로는 산을 내려가 부농호족富農豪族으로부터 금품을 빼앗아 가난한 이들에게 나눠주는 일도 있었다. 그들은 원래 토비土匪의 하나인 '마도회馬刀會'에서 시작했는데 그 용맹과감함은 견줄 이가 없었다. 의리와 인정으로 가난한 이들을 도왔기 때문에 사람들이 우러러봤고 강력한 부하들도 많았다.

징강산에 들어가려면 산의 대왕의 허가증이 필요했다. 그러나 두 사람 모두 마오쩌둥의 이름을 몰라 그저 타 지역 사람일 뿐인 마오쩌둥을 환영하지는 않았다. 이곳에서 마오쩌둥은 경계하는 두 사람을 열심히 설득해서 공농혁명군과의 협력을 요청했다. 최종적으로 산의 대왕은 머리를 끄덕이며 마오쩌둥을 받아들였다.

만약 이때 의리와 인정이 돈독한 '산의 대왕'이 허가하지 않고 지원하지 않았더라면 중국에 '마오쩌둥'은 존재하지 않았을 것이다. 당시 마오쩌둥에게는 이미 퇴로가 없었다. 마오쩌둥이 징강산에 새로운 혁명 근거지를 건설할 수 있었던 것은 일찍부터 그 곳에 근거지를 만들어 활약하고 있었던 위안원차이와 왕쭤 두 사람의 도움 덕분이었다.

'징강산혁명근거지'와 관련해서는 마오쩌둥이 처음으로 연 혁명의 성지로 '징강산(井岡山)'이란 장편 연속 텔레비전 드라마와 영화, 또 발레극도 있을 정도로 중국에서는 상당히 높게 평가되고 있다. 하지만 그 그늘에는 실제로 1만 명에 연관되는 수수께끼와도 같은 '동지들의 대량 살육사건', 즉 대숙청이 숨어 있었다는 사실은 그리 알려져 있지 않다. 그 이유는 두 말할 것도 없이 '진범眞犯이 마오쩌둥'이기 때문일 것이다.

중공 당사黨史에서 고약한 것은 '당 내에 AB단團의 스파이가 있다는 날조된 정보였다'라고 기술되어 있다는 것이다. 'AB'는 'Anti-Bolshebik(반 볼세비키)'의 약칭으로 1926년 11월 북벌을 위해 장시 성 난창까지 온 장제스가 국공합작을 맺고 있었을 공산당에 의해 난창이 완전히 제압되어 있는 것을 발견하고 중공군을 두들기기 위해 조직했다는 것이다.

마오쩌둥은 1930년 2월 24일 혁명의 대은사大恩師였던 '산의 대왕' 위안원차이와 왕쭤를 바로 AB단의 스파이라는 혐의를 뒤집어씌우고 처형해 버린다.

왜 그랬을까? 그것은 '산에는 세 마리의 호랑이가 필요 없었기' 때문이었다. 두 사람을 존경하는 부하들의 보복을 미연에 막으려 1930년부터 모두 죽이는 작업을 시작했다. 그러자 학살에 대한 반란이 장시 성 푸톈(富田)이란 곳에서 발생한다. 반란자들은 모두 '타도 마오쩌둥'을 외쳤는데, 이를 '푸톈사변'이라고 한다.

국민당에 의한 진짜 AB단이 움직이기 시작한 것은 1927년 1월로, 3개월간 기간을 나눠 결성됐으며 1927년 봄에는 소멸됐다. 4월 12일에는 상하이에서 쿠데타가 일어났기 때문에 AB단이 존재할 필요도 없어졌다. 소멸된 지 3년이나 지난 1930년에 AB단이 중공에 조직적으로 몇 만이나 있었다는 것인데 전혀 있을 수 없는 설정이다.

1965년, 마오쩌둥은 징강산에 올라 위안원차이와 왕쭤를 '잘못 죽였다'(오인해서 죽였다)고 인정했지만, '누가' 죽였는지는 물론 말하지 않았다. 양심에 걸렸던 것일까. 생존해 있었던 위안원차이의 처에게는 후회한다고 말했다.

1993년이 되자 푸톈사변이 일어난 중국공산당장시성위원회 당교 사연구실 주임이었던 다이샹칭(戴向靑) 교수는 사건의 진상을 파헤친 논문을 써서 이듬해인 94년 『AB단과 푸톈사변시말(富田事變始末)』을 뤄후이란(羅蕙蘭)과 공저로 하남인민출판사에서 출판한다. 대륙에서 출판된 탓에 이 책에는 '위대하고 영명한 마오쩌둥'이란 단어가 있기는 했지만 '푸톈사변은 원죄冤罪(억울하게 뒤집어쓴 죄)였다'는 표현으로 끝맺는다.

1999년에는 난징대학의 교수였던 가오화(高華)가 논문을 써서 2011년 홍콩중문대학에서 『붉은 태양은 어떻게 떠올랐나(紅太陽是怎樣升起的)』란 책을 출판하고 '범인은 마오쩌둥이었다'고 명기한다. 홍콩이니까 가능했을 것이다.

그 이후로는 '진범은 마오쩌둥이었다'는 것은 정설이 되고 있다. 일본어로는 『중국이 한사코 숨기는 마오쩌둥의 진실』(北海閑人 저, 廖建龍 역, 草思社, 2005년) 등이 AB단에 관해 상세하게 기술하고 있다.

가오화는 이 같은 일련의 살육사건을 마오쩌둥이 장시 소비에트 지구를 굳혀 루이진(瑞金)에 중화소비에트정부를 수립하기 위한 권력기반 만들기 차원이라고 결론짓고 있다. 위안원차이는 경쟁상대가 아니라고 생각했지만, 권력기반이 약해 코민테른과 사이가 좋지 않았던 마오쩌둥으로서는 자신의 존재를 두드러지도록 해야 할 필요가 있었다. 그리고 시기심과 의심 또한 강해 자신을 과장해야 했던 '약한 측면'을 가지고 있었던 것 같다고 필자는 본다.

사실 위안원차이야말로 마오쩌둥이 이상으로 삼은 모습이었다는 것이 화근인지도 모른다. 이 사건으로 마오쩌둥은 '공포'로 주변을 따르게 하는 독재적인 제왕의 길을 익혔다고도 생각한다. 적(일본군)

을 쓰러뜨리는 것이 아니라 중화민족을 죽이고, 특히 혁명에 공헌한 공산당원 동지들을 차례로 처형해 스스로의 두드러진 권력을 유지시켜 나가는 수법은 그의 생애를 통해 일관되어 있다. 농촌혁명 근거지라는 전략에 따라 마오쩌둥은 농촌으로의 세력 범위를 넓혀 지주와 부농의 토지를 몰수해 빈농에게 분배한다는 토지혁명을 실시했다. 빈농들은 지주를 거스르면 목숨이 없다. 이를 알고 있는 농노 같은 빈농들은 뒤로 되돌아갈 수 없는 상황에 처했기 때문에 중공군에 참가하고 있었다. 진정으로 목숨을 걸었다. 이 역시 어떤 의미에서는 '공포'라는 심리를 이용했다고도 할 수 있을 것이다(이런 심리를 필자는 '대지의 트라우마'라고 명명한다). 이에 대해서는 제7장의 '역사 인식' 부분에서 자세히 설명한다.

나라 안에 '나라'를 만들다

　이 시점에서 중공군을 중심으로 한 소비에트 구區 혁명 근거지는 전국 10개 소 이상까지 확대됐다. 난창봉기 당시 코민테른은 최초 '국민당혁명위원회라는 이름을 사용'하거나 '소라게'론으로 국민당 좌파를 끌어안는 것을 도모했지만, 드디어 '소비에트라는 명칭 사용'이란 본성을 드러내고 그 군대를 '중국공농홍군'으로 개명하라고 지시했다.

　'숙주宿主'로부터 벗어나 '붉은색'을 전면에 내세우기 시작한 것이다. 중국공농홍군의 약칭은 홍군으로 훗날 중국인민해방군의 핵심부분을 형성하게 된다. 1930년 2월에는 장시 성 루이진(瑞金)을 수도로 중화소비에트공화국 창건에 관한 초안이 결정된다. 소비에트, 즉 모스크바 코민테른으로부터의 지시에 따라 중화민국 안에 코민테른을 우두머리로 하는 공화국을 만든다는 것이었다. 구상안에는 공화국 내의 지폐와 그 지폐로 경제활동을 할 은행을 비롯해 군과 경찰, 또 병원과 학교까지 모든 행정기구와 사회생활 기능이 정비되어 있었다.

　나라 안의 나라를 만드는 것, 더구나 소련의 코민테른이 관할하는 나라였다. 중화민족이 하나가 되지 않으면 안 된다며 피를 바쳤던 당시에 그런 것들이 허용되어도 되는 것일까.

장제스는 곧 홍군을 섬멸해야겠다고 결심하고, 1930년 12월 혁명 근거지에 대한 포위 소토(掃討, 소탕 토벌)작전을 시작했다. '제1차 중공소토작전'은 10만의 국민당군 병사가 동원됐다. 그러나 섬멸은 불가능했다. 싸움의 상대는 주더가 이끄는 홍군 제1방면군이었다. 1931년 4월 제2차 소토작전에는 20만 명의 병력이 투입돼 홍군에 상당한 손상을 입혔지만, 그것으로도 섬멸되지는 않았다. 공농병이라고 대수롭지 않다고 본 장제스의 오판이었다. 나중에 마오쩌둥은 코민테른과 격하게 다퉈 지원도 끊어지지만, 당시까지는 아직 코민테른으로부터의 지원은 있었다. 코민테른은 당초 국민당과 공산당을 합작시켜 소련의 진짜 적인 '일본'을 소련 대신 중국이 타도했으면 좋겠다고 생각했다. 이것은 러시아제국부터 일관된 또 하나의 야망이었다. 그러나 국공합작이 결렬된 지금에 와서는 공산권 국가를 중국 내에 만드는 것 말고는 없었다. 이를 위해 무기 지원을 계속하는 것이었다. 이때도 주더의 홍군 제1방면군이 활약했다.

같은 해 7월, 제3차 소토작전에 장제스는 30만 병력으로 맹공격을 가했다. 마침내 홍군은 커다란 손실을 입었고, 마오쩌둥까지 진두지휘해야 하는 등 악전고투했다. 이 전투는 9월 들어서도 계속됐고 장제스는 이에 더해 20만 병력을 증강해 모두 50만 병력 체제로 홍군을 섬멸하려는 작전을 펼치고 있었다.

전투는 점입가경, 홍군도 경우에 따라서는 도주하지 않으면 안 되는 지경까지 몰렸다. 이처럼 치열했던 제3차 중공소토작전 수행 중에 난데없이 '만주사변'이 발생했다. 홍군은 살아남았다. 일본군이 홍군을 위기에서 구해 준 셈이다.

만주사변으로 '살아남은' 홍군

1931년 9월 18일, 일본군 부대의 하나인 관동군은 봉천(현재의 랴오닝성 선양) 교외의 류타오후(柳條湖)에서 남만주철도 선로를 폭파했다. 관동군은 일러전쟁의 결과 청국으로부터 빼앗은 관동주(요동반도)의 권익을 지키기 위해 설치한 관동총독부의 수비대로 훗날 만주의 일본군을 관동군으로 부르게 된다.

관동군은 이 폭파 사건이 중국(장쉐량이 이끄는 동북군)의 소행이라는 말을 퍼뜨리고 선양에 진군해 단번에 만주 전역을 손에 넣으려 했다. 이듬해에는 아이신지오로푸이를 황제로 추대해 만주국을 세운다. 당시 일본정부 측으로서는 중국에서의 영역 불확대不擴大를 주장했지만, 군부의 독주를 막을 힘은 가지지 못했다. 이 만주사변은 류타오후사건(柳條湖事件)이라고도 부르는데, 중국에서는 발생한 날짜를 따서 9.18사건으로 부른다.

당시의 일본 사회 배경으로는 세계대공황 등도 있어서 관동군은 '만주에 있는 일본인 거류민을 안전하게 보호하지 않으면 안 된다'고 목소리를 높였고, 여론은 이를 응원했다. 일본은 만주 일대를 점거해 완충지대로 만들어 소련의 남하를 막는다는 의도도 있었던 것이 틀림없다.

특히 만주에는 러시아제국이 부설한 동청철도東淸鐵道가 있었으며, 만주 북부를 동서로 가로질러 연결하는 본선과 그 한가운데에 해당하는 하얼빈으로부터 남으로 향해 창춘을 거쳐 부동항인 뤼순, 다롄으로 연결되는 남만주지선이 있었다. 이는 일청전쟁 후 삼국간섭을 해온 러시아가 당시 청왕조의 리훙장과 로청밀약露淸密約을 맺어 부설한 철도다. 이후 일러전쟁에서 승리한 일본은 1906년 러시아제국에게 남만주지선 부분을 이양하도록 해 남만주철도(만철)를 부설하고 만주 일대를 반식민지화했다. 이 이권을 완전히 일본의 것으로 하고 소련의 남하를 저지하기 위해 군부가 획책한 것이다.(1936년에 동서를 가로지르는 동청철도본선도 일본의 것이 된다.)

사실 만주사변이 발생하자 장제스는 곧바로 중화민국 명의로 국제연맹에 일본을 제소했다. 1932년 10월, 리튼 조사단이 보고서를 내고 연맹에서 승인을 받자 이에 불복한 일본은 연맹을 탈퇴했다(33년 3월). 분담금을 내고 있는데도 연맹이 일본을 비난하는 장이 된 것에 대해 불만을 가지고 있던 일본 국민은 탈퇴를 열광적으로 환호했다. 연맹의 제창자인 미국도 그 이전부터 실제로는 참가하고 있지 않았고 연맹의 권위는 실추됐다. 속박을 벗어난 일본은 본격적으로 일중전쟁을 향해 돌진하고 있었다.

그런데 선양으로부터 만주사변에 관한 첫 번째 보고를 받았을 때 장제스는 제3차 중공소토작전을 한창 벌이고 있을 때로 장시 성 난창에 있었다. 중공이 중화소비에트공화국을 건국하려 한 것도 장시 성이어서 여기서 철저하게 중공홍군을 섬멸하지 않으면 '혁명은 아직 끝나지 않았다'는 말을 남긴 쑨원의 중국혁명 유지를 수행할 수 없었다. 따라서 장제스는 이 소토작전에서 쑨원이 가지고 있었던 혁명의 꿈을 실현할 작정이었던 것이다.

그런데 그것을 깨뜨린 것은 일본의 관동군이었다. 만약 그 때 군부의 폭주를 일본정부가 제지할 수만 있었더라면 지금 우리(일본)의 이웃 국가는 당연히 중화민국이고, 공산당에 의한 일당독재체제 국가가 탄생하지는 않았을 것이다. 중화인민공화국이라는, 공산당이 군림하는 국가를 탄생시키는 데 공헌한 것은 다름 아닌 일본 군부와 이를 제어하지 못했던 내각이었던 것이다. 만주사변이 일어났다는 것을 듣고 크게 환호성을 올린 이는 마오쩌둥의 중공군이었다. 이로써 진작부터 예정했던 것처럼 코민테른의 지도에 따른 중화소비에트공화국을 '건국' 하는 것이 가능했다. 이때 마오쩌둥은 당내 권력을 쥐기 위한 권력투쟁인 '푸톈사변' 에 아직 종지부를 찍지 못한 상태였다. 강력한 군사력을 보유한 장제스 국민당군과 당내 권력투쟁에 의해 양쪽에서 압박받는 상태여서 마오쩌둥은 절체절명의 한가운데에 있었다.

이 책의 서문에 적은 것처럼 마오쩌둥은 전후(1956년) 전직 군인인 엔도 사부로(遠藤三郎)와 만났을 때 '일본 군벌이 중국에 공격해 들어온 것에 감사한다. 그렇지 않았더라면 우리는 지금 아직도 베이징에 도달하지 못했을 것' 이라고 말했는데, 이 같은 '일본군에 감사' 하는 마음은 이 시점부터 생겨났다고 생각한다.

만주사변이 일어났는데도 마치 괘념하지도 않는 듯 1931년 11월 7일, 중화소비에트공화국이 장시 성 루이진(瑞金)에서 정식으로 탄생해 임시정부가 수립됐다. 임시정부 주석에 뽑힌 것은 마오쩌둥이었다. 징강산에서 올린 공적이 주효했다. 동료를 대량으로 학살했던 효과를 본 셈이다. 중국이 일본의 침략을 받아 동북지대에 괴뢰정권인 '만주국' 이 탄생했는데도 마오쩌둥은 그 중화민족의 굴욕은 안중에도 없이 '붉은당' 의 건설을 제1과제로 삼은 것이다.

한편, 장제스는 중화민족을 최우선으로 보고 '일본이 공공연하게 침략에 나선 것은 극히 마음이 아프다'면서 '이번 엄중한 국난을 맞아 우리 국민은 거국일치해 진정한 애국정신을 발휘하지 않으면 안된다'고 호소했다(9월 22일 연설).

그러나 국내에는 중공이란 내우內憂가 있어서 일본과 싸우는 데 전념할 수 없었다. 항일에 전념하면 중공이 그 틈을 타 국민당에 대한 공격 수위를 높였을 것이다. 중공 덕으로 우뚝 선 것은 소련의 코민테른이었다. 코민테른이 중국을 지배해 소련 스탈린의 조종을 받는 국가가 생겨나면 중화민족은 이번에는 소련의 속국 백성이 될 뿐으로, 중화민족의 자존심은 언제까지라도 짓밟힌 상태로 남을 터였다. 따라서 '참는 것은 굴복하는 것에 불과하다'면서 장제스는 '양외선내安攘外先安內(국내를 우선 안정시킨 뒤 외국을 몰아낸다)을 국민에게 호소했다. 장제스는 당시 일본에 대한 견해를 '적인가 아군인가'라는 책자(1952년)에 적었다. 이 가운데 요점 몇 가지를 열거한다.

■ 이치를 아는 중국인은 모두 궁극적으로는 일본인을 적으로 해서는 안 된다는 것을 알고 있음으로 중국은 일본과 손을 잡을 필요가 있다는 것을 알고 있다. 일본인 가운데서도 마찬가지의 견해를 가진 이가 적지 않다고 생각한다.

■ 일본은 미영소라는 강적을 타도해 동아시아를 통일하는 것을 바라고 있으며, 이를 위해 만몽滿蒙(만주와 몽골; 역자 주)을 취하지 않으면 일본의 국방안전상 위협을 제거할 수 없다고 국민을 호도하고 있다. 이를 위해 만몽을 정략 경영하지 않으면 안 된다고 주장하고 있다.

■ 중국은 현재 혁명기로 지도자가 민족의식을 준비하고 있다. 일본의 무력이 아무리 강해도 민족의식이 충만한 국민을 쉽사리 제

거할 수는 없다.

■일본이 영토 침략행동을 포기한다면 일본과 친구가 되는 것을
희망하고 있다. 일본이 이를 이해하지 못하는 한 일본이 중국을 제
압할 수는 없다.

참으로 투철한 분석이다. 한편, 중공은 장제스의 괴로운 입장을 역
이용해 스스로는 일본과 싸우지 않으면서 장제스가 곧바로 일본과
싸우려 하지 않는다는 것을 악용해 그를 매국노라고 선전하면서 '싸
우고 있는 것은 공산당뿐이다'라는 용감한 슬로건을 내걸고 항일 여
론을 선동했다. 장제스가 중화민족 사상을 절절하게 호소하며 진정
으로 탄식하고 번뇌하고 있는 것에 반해, 마오쩌둥은 만주사변을 '절
호의 기회'로 여기는 데 대해 주목할 필요가 있다. 마오쩌둥으로서
중요한 것은 중화민족이 아니라 중국공산당이며, '누가 천하를 취하
느냐'였다.

장제스는 '참는 것이 굴복하는 것은 아니다'라는 신조와 '양외선
안내攘外先安內'라는 약속처럼 '안내安內'를 우선해 1932년 6월, 제
4차 중공소토작전을 재개한다. 그러나 제4차 소토작전도 일본군의
리허 성(熱河省) 침공으로 인해 그 대항전에 힘을 쏟지 않으면 안 되
는 상황으로 흘러 실패로 끝났다.

안으로 숨긴 코민테른에 대한 증오

　사태가 움직인 것은 중공 내부에서 표면화된 내부 분열이었다. 마오쩌둥은 큰 싸움은 정면에서 하면 안 된다고 하는 '게릴라 전법'을 기본전략으로 하고 있었다. 여기에 대해 여전히 상하이중공중앙을 장악하고 있었던 왕밍(王明) 등 소련파는 '정면 출격'을 주장했다. 코민테른은 '마오쩌둥의 게릴라 전법은 퇴각, 도망에 지나지 않는, 마치 삼국지의 세계'라고 마오쩌둥을 비판하면서 마오쩌둥 대신 장원톈(張聞天)을 인민위원회 주석에 앉혔다. 코민테른은 게다가 군사고문으로 독일인 오토 브라운[중국 명 리더(李德)]을 파견했다.

　이렇게 마오쩌둥은 아주 간단하게 실각했다. 이때부터 코민테른에 대한 마오쩌둥의 미묘한 증오가 마음속 깊은 곳에서 타오르고 있었다. 옌안에 도착했을 때부터의 왕밍에 대한 '질식시켜 죽이기'와 같은 잔인한 학대 방법은 오싹한 면이 있다. 상세 내용은 소련 기자 피오트르 블라디미로프의 수기 『옌안일기 1942~1945』에 매우 선명하게 묘사되어 있다. 마오쩌둥은 입장상 코민테른의 이야기를 듣고 있는 것처럼 행동하면서 마음속으로는 소련을 미워하고 있었다. 처음부터 중공중앙위원회 총서기(초기의 호칭은 중공중앙국서기, 중공중앙집행위원회 위원장 등)란 중공의 우두머리 자리에 있었던 사람들의 이름을 열거하자면 다음과 같다.

- 천두슈(陳獨秀, 1921년 7월~1927년 8월) (일본 유학, 成城학교)
- 취츄바이(瞿秋白, 1927년 8월~1928년 7월) (모스크바 동방대학 조교수)
- 샹중파(向忠發, 1928년 7월~1931년 6월) (소련행 코민테른 대표)
- 왕밍(王明, 1931년 6월~1931년 9월) (모스크바 중산대학 유학, 코민테른 대표)
- 친방셴(秦邦憲, 1931년 9월~1935년 1월) (모스크바에 갔던 왕명의 대리) (별병; 박고博古 소련 유학)
- 장원톈(張聞天, 1935년 5월 1일~1943년 3월) (모스크바 중산대학, 교수 경험도 있음)
- 마오쩌둥(毛澤東, 1943년 3월~1976년 9월 사망할 때까지 종신)

마오쩌둥이 중공중앙의 우두머리로 올라가기까지는 상당한 기간이 걸렸음을 알 수 있다. 그 사이에는 우리에게는 익숙지 않은 이름들이 열거되어 있다. 코민테른이 임명한 인물들뿐이기 때문이다.

마오쩌둥은 자신을 촌뜨기라 경멸하는 코민테른이 정말 싫었다. 당시 소련의 지도자였던 스탈린이 마오쩌둥을 '시골 버터butter'로 조소하고 있다는 것도 잘 알고 있었다. 특히 앞서 언급한 지도자들 약력 괄호 안에 기록한 주註를 봐도 이해할 수 있듯이 마오쩌둥을 제외한 거의 모두가 유학파다. 거의가 모스크바 유학파로 모스크바 중산대학에는 '28인의 볼세비키' 라는 엘리트 분위기의 그룹이 있어서 왕밍, 장원톈, 박고(친방셴) 등이 그 멤버로 엘리트 냄새를 풍기고 있었다.

마오쩌둥이 얼마나 소련(특히 코민테른)을 혐오하고 지식인을 마음속 밑바닥에서부터 미워했는지는 이 명단을 보면 상상이 될 것이다. 이것은 또 마오쩌둥이 신중국 탄생 이래 철저히 지식인을 박해한 이유의 하나이기도 하다. 베이징대학 도서관에서의 증오심보다도 더 뿌리가 깊은 것인지도 모른다.

이때 코민테른이 임명한 오토 브라운 군사고문은 마오쩌둥의 게릴라 전법을 버리게 하고, 그 대신 적극적인 돌격형 전법을 구사했다. 그런데 전법을 바꾸는 순간 루이진의 소비에트정부는 간단하게 괴멸됐다(홍군에는 제0방면군이란 형태로 30종류의 계통이 있었다. 『마오쩌둥 연보』에는 수많은 일시가 기록되어 있는데, 적어도 마오쩌둥 등 루이진에 있었던 홍군 제1방면군은 1934년 10월 18일에 최종적으로 루이진을 떠난 것 같다).

마오쩌둥 등의 홍군은 루이진소비에트를 포기하고 그저 도주할 수밖에 없었다. 그대로 남으면 전원 목숨을 유지할 수 없었다. 그 곳에서 중공이 지금까지 소위 '위대한 장정'이라고 의미 있게 새기고 있는 패주극이 시작된 것인데 장제스는 후회했다. 왜냐하면 국민당군이 루이진으로 쳐들어갔을 때 이미 루이진소비에트정부 청사 안은 뱀이 허물을 벗은 것처럼 껍데기만 남은 채 마오쩌둥 등은 빠져나가 버렸기 때문이다. 그러나 싸움은 아직 끝나지 않았다.

제3장

일중전쟁을 이용하라

- 시안사건과 국공합작

장정을 성공시킨 일본군의 아편 정책

마오쩌둥과 저우언라이 그리고 주더가 이끌었던 (장시 성) 루이진소비에트에 있었던 약 10만 명의 홍군을 제1방면군이라 한다. 그 외에도 쓰촨 성(四川省)과 후난 성(제4방면군) 등 홍군은 각지에 흩어져 있었는데, 코민테른의 지시에 따라 일제히 서쪽으로 서쪽으로, 그리고 마침내 북으로 북으로 도주를 시작했다.

그 거리는 1만 5000킬로미터. 도보로 도망쳤다.

마오쩌둥 등은 훗날 이 패주를 '북상항일北上抗日'이라 부르지만 서북의 산 깊숙한 곳까지 도주한 것은, 그 곳이라면 국민당군이 추격해 오지 못할 것이라 기대했기 때문이었다. 더구나 일본군은 그러한 변경지대에는 한 사람도 없었다. 일본군으로부터 가장 먼 곳으로 도망간 것인데, 어째서 '항일' 전쟁을 한다고 한 것일까.

이때 '항일선견대抗日先遣隊'라는 6천 명 정도의 홍군 병사를 파견하고 있었다. 그 유일한 생존자로 선견대의 군당참모장이었던 수위(粟裕, 신중국 탄생 후에는 중국인민해방군 총참모장)는 회상록 『조유전쟁회상록粟裕戰爭回想錄』(해방군출판사, 1988년)에서 항일파견대의 목적을 알려주지 않았다고 기록하고 있다. 그리고 '나중에 처음 알게 됐는데 중앙이 선견대를 파견한 직접적인 목적은 국민당이 통치하고 있는 중요한 지구를 위협하기 위한 것'이었으며, '항일'의 요소는 없었다는 것을 무심코 적어 넣었다. 선견대의 참모장이었던 수위조차도 '도망' 의 목적을 알지 못했고, 그 밖에도 많은 홍군의 지도적 입장에 있었던 이들도 '도피' 라든지 '정서征西' 라든지 '퇴각' 이란 종류의 단어를 썼지만, 실질적으로 '항일' 을 위한 장정이었다고는 술회하고 있지 않다. 다만 슬로건으로는 '중국공농홍군의 북상항일선언' 을 내는가 하면 '일치단결해 일본 제국주의를 중국에서 몰아내자' 라고 하는 선전 삐라를 160만 부 이상 인쇄해 배포하고 있었고, 중국 인민은 이 '선전 삐라' 를 믿게 됐다.

일본군이 없는 서북으로 '도망가라' 고 타전한 것은 코민테른이었다. 여차하면 소련으로 도주하라는 의도도 있었다. 그렇기 때문에 무기뿐 아니라 무전기와 인쇄기 등 코민테른과 연락할 수 있는 도구들을 지닌 채 도주했다. 식량도 마침내 떨어졌다. 마오쩌둥과 저우언라이는 도주하던 중 쫓겨 온 농민이 지고 온 지게 위에 가로로 누워 잔 일도 있었다고 한다.

국민당의 정부군은 추격을 멈추지 않고 후난, 구이저우, 광시에 군대를 배치해 소탕 토벌을 계속했다. 그러나 마오쩌둥 등은 산 속으로 도망쳐 험준한 지세를 이용해 도주하는 바람에 섬멸은 불가능했다. 그래도 홍군에 대한 타격은 헤아릴 수 없을 정도였다.

차츰 국민당정부군의 수비가 옅은 윈난 성의 준이 현(遵義縣)까지 무사히 멀리 달아났을 때 10만이었던 홍군은 3만 5000명까지 줄어 있었다.

1935년 1월 15일부터 17일까지 점거한 저택에서 '준이회의' 가 열렸다. 한 번쯤 쉬고 싶은 이유도 있었겠지만, 마오쩌둥으로서는 한시바삐 소련파와의 결말을 보고 싶었던 것도 있었음에 틀림없었다. 준이회의에서는 코민테른의 지시에 따른 공격형 전법의 실패를 총결산

한 결과 소련파가 실각했다. 그 곳에서 '저우언라이 장원톈 마오쩌 둥'의 3인체제가 결의되는데 저우언라이는 자신이 코민테른 방식에 찬동한 탓에 루이진정부를 포기할 수밖에 없었던 것을 반성해 군사 최고지도자의 지위를 마오쩌둥 1인에게 넘겨주기로 결의한다. 그 결과 마오쩌둥은 중공중앙군사위원회 주석으로 선출된다. 준이회의는 당 간부가 말끔하게 모인 회의가 아니었기 때문에 그 합법성을 의문시하는 당원도 없던 것은 아니었지만 실권을 쥐게 된 마오쩌둥의 승리였다.

준이에서 한동안 휴식을 가진 홍군은 다시 서북을 목표로 했다. 마오쩌둥은 쓰촨 성에 소비에트를 만든 홍군 제4방면군과 합류하려 생각했다. 제4방면군의 병력은 7만 명이었다. 코민테른으로부터 무기 원조를 받아 전력이 강했다. 이 군사위원회의 주석은 장궈타오(張國燾)였다.

이 두 사람이 합치면 홍군은 강해진다. 국민당 정부군은 이 합류를 어떻게든 저지하려 쓰촨 성과 후베이 성 측면으로부터 압박했다. 장제스는 스스로 쓰촨의 지휘를 맡고, 후베이 성 우창(武昌)군단의 주임에는 동북군구의 왕王 장쉐량을 앉힌다. 쓰촨 성에서 장제스가 기다리고 있다는 것을 알게 된 마오쩌둥은 북상을 멈추고 돌연 남하해 구이저우 성(貴州省) 쪽으로 움직이기 시작했다. 구이저우 성은 지금도 윈난 성과 함께 아편의 삼각주 지대다. 장제스는 충칭(당시에는 쓰촨 성)으로부터 군용기편으로 구이저우로 날아왔는데 마오쩌둥의 계산이 정확했다. 구이저우의 국민당군은 아편 흡입자가 많아 군대로서는 형편없었다. 마오쩌둥은 추격을 따돌리고 윈난 성으로 도주하는 데 성공했다. 게다가 홍군에는 코민테른으로부터 지시를 기다리기 위한 고성능 무전기도 있었다. 아편에 절어 있었던 구이저우 국민당군은 무전을 실수로 홍군이 포착할 수 있는 암호로 발송했다. 국민당의 정보는 누설됐다.

아편은 물론 1840년 아편전쟁에 따라 영국으로부터 보내져 온 것도 있지만, 이후 일본이 중국의 동북에 괴뢰정권 '만주국'을 수립하면서부터는 일본의 아편 전략은 조직적으로 움직였다. 도조 히데키와 키시 노부스케(岸信介, 아베 총리의 조부) 등의 수하에 마약특무기관[사토미 하지메(里見 甫)의 사토미기관 등]이 있어 만주국 내뿐만 아니라 톈진과 상하이 그리고 구이저우, 윈난 등의 지역에도 그 영향력을 넓히고 있었다.

필자의 부친은 중국에 만연한 마약 중독자를 치료하기 위해 중국에 건너왔는데, '만주국'은 부친이 발명한 마약 치료약의 제조를 허가했지만 선전은 엄금한다고 부친에게 말했다. 그것은 비밀리에 중국에서 마약을 만연하게 해 거액의 활동자금을 입수하는 동시에 표면적으로는 '만주국은 마약금단계획을 실시하고 있기 때문'이었다.(상세한 것은 졸저 『卡子 챠즈—중국건국의 잔화』 27쪽 참조.)

마오쩌둥은 일찍이 책과 신문을 숙독했는데, 그 정보량의 풍부함은 발군이었다. 더구나 방대한 정보 중에서 '바로 이것'이라 생각한 것을 끄집어내는 직감이 날카로웠다. 문제의식을 가지고 있었기 때문일 것이다. 감추어진 정보, 인민에 대한 정보를 포착하는 것도 뛰어났다. 이런 정보를 살아남기 위한 전략에 사용한 것 역시 대단하다고 하지 않을 수 없다.

이때 구이저우, 윈난으로의 전략적 남하는 천하분할의 싸움으로 참으로 명암이 갈리는 분기점이라고 해도 과언이 아니다. 아차 하는 순간 이 남하전략에 대한 판단을 못 했더라면 홍군 제1방면군은 완전히 전멸했을 것이다. 마오쩌둥의 입장에서 보면 거듭 일본군(의 마약특무기관)에 의해 구사일생으로 살아난 것이다. 일본군에 감사하지 않을 수 없었을 것이다!

그래도 겨우 마오쩌둥이 응원을 기대했던 홍군 제4방면군과 합류할 수 있었던 시기, 마오쩌둥의 홍군 제1방면군은 불과 1만 명 만 남았을 뿐으로 줄줄이 녹초가 되어 있었다.

그것을 본 홍군 제4방면군 군사위원회 주석 장궈타오는 마오쩌둥 등을 업신여겼다. 그리고 준이회의의 결정을 불법이라 비판했다. 여기서 내분이 일어나는데 더 남하하겠다고 주장한 장궈타오와는 대조적으로 마오쩌둥은 산시 성 서북부 방향으로의 북상을 선택했다. 왜냐하면 그 곳은 산악 지형으로 국민당군이 추격해 오기가 까다로운 지대이고 무엇보다도 그 곳에는 시중쉰(習仲勛)과 류지단(劉志丹)이 있었기 때문이다. 시중쉰은 현재 시진핑 국가주석의 부친이다. 옌안을 중심으로 한 산시 성의 서북혁명근거지는 시중쉰과 그의 선배인 류즈단 등이 일찍부터 구축한 것이었다.

마오쩌둥이 서북 근거지에 우여곡절 끝에 도착하기 직전 시중쉰과 유즈단 등이 왕밍 계열의 캉성(康生)에게 체포 투옥되어 곧 처형될 것을 알게 된 마오쩌둥은 곧바로 석방하라고 타전해 시중쉰은 목숨을 부지하게 된다. 이 때문에 이번에는 역으로 1935년 10월 20일경 지리멸렬 상태로 서북혁명근거지에 도달한 마오쩌둥에게 시중쉰은 원조의 손을 내밀게 되고 평생 충성을 바치게 된다(무엇보다도 문화혁명 시기 캉성의 교묘한 사실 날조로 시중쉰은 체포 투옥되어 16년 동안이나 감옥 생활을 보내는 일도 있었지만).

도착한 일시를 콕 찍어 특정하는 것은 곤란하다. 왜냐하면 서북혁명근거지는 산시 성 북서부와 간쑤 성에 걸쳐 있는 산간(陝甘, 산시 성과 간쑤 성) 소비에트구라는 혁명 근거지를 형성하고 있었던 것 외에도 이 혁명 근거지에 도착한 뒤 더 좋은 장소를 찾아 계속 이동하고 있었기 때문이다. 『마오쩌둥 연보』에 따르면 그 범위 내에 도착한 날은 10월 하순부터 11월 상순에 걸쳐 있다. 적어도 확실히 말할 수 있는 것은 마오쩌둥이 이끈 부대는 출발 시에 10만 명 정도였지만, 도착 시에는 수천 명까지 줄어 있었다는 것이다. 홍군 전체를 합하면 장정 전에는 30만 명 정도였던 병사가 도착 시에는 2만 명 정도까지 감소했다. 초기에는 국민당과의 싸움에서 목숨을 잃었고 도중부터는 기아와 과로, 혹은 탈주에 의한 것이다. 홍군 제2방면군, 제3방면군 및 제4방면군의 일부가 모두 옌안에 도착하는 것은 그로부터 약 1년 후인 1936년 10월 22일이었다. 이 시점으로 장정은 모두 완료된 것으로 보고 있다. 시진핑이 지금 자신을 '옌안의 사람'으로 자리매김하고 마오쩌둥의 후광을 빌려 마오쩌둥 시대로 회귀하고 있는 것은 여기에서 유래한다(여기에 대한 상세한 내용은 졸저 『차이니즈 세븐―붉은 황제 시진핑』에 있다).

덧붙여 장궈타오는 훗날(1937년 3월의 중공중앙정치국 확대회의에서) 공산당원에서 제적되고 1938년 4월 옌안을 버리고 국민당에 투항해 국민당의 특무기관인 국민정부군사위원회조사통계국(약칭: 군통 BIS)에서 반공 스파이 활동에 종사한다.

장제스 납치사건을 둘러싼 음모

구이저우 성에서 아편에 중독된 군대와 타전 실수에 의해 또 다시 마오쩌둥을 놓쳐 버린 장제스는 여전히 중공소토작전을 포기하지 않았다. 1936년 2월 21일, 일단은 섬서성(陝西省=산시 성) 옌안의 산악지대에 혁명 근거지를 구축한 마오쩌둥이 식량 사정이 곤궁해져 동정항일東征抗日로 불리는 동쪽 산서성(山西省=산시 성) 농촌에 출격하는 일이 벌어지자, 장제스는 이것을 되받아치기 위해 산서성과 섬서성에 배치한 국민당정부군을 움직였다. 이 가운데 섬서성 지휘를 맡긴 이 가운데는 장쉐량이 있었다.

이때 3000여 명의 홍군 병사들이 국민당정부군의 공격에 의해 죽었는데, 류즈단은 이 전투에서 전사한다. 산서성에서 농민의 식량을 약탈한 홍군은 5월 3일 허둥지둥 섬서성으로 올라갔다. 장제스는 '5분 만 있다면, 아니 길어도 한 주 만 있으면 홍군을 완전히 섬멸할 수 있다'고 할 정도의 상황까지 왔다. 그런데 여기서 어처구니없는 일이 발생했다.

장제스가 의지했던 장쉐량이 마오쩌둥의 달콤한 유혹에 넘어가 중공 측에 붙어 버린 것이다. 그리고 1936년 12월 12일, 시안(西安)에서 장제스를 납치 감금하고 국공합작을 무리하게 받아들이도록 한 것이다. 이를 '시안사건'이라 한다. 목전에서 장제스가 8년에 걸쳐 싸워 온 '양외선안내(국내를 안정시키고 나서 외적을 물리친다)'라고 하는 중화민족 통일의 꿈이 깨져 버린 것이다.

상세한 경위는 이렇다. 국민당정부군은 확실히 홍군을 완전 궤멸 상태까지 몰아넣었지만, 장쉐량도 가장 신뢰했던 사단장과 참모장 그리고 많은 부하들을 전투에서 잃는 등 큰 희생을 치렀다.

'도대체 어디까지 공산당소토작전을 계속해야 하나'라는 혼돈이 장쉐량의 마음을 흔들고 있었다. 싸워야 할 상대는 일본이다. 이렇게까지 중공을 타도하기 위해 힘을 쏟고 목숨을 잃는 정도라면 그 힘을 항일로 돌려야 하는 것 아닌가. 장제스는 아마도 '양외선안내'라는 신념으로 우선 국내의 반정부분자부터 타도하기 위한 것 아닌가. 지금의 전력으로 일본군에 맞서는 것은 자멸을 초래하는 것과 같다고 해서 우리에게 중공소토작전을 수행하도록 했다. 그러나 이로 인한 쌍방의 희생은 거슬린다. 만약 그 힘을 쌍방이 협력해 항일로 방향을 돌리면 동지 사이의 무의미한 살육은 그만둬도 되지 않겠는가.

장쉐량은 문득 이런 생각이 들었다. 그 미묘한 심경의 변화를 마오쩌둥은 하나도 놓치지 않고 파악하고 있었다. 도처에 스파이를 풀어 놓고 있어서 적의 어떤 정보라도 입수할 수 있었다.

당초 만리장성의 북쪽(중국의 동북지방)에 있는 군대와 주민의 다수도 일본이 '만주국'이란 괴뢰정권을 구축한 이래 고향에서 쫓겨나 만리장성의 남쪽으로 흘러 들어와 불만의 나날을 보내고 있었다. 그 슬픔을 노래한 '송화강상松花江上'이란 곡이 있는데 가사에 '918'이란 단어가 여러 번 등장하는 노래다. 마오쩌둥은 동북군에 '中國人 不打中國人(중국인은 중국인을 때리지 않는다)'고 외치면서 '항일구국(일치단결해 항일에 주력해 나라를 구하자)'하자고 호소했다.

이런 단어들은 동북에서 쫓겨나온 많은 이들의 마음에 뜨겁게 메아리쳤다. 더구나 호소하는 방법도 훌륭했다. 공산당원 자신이 국민당군 병사를 설득하는 것이 아니라 공산당원은 우선 일반 민중을 설득해 이에 찬동하는 사람을 절대로 공산당원으로 만들지 않고 일반 시민의 신분으로 마오쩌둥의 사고방식을 국민당 병사에게 전했다. 사이에 완충을 넣는 방법을 구사했다. 중립분자와 구국회 등이 호소하면 민심을 움직이기 쉽다. 역시 방대한 책을 두루 읽은 내공이었다. 마오쩌둥은 병법의 모든 것을 터득하고 있었다. 다음 단계로 마오쩌둥은 저우언라이와 판한녠(다음 장에 나올 중공특무기관 스파이)에 지시해 장쉐량을 설득하라고 명령했다. 두 번째 단계에 진입한 셈이다. 이 단계를 밟은 것은 중요하다.

저우언라이 등의 말을 꺼내는 방법도 긴요했다. 우선 '장제스는 실로 훌륭하다'라고 장제스에게 운을 뗐다. 다음으로 '장제스야말로 국가에 충실하며 항일을 위해서는 우선 장제스가 지도하는 것을 옹호하지 않으면 안 된다'고 인정한다.

게다가 '어떤가. 함께 힘을 합쳐 항일 통일전선을 구축하지 않겠는가. 중화민족의 긍지를 되찾는 것이다'라고 마지막을 자극한다. 장쉐량은 완전히 두 사람에게 감명 받아 중공 측이 말하는 것이 진짜 맞다고 생각했다. 그리고 장제스에게 국공합작을 가지고 운을 뗐다.

장제스는 격노했다. 중공의 배후에는 코민테른이 있기 때문에 중공이 천하를 취하면 중화민족은 이번에는 소련의 속국이 될 판이었다. '중화민족은 독립하지 않으면 안 된다. 속이려는 것 아닌가' 하고 화를 냈다.

사실, 그 배후에는 코민테른이 있었다. 1935년 8월 1일, 모스크바에서는 코민테른대회가 열려 '중국에 광범위한 항일반제국주의 통일전선을 세우자'고 결의했다. 그리고 '항일구국을 위해 전국 동포에게 고하는 글' 이란 문서를 중국소비에트정부·중국공산당중앙의 명의로 발표했다. 이것을 '8.1선언' 이라 한다. 듣기에는 좋았다. 그러나 실태는 어떻게든 국민당정부를 일본과 싸우게 해 전력을 소모시켜 국민당을 타도하고 공산당국가 수립을 목표로 한 것이다. 이것이 사실상 코민테른의 우두머리로 돼 있는 소련 스탈린의 사고방식이었다.(소련과 코민테른은 별개의 계열이라 하지만 실제로는 하나였다. '모스크바' 로 대표된다.)

따라서 이대로 가면 국민당정부가 강대해져 중국에 공산주의 정부는 생겨나지 않게 된다. 코민테른은 어떻게든 홍군을 타도할 중공소토작전을 중지시키지 않으면 안 된다고 여기고 있었다. 필자는 일찍이 미국 스탠포드대학 후버연구소 도서관에 비치된 장제스가 직접 (붓으로) 쓴 일기를 보기 위해 후버연구소에 다녔다. 복사하거나 사진을 찍는 것이 허락되지 않았고 허용되는 것은 모든 소지품을 로커에 집어넣은 뒤 후버연구소 전용의 메모지와 연필을 건네받아 그것으로 필기가 가능할 뿐이었다. 연필의 농도는 선택할 수 있었다.

중국에서 태어나고 자라 혁명전쟁을 경험했으며 신중국 탄생 후에는 마오쩌둥사상 교육을 받아온 필자는 '마오쩌둥은 신처럼 신성하고 위대하며 장제스는 일중전쟁에서 싸우지 않은 매국노' 라고 하는 것에 물들 만큼 교육받아 왔다. 세뇌도 그런 세뇌가 없었다. 그 영향에서 필사적으로 빠져나오려고 갈등을 계속했다. 그런 필자에게 있어 장제스 일기는 벼락이라도 맞은 것처럼 충격으로 다가왔다. 고결한 의지와 진정으로 나라를 생각하는 책임감을 한 글자 한 글자 붓으로 써서 깊은 감동을 주었다. 그는 진정으로 '중화민족' 을 생각했으며 나라를 걱정하고, 백성을 최우선으로 생각했다. 더구나 장제스는 이때 코민테른의 생각을 모두 간파하고 있었다. 국공합작으로 국민당정부군은 하마터면 멸망했을 홍군을 더 이상 궁지에 몰아넣지 못했고, 국민당군이 일본군과 싸우는 동안 공산당이 강대하게 된 것이다. 이를 위한 국공합작이란 것을 간파하고 있었던 것이다. 이에 관한 것은 『장제스 비록11 진상—시안사건』(산케이신문사 저, 산케이신문사 출판국, 1976년)에 사실대로 표현돼 있다.

또 주목하고 싶은 것은 장제스는 당시 어떻게든 일본과 평화교섭이 가능한지를 일본의 히로타 코우키(広田弘毅) 외상과 몇 번이고 대화하고 있었던 점이다. 전쟁을 시작하려 한 것은 아니었다. 히로타 외상은 '히로타 3원칙'을 발표하고 일중평화에 진정으로 힘을 쏟고 있었다.

물론 1935년에 발생한 중산수병사살사건中山水兵射殺事件, 1936년이 되자 8월 '성도사건成都事件', 9월의 '북해사건', 한커우의 '일본인 순사 사살사건', '상하이 일본인 수병 저격사건' 등 꼬리를 문 이해할 수 없는 사건들이 연속으로 발생했다. 그 가운데 대다수는 일본군이 전쟁을 일으키기 위한 음모이자 미리 짜고 벌인 일이라는 견해가 주류였다.

또 확실하게 일본군의 상층부에는 만주국 다음으로 만리장성 남쪽의 화북 일대를 점령하고자 하는 야망이 휘몰아치고 있었다. 그러나 정작 본격적인 전쟁이 시작된다는 것을 코민테른이 사전에 알고 있었던 것이 아니라면 장제스와 일본을 싸우게 하려는 국공합작안을 낼 리가 없다. 일본의 극비정보가 어떻게 모스크바의 코민테른에 흘러 들어간 것인가?

시안사건이 일어난 것이 '1936년 12월'이며, 일본과 중국이 전면전에 돌입하는 계기가 된 루거우차오사건(蘆溝橋事件)이 발생한 것이 '1937년 7월 7일'이다. 일중이 전면 전쟁에 돌입한 후라면 또 이해가 된다. 전쟁이 시작됐기 때문에 국민당과 공산당을 따지지 않고 어쨌든 힘을 합쳐 싸워야 하지 않는가라는 논리라면 앞뒤가 맞는다. 하지만 시안사건과 루거우차오사건은 시간적으로 역전되어 있다.

먼저 '함께 싸우자'는 전쟁 발발을 전제로 한 시안사건을 일으키고 그 후부터 '전쟁이 일어나는 사태'가 된다. 이것은 어떻게 생각해도 시간적으로 앞뒤가 맞지 않는다. 필자는 이렇게 앞뒤가 맞지 않는다는 것을 몰랐다. 확실히 홍군이 멸망 직전이었다고 하는 긴박한 상황은 있었지만, 사전에 일본이 곧바로 일중전쟁에 돌입하는 극비의 움직임에 나서고 있었던 것을 알고 있었던 인물이 있었다. 그것을 (누군가) 코민테른에 알려줬다고 할 수밖에 없다.

이토록 앞뒤가 맞지 않는 것의 연장선상에 있는 것이 조르게 (Richard Sorge)였다. 소련 스파이로 유명한 조르게의 존재에 이르면 애당초 시안사건과 루거우차오사건의 시간적 역전에 관한 정합성整合性을 파악할 수 있다. 조르게는 1930년부터 독일의 주요 신문기자 자격으로 상하이의 조계지에 파견된 소련 스파이다. 상하이에서는 아사히 신문기자 오자키 호츠미(尾崎秀實)와 알고 지냈고, 또 마오쩌둥을 취재한 미국의 좌익계 저널리스트였던 아그네스 스메들리와도 친교를 두텁게 하고 있었다. 조르게는 1933년에는 독일 신문사의 도쿄특파원 및 나치스당원으로 일본에 건너가 오자키와 재회한다. 오자키는 곧 고노에(近衛) 내각의 브레인이 되는데 그 전부터 정계와 군부 요인과 접촉해 왔다. 조르게는 이런 오자키를 통해 기밀정보를 수집하게 된다.

그렇지 않아도 일본에는 호전 분위기가 떠오르고 있었다. 군부의 폭주를 정부가 제어하지 못하는 상황이었다. 곧 일본이 중국을 상대로 전쟁을 일으킬 것이라는 정보를 코민테른에 전달하는 것 정도는 쉬웠음에 틀림없다. 장제스는 대강의 내용은 알고 있었다. 그렇다 할지라도 장제스가 '최후 5분의 싸움'을 명령했을 때 시안에 있었던 장쉐량이 움직이지 않았던 것에 대해 장제스는 분노했다. 그 곳에서 1936년 12월 4일, 몇 안 되는 부하를 이끌고 시안으로 향한다. 주변에서는 말렸지만 장제스는 '자신은 아무것도 잘못된 짓을 하지 않았으니 괜찮다'면서 단신이나 마찬가지의 모양새로 장쉐량에게 간 것이다. 그리고 시안에서 장쉐량에 의해 납치 감금된 것이다. 장쉐량은 중공으로부터 지시받은 대로 8개의 요구사항을 장제스에게 내밀고 이를 수락하면 난징에 돌려보내 주겠다고 교환조건을 제시했다. 이 요구에 대해 장제스는 격노하고 모두 거절하는데, 오히려 지체하지 말고 자신을 죽이라고 태도를 바꿔 꾸짖었던 것이다.

8개의 요구 조건 가운데 6개를 받아들였다든지 4개를 받아들였다든지 여러 보도가 있었지만, 훗날 보게 된 장제스의 일기에는 모두 완전하게 거절했다고 적혀 있다. 장쉐량은 이때 '장제스 일기를 보고'(?) 처음으로 장제스의 높은 뜻을 알게 되고 '진정으로 중화민족을 생각하는 것은 장제스인가' 하고 후회했다고 하는 취지의 내용이 기록에는 있다. 장제스는 매일 일기를 쓰고 있었기 때문에 시안에 갔을 때도 반드시 일기장을 가지고 갔다. 장쉐량은 장제스를 납치 감금하면서 장제스가 지니고 있던 소지품들을 압수했다. 장쉐량은 압수된 장제스의 가방 안에 있던 일기를 본 것 같다. 장쉐량은 후회와 함께 마음이 흔들리며 충격을 받지만 때는 이미 늦었다.

그런데 그 곳에 코민테른의 지시가 내려왔다. '장제스를 죽여서는 안 된다'는 것이었다. 일본이란 적이 있기 때문에 장제스가 그 적과 싸우는 상황이 없으면 공산당이 발전하는 것은 힘들다. 일본과의 전쟁은 장제스에게 시킨다는 것이었다. 코민테른은 곧바로 일중전쟁이 시작된다는 것을 알고 있었다.

　장제스가 납치당한 것은 1936년 12월 12일이고 자유의 몸이 된 것은 12월 25일 오후 3시다. 난징에는 26일에 돌아갔다. 난징에서는 하루 늦은 크리스마스 선물이라고 해서 폭죽이 터지는 가운데 장제스의 거대한 초상화가 거리에 나붙었으며, 시민들은 '장제스 만세!' '중화민국 만세!'를 외치며 장제스를 맞이했다. 장제스는 역으로 자신의 존재가 이 정도 위치라는 것을 처음으로 알고 깊은 감동으로 기억했다. 그리고 시나리오처럼 이듬해인 1937년 7월 7일 베이징에서 루거우차오(盧溝橋)사건이 일어나 일중간 전면전에 들어간 것이다.

'항일에는 병력의 10퍼센트 이상 투입하지 말라!'

루거우차오사건 이야기를 하기 전에 시안사건 후 마오쩌둥의 행동을 좀 더 살펴보도록 하자. 1937년 1월 중공 측이 재빨리 국민당 측에 전신을 보내 '병사 5만 명분으로 매월 50만 원의 군비를 지불하기를 희망한다'는 내용의 요구가 있었다. 역시 이 군비가 목적의 하나였다. 홍군은 파멸 직전 경비 면에서도 한계에 다다랐기 때문에 국공합작을 신청한 것인데 이 사실로도 명백했다. 장제스는 단호하게 반대했다. (국민당 측이 경비를 부담하는 홍군) 1만 5000명 이상의 병사를 보유하는 것은 허용할 수 없다고 답했다. 쌍방의 입씨름 끝에 2만 5000명으로 타협하고 매월 20만 원에서 30만 원의 군비를 장제스가 중공 측 병사들에게 지급하는 것으로 결정했다.

상하이 시의 정식 데이터라 할 수는 없지만 상하이 시 지방 반공실에 있는 데이터에 따르면 1937년 당시 상하이 일반 노동자의 평균 월급은 12~18원이었다. 장제스가 마오쩌둥에게 지급한 경비에는 병사에게 지급하는 군비 외에 의식주 등의 생활비가 있어서 대략 전체를 합하면 매월 50만 원에 육박하는 것으로 생각된다.

가령 지급액을 30만 원으로 쳐보자. 이 금액은 당시 상하이 노동자가 2050년까지 생존하며 받을 경우의 연봉에 상당하는 것이다. 이런 고액을 마오쩌둥은 장제스로부터 매월 지급받은 것이다.

소련의 스탈린은 당시 독일과 이탈리아에서 대두하는 파시즘에 대한 대항조치를 구축해야 했다. 또 예전처럼 충분하게 코민테른이 중공에 돈을 지급할 만큼의 경제적인 여유가 없었다. 이 때문에 국민당과 합작하도록 해서 국민당의 녹을 먹고 국민당에서 양분을 섭취하는 동안 중공군의 세를 불려나가게 한다는 계산이 이런 사실로부터 명백해진다.

장쉐량은 뭔가 큰 죄를 저지른 것이리라. 사실 시안사건에서 장제스를 납치해 연금해 놓고 후회를 한 장쉐량은 장제스가 감금에서 풀려나 비행장에 도착했을 때 어떻게든 자신도 동승하고 싶다고 말했다. 기내에서 암살이라도 되면 어쩌나 하면서도 처음 그 건(코민테른의 지령)을 읽을 때 느꼈던 스릴과 달리, 장쉐량은 떠나는 장제스에게 허리를 굽혀 작별인사를 하며 자신의 죄를 인정했다고 한다.

하지만 이런 장쉐량 탓에 제2차 국공합작이 추진됐고, 코민테른의 노림수였던 '일본군과 장제스를 싸우게 해 공멸시켜 공산혁명을 성공시키자는 야심' 또한 착착 실현됐다. 시안사건으로 장제스가 감금되기 직전인 1936년 12월 7일, 마오쩌둥은 일찌감치 주더 대신 중앙혁명군사위원회 주석으로 정식 취임했다.

그리고 1937년 7월 7일, 베이징 교외에서 루거우차오사건이 발생해 일중 전면전에 돌입한다. 중국에서는 7월 7일 발생했다고 해서 이 사건을 '7.7사변'이라고 한다.

일본군 지나주둔군 제3대대와 보병포대는 전날인 6일부터 군사훈련을 행하고 있었다. 베이징 시내에서는 이상할 정도로 일본군 전차가 몰려들었고 심상치 않은 분위기에 휩싸였다. 그런데 야간훈련 중에 '중국 병사가 실탄을 발사했다'고 일본 측은 주장한다. 중국 측은 '일본 측의 음모'라 주장했고 개중에는 '코민테른의 음모'라고 하는 이도 나타났다. 어느 쪽이든 '일본군이 타국에서 전쟁을 개시했다'는 사실이 존재하는 것만은 확실했다.

이 책에서는 그 원인 또는 '범인'에 관해 깊이 추적하지는 않는다. 이 책의 목적이 아니기 때문이다. 이 책에서는 어디까지나 루거우차오사건에 의해 일중이 전면전에 들어갔고 그 와중에 중공군과 국민당군이 어떻게 항일전쟁을 위해 싸웠는지, 혹은 싸우지 않았는지에 초점을 맞춘다.

루거우차오사건의 제1보가 들어가자 마오쩌둥은 '재앙을 불러일으킨 애물덩어리 장제스도, 마침내 이로 인해 일본과 정면충돌하는군!'이라 말했고, 장원톈은 '항일전쟁이 드디어 시작됐다! 이로써 장제스는 우리를 두들길 여력이 없어질 것이다!'라고 말하며 기뻐했다고 한다. 1938년 4월 4일까지 옌안에 있었던 홍군 제4방면군의 군사위원회 주석 장궈타오가 『나의 추억』에서 상세하게 기술하고 있다. 마오쩌둥은 게다가 일본군이 너무 강해 장제스가 곧 패배해 버리지나 않을까 걱정했고, 그렇게 되면 일중전쟁을 통해서 중공이 강대해지는 시간적 여유가 없어질 것을 고심했다. 그런데 8월이 되자 화북 일대에서 국민당군이 대대적으로 일본군과 교전을 벌이게 되면서 중공군 지도부는 쾌재를 부르며 이렇게 되면 중공이 강대해질 여지가 충분하다면서 기뻐했다고 한다.

1937년 8월 22일, 중공중앙은 산시 성(섬서성) 낙천현洛川縣 풍가촌馮家村에서 중공중앙정치국 확대회의를 연다. 이것을 '뤄촨(洛川)회의'라 한다. 뤄촨회의에서는 '중국공산당항일10대강령'을 결의하고 발표한다. 그 내용은 '일본제국주의를 타도하라!'라든지 '항일을 위해 민족은 단결하라!' 등 중화민족의 정열을 강하게 부추기는 것이었다.

그러나 이는 어디까지나 인심을 장악하기 위한 선전문구로 '일본 군과의 정면충돌은 피하라'는 명령이 내려졌다는 것을 많은 전前 중공 지도부가 주눅 들지 않고 전기에 기록하고 있다. 예를 들면 신중국 탄생 후 국방부장을 지낸 쉬향쳰(徐向前)이라든지 군인으로 공적은 있지만 문혁으로 옥사한 허룽(賀龍), 중공중앙군사위원회 주석을 지낸 적이 있는 녜룽전 등이 여러 가지 표현을 사용해 그 취지를 이후에 쓰고 있다.

특히 홍군 제4방면군 군사위원회 주석이었던 장궈타오는 『나의 회상』에서 마오쩌둥은 낙천회의에서 '피실취허避實就虛(적이 힘을 집중한 곳을 피하고 허점을 공격한다)'라는 어휘를 사용해 '일본군과의 정면충돌을 피하라. 우리의 주요한 임무는 팔로군의 실력을 확대하는 것이다. 적의 후방에서 중공이 지도하는 게릴라 근거지를 만드는 것이 긴요하다'라고 기술한 것과 '애국주의에 현혹되면 안 된다' '전선前線에 가서 항일영웅이 되어서는 안 된다'는 등 마오쩌둥의 말을 구체적으로 기록하고 있다.

그 밖에 전前 중공 지도층의 회상록에도 공통적인 것은 어쨌든 '항일전쟁(일중전쟁)에서 정면에 나서 일본군과 싸우지 말고 작은 게릴라전을 하고 크게 선전함으로써 중공군이 얼마나 훌륭한지를 인민에게 스며들게 한다. 이렇게 광범위한 인민을 중공 측에 끌어들여 국민당군을 타도함으로써 신중국을 탄생시켜야 한다는 드높은 혁명이념을 가지지 않으면 안 된다'는 것이었다.

이를 위해 정면전쟁正面戰爭(제1선)에서는 국민당군이 싸우도록 해 국민당군을 약화시키는 것이 중요하다는 것이다. 이는 약속을 완전히 저버린 것이다. 절대로 그런 짓을 하지 말자고 한 것이 국공합작의 기본 약속이었다. 그러나 마오쩌둥은 '중공소토작전'을 장제스에게 멈추게 한 것만으로도 이후에는 충분히 국민당을 이용해서 세를 확대해 나갈 수 있었던 것이다.

장제스는 1937년 중공의 요구에 응해 매월 지불하는 군비를 정했는데, 국민당군에 편입한 전前 중공군의 편제에 관해서는 좀 시간을 두고 결정하겠다는 입장이었다. 이 뤄롄회의의 첫 날 장제스는 전前 홍군 제1방면군을 '국민혁명군 제8로군'(국민당 측에서 보면 제18집단군)으로 정한다고 발표했다. 이는 이후 팔로군으로 불리게 되는데 '신사군新四軍'(남방 8성에 있었던 원래의 홍군)과 함께 일본 패전 후 국공내전 후반기에 '중국인민해방군'으로 개칭된다. 그 밖에 '만주국' 내에는 동북항일연군이 있어 제1로군, 2로군, 3로군 등으로 나뉘어 있었는데, 이 계열은 코민테른에 배속된 김일성을 비롯해 이후 북한을 형성하는 부대를 포함하는 등 내용이 복잡해 여기서는 다루지 않는다.

팔로군에 대해 실은 '절대 극비'로 문자화조차 되어 있지 않은 비밀 명령이 뤄롄회의 직후 나왔다. 그 '극비 명령'을 입 밖에 낸 이가 있었다. 그 사람의 이름은 리파칭(李法卿)으로 팔로군(제18집단군) 독립제1사 양성무부기병연공산지부서기楊成武部騎兵連共産支部書記 신분이었던 팔로군 간부다. 1940년이 되자 팔로군으로부터 도망쳐 나와서 말한 것으로 되어 있다. 팔로군이 산베이(陝北)를 출발하려 했을 때 마오쩌둥은 팔로군 간부들을 모아놓고 다음과 같이 지시했다고 한다.

중일전쟁은 우리 당의 발전에 있어 절호의 기회다. 우리가 결정한 정책 가운데 '70퍼센트는 우리 당의 발전을 위해 사용하고, 20퍼센트는 (국민당과의) 타협을 위해 사용하고, 나머지 10퍼센트는 대일작전에 사용한다' 는 것이다. 만일 총부(총사령부)와 연락이 두절되는 사태가 되면 이하의 것을 지키도록 한다. 이 전법은 이하 3개의 단계로 나눌 수 있다.

첫 번째; (국민당과의) 타협단계. 이 단계에서는 자기희생을 하는 척하며 표면상으로는 마치 국민당에 복종하는 시늉을 한다. 삼민주의를 주창하는 것처럼 행세하는 것은 실제로는 우리 당의 생존 발전을 숨기기 위해서다.

두 번째; 경쟁단계. 2, 3년의 시간을 사용해 우리 당의 정치와 무력의 기초를 구축해 국민당정부에 대항할 수 있는, 그리고 국민당정부를 파괴할 수 있는 단계에 다다르면 이 싸움을 계속한다. 동시에 황하 이북의 국민당군 세력을 소멸하라!

세 번째 : 진격단계. 이 단계에 이르면 화중지구에 깊이 파고들어 근거지를 마련하고 중앙군(국민당군)의 각 지구에 있는 교통수단을 차단함으로써 그들이 고립되어 서로 연락할 수 없도록 한다. 이 것은 우리 당 반격의 힘이 충분히 무르익을 때까지 계속한다. 그 후 최후에는 국민당의 수중에서 지도적 지위를 빼앗는 것이다.

전략적이기도 하면서 장제스를 속인 결정이었으리라. 이 정보는 1977년 메이량메이(梅良眉) 씨가 저술한 『대일항전시기중공통전책략지연구對日抗戰時期中共統戰策略之研究』(정중문고正中文庫)의 제3장 제4절 '마오쩌둥이 팔로군에 내린 비밀 지시' 41~42쪽에 걸쳐 적혀 있다.

이 정보에는 인용 문헌이 있는데 이는 다음과 같다.

■『초비전사剿匪戰史』제10책, 1035페이지(剿匪는 비적을 토벌한다는 의미로 중공소토, 즉 중국공산당 소탕 토벌의 다른 표현. 장제스 측에서 보면 중공은 정부에 대한 반역자로 비적이라 칭했다. 공비라고도 했다).

■『중공당의 책략 노선』, 장하오(張浩)의 강연 원고 부록

이 같은 얼마간의 정보는 원래 1차 자료에서 찾은 것이다. 재인용은 할 수 없다. 그것이 필자의 연구 자세다. 재인용을 하지 않고 원전에서 찾고 2차 자료밖에 찾을 수 없을 때에는 참고한 자료를 명기한다. 하지만 어떻게 해서든지 그 원전을 찾고 싶다.

그런데 일본에 있기 때문에 어떻게 해도 이 문헌을 입수할 수 없다는 것을 알게 됐다. 애당초 이 문헌에는 저자명도 출판사명도 없다. 힘들여 찾은 구절은 유일하게 타이베이의 국가도서관에 같은 제목의 책이 있다는 사실을 알아냈다. 타이베이의 국가도서관이라면 스탠포드대학 후버도서관처럼 여러 번 다녀 익숙한 도서관이다. 필자는 다시 타이베이로 날아가 일본에 있을 때 연락해 둔 담당자가 있는 곳으로 달려갔다. 국가도서관과 관련해서는 몇 번이든 출입할 수 있는 통행증을 가지고 있었다.

찾아냈다! 『초비전사剿匪戰史』와 『중공당의 책략 노선』을 입수했을 때는 마치 머나먼 이국의 보물섬에서 보물을 발견한 것 같은 설렘을 느꼈다. 페이지를 넘기는 것도 애가 타서 우선 저자명을 본다. 그러자 『중공당의 책략 노선』의 저자라고 해야 되는지는 모르겠지만 편집자는 '사법행정부조사국'이었다. 즉 중화민국 행정부의 편찬이

었다. 출판된 시기는 중화민국 45년, 즉 1956년이었다. 여기에는 마오쩌둥이 국공합작 후에 실행한 중국공산당의 전략과 내부 지령이 상세히 적혀 있었다.

그 시대 서로 배반하고, 편을 바꿔 다른 편에 붙어 속이고, 스파이 같은 단어로는 표현해 낼 수 없을 정도의 첩보 활동은 국민당군이나 공산군이나 모두 혼연일체가 되어 전개하고 있었다. 중공 내부의 극비 자료를 입수하는 것들은 간단했을 것이다. 특히 국공합작을 하고 있었기 때문에 서로 상대방의 전략을 파악하고 있지 않으면 안됐다.

리파칭의 증언과 관련해서는 그 책의 68페이지에 강연 형식의 부록으로 씌어 있다. 다만 '독립18집단군 모某부 공산당지부서기XX군'이란 익명으로 되어 있었다. 그 위에 'XXX군의 담화'라는 형식으로 리파칭의 증언이 상세하게 기술되어 있다. 생각해 보면 1956년 시점에서는 리파칭이 아직 살아 있어서 실명이 알려지면 암살이나 어떤 형식이든 위해가 가해질 위험성이 있었다든지, 그 자녀 혹은 그 친척에게 실제로 해가 가해질 것을 두려워했기 때문으로 추측된다. 그것은 필자가 지금까지 취해 온 방법이기도 한데 쉽게 이해가 되는 부분이다. 리파칭은 1970년대 중반 사망한 것으로 보인다. 그래서 위해가 가해질 공포가 없어졌다는 점과 메이량메이(梅良眉) 씨 자신도 연령적 한계가 있어 살아 있는 동안 진실을 남기고 싶다고 생각해서 증언을 실명으로 새롭게 기록으로 남긴 것이 아니었을까. 자신에게 남겨진 시간이 없어 살아 있는 동안 뭔가 진실을 써서 남기려는 기분도 필자는 공유하고 있기 때문에 그것을 실감하며 이해한다.

그리고 이 기록에는 참고문헌이 없었다.

다시 말해서 이것이야말로 제1차 문헌이기 때문이다. 드디어 찾아 냈다.

다음으로 『초비전사』를 보았다.

저자는 장중정蔣中正, 즉 장제스 자신이었다. 국방부사정국國防部史政局이 편찬한 것으로 중화민국 51년, 즉 1962년에 작성된 것이다.

이 책의 1035페이지에는 '민국 26년(1937년) 가을, 주더가 제18집단군(팔로군)을 이끌고 섬북陝北을 출발할 때 모비택동毛匪澤東(즉 마오쩌둥. 장제스는 마오쩌둥을 말할 때 기본적으로 성씨인 모毛자 뒤에 비적匪賊의 비匪란 글자를 붙였다)은 그 산하에 있는 간부들을 모아 지시를 했다'고 되어 있다. 여기에는 주더가 인솔하고 있었다는 식으로 꽤나 구체적으로 서술돼 있었다. 그 때 모은 정보로부터 주더란 인물을 특정할 수 있게 된 것이었으리라.

『초비전사』의 1040페이지를 보면 가슴이 아프다. 장제스는 전前 홍군의 3개 군 6사단 및 5개 보충단補充團에 대해 국군(국민당군)과 같은 대우 수준의 군비를 지급했지만, 그 군비는 항일전쟁에 쓰이지 않고 거의가 민중을 공산주의 사상으로 세뇌시키기 위한 선전비로 사용되었다. 충칭의 '신화일보', 각지의 '생활서점', '해방주간' 혹은 옌안의 '항일대학'과 '섬북공학陝北公學' 등 이데올로기 선전을 위한 잡지 발행에 사용되고 있었다고 기록되어 있음을 볼 수 있다. 게다가 예를 들면 산서성으로부터는 금 50여 만 냥, 백은 3100여 만 냥, 은원銀円 2천여 만 원 등 은으로 환산하면 모두 1억 원 이상을 뜯어내고 있었던 것이다. 이대로라면 이 금액은 마오쩌둥이 말한 제3단계 국공내전이 됐을 때 무기 구입 등을 위해 사용할 예정이었다고 생각된다.

팔로군은 주로 작은 게릴라전만 이따금씩 수행하면서 그것을 팔로군의 분전奮戰과 전승戰勝으로 침소봉대해 선전함으로써 인민의 마음을 팔로군 쪽으로 끌어오라는 지시를 하고 있었다. 동시에 절대로 제1선의 큰 전투에 말려들어서는 안 된다고 말하고 있었다. 왜냐하면 일본군에게 팔로군이 강하다고 알려지면 일본군은 팔로군을 궤멸시키기 위해 공격해 올 것이라는 논리다. 그렇기 때문에 제1선에서 큰 전투를 하면 안 된다고 엄중하게 금지하고 있었다.

그럼에도 불구하고 전장의 무장들에게는 전과를 올리고 싶다는 혈기가 있었다. 예를 들면 백단대전百團大戰이 그렇다. 이는 펑더화이(彭德懷) 팔로군 부총지휘관이 백 개의 단團을 조직해 1940년 8월, 일본군과 정면에서 싸운 전투로 일본군의 보급망에 커다란 손실을 입히는 큰 전과를 올렸다. 최초는 20단團 정도의 규모로 싸우려고 했던 것인데 다른 팔로군의 전의가 높아 아무도 잠자코 있지 않고 너도 나도 참전을 시작하는 바람에 어느새 백단百團으로 불어난 것이라고 한다. 팔로군은 사실 싸우면 용맹 과감했다. 따라서 싸우고 싶어 했다. 그러나 마오쩌둥이 제1선에서 싸우는 것을 허락하지 않았던 것이다. 그래도 싸움에 나서면 질 수는 없다. 후에 일본군의 대지파견군 총사령관이 된 오카무라 야스지(岡村寧次) 대장도 팔로군의 강함에 깜짝 놀라 펑더화이를 높이 평가했다.

그런데 마오쩌둥은 펑더화이를 격하게 비난하며 '그 정도 눈에 띄는 전투를 하면 안 된다'고 질책했다. 펑더화이는 신중국 탄생 후 1959년의 루산회의(盧山會議)에서 숙청되고 후에 옥사한다. 숙청의 계기는 1958년부터 마오쩌둥이 시작한 '대약진정책'(농공업의 대중산 정책)을 비판했기 때문인데 마오쩌둥의 증오는 몇 십 년 동안 쌓여 있었던 것으로 결국은 잔인한 형태로 나타나고 말았다.

큰 전투로는 백단대전 이외에도 평형관平型關 전투 등이 있는데 팔로군이 실제로 항일전쟁에 참가한 것은 주로 후방 게릴라전이었고, 그 외에는 주로 '선전宣傳'이란 지침에 따라 일반 인민과 국민당 병사들을 세뇌시킨 것밖에는 없었다. 그런 까닭에 제1선에서 싸운 국민당군은 중공이 의도한 바대로 약화되었고, 그 사이 공산당은 세력을 확대해 나가고 있었다.

마오쩌둥은 '난징대학살'을 어떻게 보고 있었나?

1937년 12월 13일의 이른바 '난징대학살'(중국어로는 '남경대도살 南京大屠殺'이라 하는데 그 일본어 번역이 '난징대학살'이다. 이 책의 제2장 63쪽에 나오는 1927년 3월에 발생한 '난징사건'과는 구별하기 위해 이후로는 중국의 명칭에 상당하는 '난징대학살'을 사용한다.)이 일어났을 때 마오쩌둥은 무엇을 생각하고 있었을까?

소비에트적 입장이 되면 마오쩌둥 이해가 쉬우리라 생각되는데 여기에서는 신중국 탄생 후의 움직임에 관해 언급하고 싶다. 항간에는 '국민당군을 약체로 만드는 것이 가능해 마오쩌둥이 축배를 들었다'고도 하지만 그 점도까지는 아니라고 해도 적어도 마오쩌둥은 신중국이 탄생한 후 그리고 그가 살아 있는 동안 거의 한 번도 '난징대학살'에 관해 언급하지 않았다. 교과서에서도 거의 가르친 적이 없고 인민을 향한 연설을 하면서도 거론하지 않았다.

『마오쩌둥 연보』 1937년 12월 13일자 난欄에는 단지 한 마디 '난징함락'이라는 네 글자만이 있을 뿐이다. 그 전후에는 1쪽을 할애해 12월 9일부터 12월 14일까지 개최된 중공중앙정치국확대회의가 적혀 있고, 13일에는 위에 언급한 네 글자, 그리고 이후 14일부터는 많은 잡무가 기록되어 있었다. 그러나 '난징대학살'에 관해서는 언급하고 있지 않다.

이 『마오쩌둥 연보』는 중공중앙문헌연구실이 편찬했는데 1893년부터 1949년까지가 상·중·하 3권으로 되어 있으며, 1949년부터 1976년까지는 6권으로 출간되었다. 마오쩌둥과 관련된 날짜들 중심으로 일어난 일들이 기록되어 있다. 총 9권으로 편찬된 연보는 각권 약 650~700쪽으로, 다 합치면 6천 쪽에 이르는 방대한 분량이다. 한 쪽 당 글자 수가 729자로 전체로는 440만 자가 넘는다.

이렇게 방대한 자료에서 '난징대학살'과 관련된 것은 단지 '난징함락'이란 네 글자 말고는 아무것도 적혀 있지 않다.

왜일까?

왜냐하면 그 당시 최전선에서 용맹하게 싸운 것은 장제스군이 이끄는 국민정부군으로 마오쩌둥의 주력군은 일본군과는 인연도 연고도 없는 머나먼 산 속 오지의 옌안에 숨어 있었기 때문이리라. 마오쩌둥의 공산군은 장제스의 후방에서 대중을 동원, 선전선동으로 대중을 적화시키는 데 주력하고 있었을 뿐이다. 이런 사실이 드러날 것이 두려웠기 때문이라고 밖에는 생각할 수 없다. 마오쩌둥 시대 중국 대륙에서 살아온 이라면 누구라도 알고 있다. 인민은 모두 '항일전쟁을 치른 것은 용맹한 팔로군과 신사군으로 국민당군은 산으로 도주했고, 특히 장제스는 일본의 패전 후 처음으로 산(쓰촨의 아미산峨嵋山)에서 내려와 국공내전을 시작했다' 장제스는 중국어로 '쟝졔스'로 읽는데 그 발음에 맞춰 '쟝가이스'(蔣該死; 쟝은 마땅히 죽어야 한다)로 글자를 바꿔 쓰는 등 골수까지 세뇌되고 있었던 것이다.

오늘날 중국 대륙의 인터넷 공간에서 '왜 마오쩌둥은 난징대학살을 가르치지 않았을까?', '왜 마오쩌둥은 난징대학살을 감추고 싶어 했나?'라는 문제제기가 빈발하는 것을 볼 수 있다. 이를테면 대륙의 바이두baidu에서 검색할 경우 '마오쩌둥 난징대학살'을 입력하면

날짜에 따라 다르지만 200만 뷰를 기록하기도 한다. 그 대부분은 이런 의문을 제기하는 것인데, 그것들은 중국 당국에 발각되는 족족 삭제되고 있다는 사실 또한 놀라울 따름이다.

개중에는 중국 건국 이래 언제까지 난징대학살을 계속 감출 것인가 하는 문제를 조사한 사람도 있다. 이런 종류의 기사는 얼마든지 찾을 수 있는데 독자들의 신뢰를 위해서 구체적인 한 가지 예를 들어보겠다.

2014년 12월 31일, 서륙망西陸網(중국군사 제1의 포털사이트)에는 '마오쩌둥 시대는 왜 난징대학살을 거론하지 않았나 — 소름 끼치는 진상'이란 제목으로 천중위(陳中禹)란 사람이 자기 블로그에 쓴 글이 있다.

그는 1958년판 『중국역사교사 지도요령』 중에 있는 '중학역사대사연표'의 1937년 난에는 단지 '일본군이 난징을 점령해 국민당정부가 충칭으로 천도했다'고 돼 있으며 '난징대학살'이란 단 한 글자도 없다고 쓰고 있다. 또 한편으로는 1927년 난에는 '4.12대학살'을 크게 부각시켰다(4월 12일에 장제스가 공산당원과 이에 동조하는 노동자를 진압한 사건으로 사망자 120명, 부상자 180명).

천중위는 불과 400명 전후의 희생자를 낸 사건은 대학살이라 하면서 왜 난징대학살은 숨기는지 의문을 제기했다. 그가 조사한 바에 따르면 이런 상황은 1975년판 교과서 『신편 중국사』의 '역사연표'에도 계속된다고 한다.

덧붙이자면 마오쩌둥이 사망한 해가 1976년이다. 천중위에 따르면 1976년이 되자 중학 교과서에 '난징대학살'이란 단어가 처음으로 등장하더니 점차 늘어나기 시작했다. 그의 정보에 따르면 1957년 중학 교과서에는 있었지만, 1960년판에서는 삭제된다. 실제로 확인해 보니 확실히 그 시기 난징대학살을 쓴 교과서가 강소인민출판사에서 나온 적이 있었다. 그러나 그 후 없어지고 만다.

또 홍콩의 '신문평보新聞評報' 라는 웹사이트에 Herzog란 필명의 유저가 2002년 3월 1일에 쓴 '왜 마오쩌둥 시대에는 아주 적은 사람들만 난징대학살을 논했는가' 란 제목으로 쓴 블로그 글이 대륙의 인터넷 공간에서 상당히 여러 차례 전재轉載되고 있었다. 물론 Herzog 블로그 자체도 대륙의 인터넷 공간에 있는데, 그의 블로그는 물론이고 포스팅 어느 것도 삭제되지 않았다(적어도 2015년 8월까지는).

Herzog는 1946년부터 2012년 2월 22일까지 '난징대학살' 이란 단어가 중국공산당 기관지 '인민일보' 에 얼마나 나오는지 그 수를 헤아려 소개했는데 다음과 같다.

1946년~1960년 5월; 21회

1960년 5월~1982년 6월; 0회

1982년 6월~현재; 835회

2014년 4월 14일 '노년생활보' 라는 웹사이트에 왕진스(王錦思)의 기록에 따르면 '인민일보가 처음으로 난징대학살에 관해 쓴 것은 1951년 4월 8일인데 상당히 단편적으로 묘사하고 있을 뿐이며 곧바로 전국적으로 입단속하는 현상이 발생했다. 왕진스는 또한 난징 시에 사는 사람들조차도 구태여 모른다고 하는 상황' 이 됐다. 그래도 난징대학의 가오싱주(高興祖)란 교원이 1962년 '일본제국주의의 난징대학살' 이란 원고를 썼는데 등사기 판본만 허용됐으며, 1979년 3월이 되어서야 겨우 인쇄됐는데 그마저도 내부 출판에 머물렀다고 적고 있다.

문혁기에는 '일본군에 의한 난징대학살' 등으로 표현하는 이는 반혁명 우파로 몰려 조리돌림 당했던 사례도 있었다고 남방도시보南方

都市報가 보도했다는 정보도 있다.

칭찬해도 좋을 만한 것은 마오쩌둥이 1950년 난징 시 우화대雨花臺에 세운 '우화대사난열사릉雨花臺死難烈士陵' 뿐으로, 이것은 국민당군이 1927년부터 1949년까지 살육한 중국공산당원의 묘다. 20년간 10만 명이 희생당했다고 한다. 1953년 2월 22일, 마오쩌둥은 신중국 탄생 후 처음으로 난징을 방문했다. 그 후에도 20여 차례 난징을 방문했는데 단 한 번도 일본군의 '난징대학살'을 언급한 적이 없다. 그것보다도 장제스의 난징정부로부터 천하를 취했다는 것을 음미하려 한 것인지 중산릉(쑨원의 묘)에 참배하고 여기에 있는 '건국대강'을 몇 번이고 읽고 있었다. 또 하나 강한 관심을 기울인 것은 태평천국(1851~1864)의 유적이었다. 청왕조의 반란군이었던 태평천국군은 난징을 수도로 한 왕국을 건설했다. 태평천국은 난징에 입성하면서 100만 명 이상의 대학살을 단행했다(전국에서 2000만 명 이상의 희생자. 일설에는 5000만 명). 마오쩌둥의 머리에는 태평천국의 '난징대학살'이 떠올랐는지도 모른다. 1956년에는 '남경태평천국역사박물관'을 건립하도록 했다. 그런데 200만 뷰를 기록한 관련 정보 가운데는 '1980년대에 들어서 일본의 역사교과서개찬歷史敎科書改竄(개찬=미화) 문제가 있었기 때문에 중국의 일반 인민은 처음으로 난징에서 일본에 의한 학살이 있었다는 것을 광범위하게 인식하기 시작했다'는 내용이 많았다. 이에 따르면 인민일보가 처음으로 '난징대학살'에 관해 상세하게 해설한 것은 1982년 8월로 이는 '일본 문부성의 역사교과서개찬문제'로부터 시작된 것이다. 이로 인해 대륙의 많은 인터넷 사용자들은 '중국 인민은 일본 우익에 감사하고 있지 않네, 아무래도 그들이 이런 식으로 역사왜곡을 시작하지 않았다면 중국인민은 영원히 난징대학살을 모른 채 살고 있었을지도 모르기 때문일 거야' 라고 비아냥거리며 쓰고 있었다.

덧붙이자면 '남경대학살기념관(侵華日軍南京大屠殺遇難同胞紀念館)' 은 일중전쟁 40주년인 1985년 8월 15일 완공 건립됐다. 이런 기념일로 기념관 건립 명문이 될까. 마오쩌둥이 그 때까지 무시해 온 사실을 크게 키워서 그 기념관까지 세웠다는 것은 아무래도 볼품이 없을지도 모른다. 중국 측의 자료에는 일본이 교과서 역사왜곡을 실행한 것을 계기로 1982년 난징 시에 기념관을 세우기 위한 준비위원회가 결성된 것으로 되어 있는데, 왜 장제스가 결정한 항일승리기념일인 9월 3일이 아니라 일본이 종전의 날로 결정한 8월 15일에 준공했을까? 그것은 그 때까지 항일전쟁기념일 따위는 경축한 적이 없었기 때문으로 승리기념일이 언제인지 충분히 이해하지 못했기 때문일 것이다.

그 증거로 『마오쩌둥 연보』에 따르면 중국(중화인민공화국)이 1949년 10월 1일에 탄생하자 그 해 12월 23일에 중앙인민정부정무원(현재의 국무원)이 항일전쟁 승리기념일을 8월 15일로 하자고 결정한다. 그러나 실제로는 아무것도 하지 않고 있다가 차근차근 조사해 보니 중화민국의 장제스가 9월 3일에 하고 있다는 것을 알고서, 1951년 8월 13일에서야 9월 3일로 한다고 문서상으로 결정한 것과 같은 것이 그 시말始末이다.

무엇보다 마오쩌둥은 그것을 무시했고 어떤 행사도 치르지 않았다. 1951년과 52년 9월 2일에 소련의 스탈린에게 축전을 보낸 것 말고는 아무것도 하지 않았다. 중공은 연합국 측으로서 싸우고 있었던 중화민국의 국민당군을 쓰러뜨리고 탄생한 국가였기 때문에 항일전승기념일은 '연합국' 에 '축하한다' 라고 하는 입장에 불과했다. 실제로 마오쩌둥은 1953년에 스탈린이 타계하자 그 이후에는 일체 어떤 것도 하지 않고 있었다. 이 때문에 '남경대학살기념관'의 준공일이 8월 15일이 된 것이리라.

이 정도로 마오쩌둥은 일본군이 국민당군을 공격해 준 것을 기뻐했다. 일본군에 저항하기는커녕 오히려 일본에 대해 감사하고 있었다. 이 사실을 감추고자 했던 것은 '마오쩌둥이 사망한 이후의 중공'이었던 것이다. 그것은 다음 장 이후에서 서술할 마오쩌둥과 일본군과의 공모를 보면 충분히 납득하게 될 것이라 믿는다.

덧붙여 야스쿠니신사 참배 비판이 1980년대 중반부터 왕성해진 배경에도 이 같은 마오쩌둥의 '항일전쟁관'이 관련되어 있다. 일본의 적지 않은 논객이 야스쿠니 참배에 관련된 중국의 격한 항의에 대해 '중국은 80년대 중반까지는 항의한 적이 없지 않은가'라는 취지의 발언을 하고 있는데 그것에 대한 답을 논객들 자신이 찾아내지 못한 것으로 생각한다. 그 답은 여기에 기술한 사실 그대로다. 이것으로 현재의 중국이 더욱 선명하게 보일 것을 기대하고 싶다.

제4장

일본 첩보기관
'이와이공관'과의 공모

중국공산당에 의해 뒤바뀐 역사 해석

　본론에 들어가기 전에 우선 사실의 줄거리와 중국에 지금 무슨 일이 벌어지고 있는지에 관한 현상을 전해 드리고자 한다. 필자가 애초에 작정하고 이 책을 써야겠다고 결심하게 된 것도 이 현상에 관한 것인 만큼 개략을 쓰는 것을 양해해 주시기 바란다. 즉, 지금부터 서술하는 내용은 시진핑(習近平) 정권이 왜 이토록 역사인식 카드를 휘두르는지 그 원인을 규명하는 데에 안성맞춤의 도움이 될 것으로 믿기 때문이다. 일중 전면전쟁(1937년)이 시작되면서 오랫동안 마오쩌둥은 중공 스파이를 상하이와 홍콩에 파견해 일본 외무성 계열의 첩보기관인 '이와이공관(岩井公館)'의 이와이 에이이치(岩井英一)와 육군참모의 특무기관인 '매기관(梅機關)'을 설치한 카게사 사다아키(影佐禎昭) 중좌 등과 접촉시켰다. 중국 측 자료에 따르면, 목적은 모두 '항일전쟁'에 승리하기 위한 것으로써 일본으로부터 비밀리에 정보를 획득해 중공군(팔로군과 신사군)이 일본군과 용감하게 싸우는 데 도움을 준다는 것이다. 그 결과 중공군은 일본을 패전으로 몰아 대승리를 거두었다고 결론짓는 것이 관행적이었다.

　하지만 사실은 완전히 정반대다. 중공의 스파이는 국공합작을 통해 얻은 장제스 측 국민당군의 군사정보를 일본 측에 제공함으로써 국민당군의 약화를 노리고 있었다. '일본 측으로부터 정보를 획득'

하는 것이 아니라 '일본 측에 정보를 제공한' 증거로 중공 측 스파이
는 일본 측으로부터 많은 보수를 받고 있었다(보수에 관해서는 아이러
니하게도 엄격한 검열을 거쳤을 90년대 말 중공 측 자료에도 기록되어 있다).
마오쩌둥은 중공 측 스파이에게 카게사 사다아키(影佐禎昭)가 세운
왕자오밍 괴뢰정권의 스파이 기관 '76호'와도 접촉하도록 해서 장제
스를 타도하기 위해 공모하려 했다. 그 결과 일본 육군의 토코(都甲)
대좌와도 신사군에 관한 불가침 교섭을 했다(이것도 90년대 말의 중국
측 자료에 있다).

이것 또한 마오쩌둥에게는 난징대학살과 마찬가지로 숨기고 싶은
사실이었을 것이다. 그런데 최근 들어 갑자기 중국공산당의 최고 권
위를 가진 매체 '중국공산당신문망'(망은 웹사이트. 중국공산당 기관지
인민일보와 정보 공유) 등이 왕성하게 당시의 사실들에 대해 쓰기 시작
한 것이다.

예를 들면 2013년 5월 15일에는 '항전 기간, 중공이 비밀리에 일본
군의 오카무라 야스지 총부(총본부)와 접촉한 진상'을 특집으로 하고
있다. 일본에서는 그다지 알려지지 않은 사실이다. 그 기사의 첫머리
에 나오는 '변해弁解(변명)'에는 1989년 5월 (중공 검열하인 대륙의) '군
중출판사'에서 출판된 『양판자술(楊帆自述)』가운데 나오는 중공군
(신사군)과 일본 육군의 오카무라 야스지 대장 측과의 접촉을 거론하고
있는데, 이것은 '평화 협의가 아니며 중공군이 일본군과 싸우기 위해
일본군으로부터 정보를 듣기 위한 접촉이었다'고 기록된 것이다.

왜 이 같은 것을 새삼 지금 기록해 두지 않으면 안 되는 것일까?
그 배경에는 중공이 어떻게든 변명해 두지 않으면 안 되는 사정이
있다.

2013년에 들어서자 중국 국외의 중문인터넷이 1947년 7월 24일자의 『시사공보』의 기사를 발견하고 그 오래된 신문기사의 사진을 인터넷에 게재했다. 여기에는 '마오쩌둥과 오카무라 야스지의 매국 밀약'이란 내용이 기록되어 있다. 이 신문기사는 지금도 발신 출처가 어디인지 알 수 없도록 됐을 정도로 중문인터넷은 뜨겁게 달아올랐고, 이어 대륙의 바이두에까지 전재된다.

생각해 보면 중국공산당신문망은 이 소문을 부정하기 위해 1989년에 출간된 낡은 『양판자술(楊帆自述)』 등을 들고 나왔으리라. 이 책속에 오카무라 야스지와 중공 스파이의 한 사람인 양범과의 접촉이 나오기 때문이다.

이후 중국 대륙의 인터넷에서는 지금 방대한 수에 걸친 '이와이공관' '오카무라 야스지' '카게사 사다아키' 혹은 '토코대좌' 등에 관한 정보가 인기를 끌게 된 상태다. 일본의 인터넷을 검색해도 '토코'에 관해서는 관련 검색어가 뜨지 않고 '토고대좌'로 입력해야만 겨우 한 건이 검색될 정도다. 그나마 나오는 것도 중국어로 된 정보뿐이다.

여기서 필자는 진상을 파헤쳐야겠다는 생각에서 그 시점부터 일본측 자료를 찾아보았다. 그러자 보물 같은 자료가 있는 게 아닌가.

예를 들면 '이와이공관'에 관해서는 이와이 에이이치가 자신의 회고록 『회상의 상하이』에 상세히 기록한 것을 알게 됐고, 더구나 그 안에는 중공 스파이 판한녠과 위안수(袁殊) 이야기가 상세하게 적혀 있는 것도 발견했다. 그 결과 이 같은 일련의 사정에 관해 쓴다면 지금밖에는 없다고 결심하고 이 책의 집필에 들어간 것이다.

덧붙이자면 이 책의 집필에 착수하고 있을 때 스탠포드대학 '후버연구소'에 있던 미국적 중국인인 셰여우톈(謝幼田) 씨(1985년 도미했다가 2005년에 중국 귀국)가 『중공 장대의 비결, 감춰진 중국 항일전쟁의 진상』(明鏡출판사, 2002년)을 출판한 것을 알았다. 그 후 사카이 신노스케(坂井臣之助) 씨가 번역한 『항일전쟁 중, 중국공산당은 무엇을 하고 있었나–감춰진 역사의 진실』(草思社, 2006년)이란 일본어책까지 출판됐다는 것을 알게 됐다. 이 책에는 상당히 치밀한 분석에 따른 진상이 묘사되어 있어 '중화민족을 배반한 것은 누구인가' 라고 하는 것에 대한 중화민족이 가질 수 있는 의분義憤이 스며들어 있었다. 존경의 마음을 담아 필자가 쓰려고 했던 사실은 중국 지식인의 눈으로 봐도 객관적 진상을 뒷받침하고 있어 진실로 감사하고 든든할 따름이다.

다만, 어떻게 해도 중국 측 자료에 따른 한계가 있는 것은 부정할 수 없다. 이하, 제4장~제6장에 있어서는 앞에 기록한 것을 일본 측 본인들에 의한 술회와 일본 측 관계자의 실록이란 시점을 더해 검증한다.

이와이 에이이치와 중공 스파이 위안수

1899년 아이치 현에서 출생한 이와이 에이이치는 중학을 졸업하고 아이치 현의 파견 유학생으로 상하이의 동아동문원東亞同文院에 입학했다. 1921년에 이 학원 상무과商務科를 졸업한 이후 산터우(汕頭), 창사, 상하이(2회), 청두, 광둥, 마카오, 홍콩 등 여러 곳의 재외공관에서 근무했는데 여기서는 상하이에 있었던 이와이의 행동에 초점을 맞춘다.

정보는 주로 이와이 에이이치가 쇼와 58년(1983년)에 출판된 『회상의 상하이』에 의거한 것인데 한편으로는 중공 측 자료와 대조하면서 묘사한다. 참고로 『회상의 상하이』의 권말 부분을 보면 출판사가 아닌 '회상의 상하이' 출판위원회(나고야 시)가 발행한 것으로 돼 있다.

1932년 2월 5일, 상하이총영사관 정보부에 부영사로 부임한 이와이는 당시 '격렬한 전쟁이 계속되는 가운데 국제 관계가 복잡한 상하이에 하루라도 빨리 평화를 회복하려 노력한 것이 외무성 파견공관의 책무로 여기고 이를 위해서는 신속하고 정확한 적의 동향을 알고 평화의 기회를 잡는 것이 필요하다'고 생각했다고 술회하고 있다.

이와이는 그 목적을 달성하는 데 있어 외무성의 정보 수집 능력은 빈약했으며, 상하이의 외무성 출장소에 정보기관을 설치해야겠다고 생각해 당시 이구치(井口) 수석영사와 상담하고 정보부 설치안을 기초해서 외무대신에게 보냈다. 그런데 이것을 안 시게미츠 공사가 '이 일을 공사관에서 수행하라'고 해서 '공사관정보부'로 인가됐다.

이어 두 번째 정보부장으로 카와이 타츠오(河相達夫)가 취임했는데, 카와이는 이와이에게 카게사 사다아키를 소개한다. 카게사는 1934년 8월, 인사이동에서 주지駐支 공사관부 육군무관보좌관으로 상하이에 부임했다. 주지駐支의 지支는 지나支那의 약칭으로 당시에는 중국을 '지나'로 부르고 있었다. '지나'의 어원은 중국을 최초로 통일한 진시황제의 '진'을 그리스-라틴 어로 'Sinae'로 표기한 것이 그 유래다.

쑨원 자신도 중국을 '지나'라는 단어로 표현하고 있었는데, '만주사변'을 '일지사변日支事變'으로 부르면서부터 일종의 멸칭蔑稱으로 변했다. 여기서는 고유명사여서 원문대로 주지駐支, 대지對支라는 표현을 사용하도록 하겠다.

카와이는 중국어에 능통한 이와이에게 중국 기자와의 회견(대변인)을 맡기고 이와이는 많은 중국인 기자와 접촉을 가지게 됐다. 때로 이와이는 일중 쌍방의 기자 20명 정도를 모아 우호친선을 위한 연회도 마련했다. 그 가운데 있었던 이가 '신성통신사新聲通信社' 기자 위안슈에이(袁學易)였는데 다른 이름으로는 위안수(袁殊)였다.

그는 코민테른, 중공, 장제스 국민당 측 등등에 걸쳐 활동한 다중 스파이로 유명했다. 그 연회에는 카게사 사다아키도 출석해 위안수도 카게사와 접촉할 기회가 있었다. 이와이와 카게사의 정보는 중공 측 신문에도 실려 이 시점에는 이미 마오쩌둥이 눈여겨보는 계기를 만들고 있었다.

위안수는 1911년 후베이 성에서 태어나 1929년 18세가 되던 해에 일본에 유학해 와세다대학에서 신문학新聞學을 배웠다. 이때 많은 중국인이 그랬던 것처럼 그도 일본에서 좌익적 사상에 감화되어 귀국 후 좌련左聯이란 좌익 문예활동에 종사한다. 1931년 10월, 판한녠(潘漢年)의 소개로 중국공산당에 입당한다. 중공특무조직 '중앙특과'의 일원이 된 것이다. '특무特務와 특特은 스파이'를 지칭하는 것이다.

1933년 중공 스파이로 국민당 스파이 조직인 '국민당중앙조직부당무조사과'에 잠입한다. 이 조직은 1927년 CC(Central Club, 국민당 스파이) 분자에 의해 설립된 것으로, 1938년에 장제스의 2대 스파이 조직 가운데 하나인 '중국국민당중앙집행위원회조사통계국'(약칭 중통)이 된다.

위안수는 초기의 국민당 스파이 조직에서 중공의 스파이 활동에 종사한다. 그 무렵 '신성통신사' 기자 신분으로 이와이와 만나게 된 셈이다.

중공 측 자료에 따르면 1935년(이와이는 5월 초순의 '친일신문관계자 암살사건'이 발생한 지 1개월 정도 후일 것이라고 쓰고 있어 6월일 수도), 코민테른의 한 요원이 국민당에 체포됐을 때 소지했던 노트에 위안수의 이름이 있는 것이 발각되어 위안수도 국민당 측에 체포된다. 용의자는 소련의 스파이였다. 다시 말해 코민테른의 동료였던 것이다.

이때 이와이는 매일 긴밀한 연락을 하고 있던 위안수가 갑자기 얼굴을 보이지 않게 되어 어찌 된 일인지 궁금하게 생각하고 있었을 것이다. 위안수의 부인이 이와이에게 전화를 걸었다. 이와이가 모든 힘을 쏟은 결과 위안수는 체포 당일 석방됐다. 이후 위안수는 이와이에게 깊은 은혜와 의리를 느끼게 되어 진정한 우정을 맺게 된다. 이와이도 위안수의 재능과 사람됨을 마음에 들어 했다.

소련 스파이와 관계가 있으니 중공과 관계를 가지고 있을 것이라는 추측이 일순간 머리를 스쳤지만, 이와이는 그런 것에 그다지 신경 쓰지 않았다. 그 뒤로 위안수는 이와이의 지원으로 다시 일본에 유학을 가고 1936년 12월에 일어난 시안사건 후에 중국에 귀국한다.

한편, 이와이는 1937년 4월 일단 일본에 귀국했다가 1938년 다시 상하이에 부임한다. 그 목적은 또 다시 '(군이 일으킨) 전쟁의 조기 종결을 위한' 것, 나아가서는 일중관계의 재건이어서 군과 정부가 따로 노는 현상은 점점 커져 갔다는 것을 알 수 있다. 이와이는 전쟁의 조기 종결을 위해 상하이영사관에 특별조사반을 신설하고 장제스정부의 내정과 동향을 정확하게 파악해 '강화의 기회'를 한시라도 빨리 잡아야 하겠다고 결심한다.

그 때 소련 스파이 조르게의 동료였던 아사히신문 기자 오자키 호츠미(尾崎秀實)가 코노에 내각의 브레인이 되어 있어서 코민테른의 명령에 따라 장제스와 일본이 공멸하도록 일중전쟁을 길게 끌려고 했기 때문일까. 1938년 1월 16일, 오자키는 코노에 수상에게 '장제스를 상대하지 말라'고 함으로써 이와이의 사업이 어려워졌다.

이와이는 상하이 재부임 이후, '항일전쟁을 통해 우뚝 선 장제스가 국민적 영웅이 됐다'는 사실을 알게 되면서 코노에 발언이 심히 잘못됐음을 깨닫고는 속이 탔다. 전쟁의 조기 종결을 바란다면 그 상대방은 전적으로 장제스인데도 '장제스를 상대하지 말라'는 발언을 코노에가 하도록 한 것은 어떻게 해서든 일본과 중국이 싸우도록 내버려두고 싶다는 소련의 음모일 뿐이었다.

그것은 마오쩌둥의 기대와도 일치했다. 그 틈에 장제스의 세력이 약해지면 그처럼 기쁜 일도 없었으리라. 제3장의 마지막에 서술한 난징사건(중국에서는 난징대도살)이 일어나기 전에 장제스는 일본군이 난징을 공격하려는 것을 미리 알고 중화민국의 수도를 난징에서 충칭으로 옮기고 있었다. 그 난징에 왕자오밍 괴뢰정부를 수립하려 하고 있었던 카게사는 이와이에게 '중국인에 의한 정당 조직' 결성을 부탁해 왔다. 왜냐하면 당시의 히라누(平沼) 수상은 왕자오밍정권 수립에 즈음해 '장제스 같은 국민당 독재가 아닌 왕(왕자오밍)의 국민당을 핵심으로 각 당파 각계, 무당파 인사를 규합하도록 하라'는 주문을 하고 있었기 때문이었다. 이를 위해 왕자오밍정권 수립에 분주했던 카게사는 중국인에 의한 정당 결성을 중국 인맥이 넓은 이와이에게 부탁한 셈이다.

'공산당이어도 상관없다'

마침 이와이는 상하이에 다시 부임한 상태여서 위안수의 연락을 받았다. 이와이는 위안수를 전적으로 신뢰하고 있는 만큼 위안수에게 신당 결성을 의뢰해서 아예 일임할 정도였다.

그 주요 조건으로는 '전면적 평화를 달성하기 위해 합작, 공영공존의 일중 신관계를 구축하는 것을 이념으로 한다', '이름뿐인 당이 아니라 진정으로 그 이념을 이해하고 분투하는 민중, 지식인을 대상으로 함으로써 전에 있었던 당파에 구애받지 않는다'는 것이었다.

이때 이와이는 위안수에게 '전 남의사藍衣社, CC단, 기타 정당 관계자, 관료 출신자, 공산당 전향자, 심하게는 공산당원도 상관없다'고 말했다. '공산당원이라도 상관없다'는 말을 이 대목에서 기억해 두고 싶다. 다시 말해 이와이의 머릿속에는 '공산당이라도 상관없고 어찌 됐든 화의和議의 방법을 구하고 싶다'는 생각밖에는 없었던 것이다.

이것이 '마오쩌둥은 무엇을 했나'라고 하는 문제를 푸는 열쇠의 하나가 된다. 참고로 남의사라는 것은 장제스 직속의 특무기관으로서 남색 옷을 입었다고 해서 붙여진 이름이다.

그 이름의 유래가 남아 현재 타이완에서 남영藍營은 국민당이고 녹영綠營은 타이완 독립과 본토화(여기서 본토화는 타이완 본 섬을 의미)

를 주창하는 민진당을 중심으로 한 반국민당 진영을 가리킨다.

이렇게 해서 위안수는 신당 결성에 많은 지하 공산당원을 동원한다. 이를 위한 공작비는 모두 이와이가 소속되어 있는 일본 외무성 측이 부담했다. 육군인 카게사가 부탁해 온 일이어서 육군 측이 부담해도 될 일이었지만, 이와이는 경비에 관해서는 말할 기회를 놓쳐 버리고 상사인 카와이 정보부장에게 요청해서 외무성으로부터 염출해 받고 있었다. 이 경위는 『회상의 상하이』에 자세히 기록되어 있다.

중공 측은 근년에 들어 위안수에 관해서도 특집기사를 기획해서 (2011년 8월 1일 중국공산당신문망에 '중공의 지하당이 조직한 일본 특무기관 이와이공관 시말기'), 그 중에 '경비는 모두 왕자오밍가짜정부(僞政府)가 내고 있어 결국은 중국 인민의 피와 땀과 같은 돈이었다'고 적고 있지만, 이는 완전히 틀린 얘기다.

사실 신당결성운동을 맡고 있었던 위안수는(이때부터 수립을 목표로 하고 있었다) 왕자오밍정부가 제창한 '평화, 반공, 건국'이 아닌 '흥아건국운동'이란 슬로건을 사용하고 싶어 했다고 이와이에게 제언하고 있었다.

또 난징의 왕자오밍정부가 정식으로 발족하지는 않았지만 상하이의 지에스필

왕자오밍 국민정부 성립 시의 저우포하이(周佛海).

드(도로) 76호에는 왕자오밍파의 특무기관이 세워져 있었는데 통칭 '76호'로 불리면서 사람들에게 두려움의 대상이었다. 그것을 총괄하는 인물로 왕자오밍정권의 제2인자인 저우포하이(周佛海)는 위안수의 움직임을 극히 싫어했다.

저우포하이는 '이와이가 공산당 조직을 만들려 한다'면서 비난을 시작했다. 저우포하이 등은 별도로, 일반 민중의 조직 공작을 추진하고 있었기 때문에 위안수의 민중 동원과는 상충했다는 사정도 전해지고 있다. 저우포하이는 중국공산당 제1회전국대표대회에 일본 유학자 대표로 참가했던 인물이다(이 책 46쪽에 적혀 있는 것을 참조). 지금 그는 국민당 좌파였던 왕자오밍파에 전향하고 있었는데, 중국공산당원이었기 때문에 중공 지하조직의 움직임을 잘 알고 있었다. 이와이가 이런 운동을 일으켜 그것을 왕자오밍정권의 각 파에 스며들게끔 하려는 것이었다면 왕자오밍정권을 탄생시키지도 않았을 거라면서 저우포하이는 이와이를 비난했다.

그러나 이와이는 뜻을 굽히지 않았다. 일부러 저우포하이의 집을 찾아가 "당신도 중국공산당 창립당원의 일원 아니었는가?"라고 쏘아붙였다. 저우포하이가 아무 말 못 하자 그를 납득시켰다고 여기고 그의 집을 나왔는데 이튿날 위안수가 76호에 체포됐다. 이와이는 76호에 찾아가 위안수의 석방을 호소했지만, 그 곳에 있었던 카게사의 부하조차도 입을 다물고 있었다.

사실은 이때 카게사는 저우포하이와 일본정부 사이에 끼어 있었던 상태였다. 저우포하이는 '새로운 정당을 만들어 왕자오밍정권에 줄 작정이었다면 왕자오밍정권 수립 얘기는 없었다는 것을 생각하라'고 카게사에게 완강하게 항의하고 있었다. 신당 결성은 카게사가 이와이에게 부탁한 것으로 카게사로서도 지금이라도 이와이에게 중지해 달라고 말할 수도 없었다. 그러나 이와이도 끌리지 않아 한때 이와이 암살 소문까지 나돌 정도였다고 한다.

이와이는 결국 76호에 '카게사에 일을 시키는 것은 일시적으로 내가 한다'는 거짓말을 만들어 위안수의 신병을 맡게 되는데, 이와 같은 상황을 만들어 위안수를 호텔의 방을 하나 잡아 숨겼다.

이처럼 왕자오밍정권과 이와이와는 서로 적대시한다고도 말할 수 없는 미묘한 관계여서 저우포하이는 이와이의 움직임을 경계하고 있었다. 그 왕자오밍정권에게 이와이가 활동자금을 받았다고 쓰고 있는 중국공산당신문망의 정보가 어떻게 스파이 문제와 관해 중공 측 형편에 맞도록 사실을 왜곡하고 있는지 이 하나만 가지고서도 이해할 수 있을 것이다. 최종적으로 이와이는 카게사의 부탁을 받아들여 신당결성운동을 포기했다. 그 후 이 운동은 오로지 '흥아건국운동'이라는 문화사상운동으로 변모해 간다.

이와이는 이 흥아건국운동의 주간으로 위안수를 앉히고 이와이공관을 창립했다. 이와이는 원래 '흥아건국운동본부'라는 간판을 내걸려 했는데 간판을 올리려 할 때 위안수가 '장소가 상하이 시 일본군 경계구역에 있어서 육전대본부와 가까운 관계로 중국인의 출입이 많으면 일본군 측 군헌이 의심할지도 모르니 이와이공관으로 하면 어떠냐'는 제안을 했고 여기에 이와이가 동의한 것이다. 이것이 이와이공관 명칭의 유래다.

이와이공관은 특무기관이 아니라 어디까지나 장제스 국민당 측의 정보를 수집해 평화 공작을 펴는 것을 주된 목적으로 한다고 이와이 자신은 쓰고 있다. 그러나 실제로는 특무기관이 아닌가 하고 당시 일본 측조차도 이야기하고 있는 것에 이와이는 한탄했다. 사실 이와이 공관에는 외무성의 특별고문조사반 고문이라고 하는 무리가 상주하고 있었다. 그 중에는 (전후 정재계의 흑막으로 알려진) 코다마 요시오(兒玉譽士夫)와 이와이의 친구였던 아사히신문사의 치하라 쿠스조(千原楠藏) 등이 있었고, 츠지 마사노부(辻政信) 소좌와도 연계해 '대충칭사상전對重慶思想戰'의 역할을 맡아 비밀리에 충칭 정보를 섭렵하고 있었기 때문에 첩보적 요소는 부정할 수 없다. 따라서 이 책에서는 '첩보기관'으로 부르기로 한다.

한편, 현재의 중국에서는 '악명 높은 첩보기관'으로 자리매김하고 있다. 그렇게 자리매김하지 않으면 '중공 스파이가 일본군으로부터 중공의 항일전쟁에 유리한 정보를 훔쳤다'는 스토리가 성립되지 않기 때문이다. 이와이는 군대의 정보 등은 가지고 있지 않았고 후에 외무성 본부의 정보로부터도 소외됐다는 것을 알고 분개했다고 술회하고 있다. 이와이공관은 정보를 수집하는 기관일 뿐, 군사정보를 가지고 있는 기관은 아니었다. 이는 마오쩌둥의 움직임을 읽는 데 있어 매우 중요한 키포인트다.

이런 이와이에게 위안수가 부탁할 것이 있다고 말했다. 어떻게든 소개하고 싶은 사람이 있으니 만나 달라는 것이었다. 그가 바로 판한넨(潘漢年)이었다. 중공의 간부로 '후유예밍(胡越明)'이란 익명을 사용하고 있으니 그를 만날 때는 후유예밍으로 불러 달라는 것이었다. 뭐가 이리도 까다롭냐는 생각이 들었지만 위안수의 부탁이라 이와이는 만나기로 승낙했다. 게다가 위안수에 따르면 판한넨, 아니 후유예밍이란 인물은 중공에서는 저우언라이에 버금가는 지위였다고 한다. 이와이는 이 점에 흥미를 느꼈다.

위안수는 여기에다 또 한 사람 '랴오청즈(廖承志)'란 중공의 고위 간부를 소개하고 싶다고도 말했는데 이와이는 거절했다. 판한넨이란 이가 저우언라이와 버금가는 것으로 일컬어지는 인물이라면 그것으로도 충분하다고 생각한 것이다.

'이와이–판한녠'의 첫 대면에 관해서는 다음 절에서 자세히 다룰 『판한녠, 정보의 생애』 같은 중공 측 자료는 '위안수가 희한한 짓을 저질렀다' 면서 실제로 두서없는 경위를 쓸데없이 길게 쓰고 있다. 그 변명은 꽤나 부자연스러워서 이럴 때는 '아, 뭔가를 숨기려 하고 있다' 는 감이 와야 한다.

제2차국공합작은 사실상 파탄 나 버려 국공 양측의 군대가 적대 적으로 싸우고 있었다. 하지만 그래도 충칭에 있는 장제스 국민당정부의 정보를 취득할 수 있을지도 모른다고 이와이는 약간은 기대하는 마음에 만나게 됐다는 대목이 『회상의 상하이』에 있다.

마오쩌둥의 스파이 판한녠,
일본군에 정전을 제의하다

장쑤 성(江蘇省)에서 태어난 판한녠(潘漢年, 1906~1977)은 원래 작가 활동이나 잡지 편집 업무 등에 손을 댔었는데 1926년에 좌익계 작가들의 꼬임에 넘어가 중국공산당에 입당했다가 1928년에 중공 중앙선전부 문화공작위원회 서기(그 조직의 공산당 우두머리)직을 맡아 1931년 중화소비에트정부가 탄생한 뒤, 중공중앙정보조특과(스파이과) 제2과장이 된다. 이어 코민테른의 스파이가 되라는 명령이 하달 됐다. 그 특훈(스파이 훈련)을 받기 위해 1935년 8월에 모스크바에 파견돼 '국민당의 장쉐량을 중공 측에 붙도록 만들라'는 지시를 받는다. 물론 이는 옌안에 있는 마오쩌둥이 직접 내린 지령이기도 했다. 1936년 5월에 귀국해 그 해 여름이 되자 장쉐량 설득에 나선다. 이런 와중에 시안사건이 발생했고 판한녠은 옌안에 있는 마오쩌둥에게 돌아간다.

1937년 9월, 마오쩌둥은 판한녠을 국내외 스파이들이 난무하는 상 하이에 파견한다. 팔로군의 상하이 주재 반공실 주임 업무를 하면서 서서히 스파이 업무로 전환시키기 위해서였다. 1938년에는 일시적 으로 옌안에 돌아와 중공중앙사회부에서 일했지만, 1939년 5월 눈 치료를 할 겸 홍콩으로 가는데 그 때 이미 '왕자오밍정권의 76호에 있는 리스췬(李士群)과 접촉하라'는 마오쩌둥의 명령을 받는다. 그 해 가을 홍콩의 스파이 기지를 중심으로 상하이에 가서 일본 측과 접촉해 스파이 활동을 하라는 명령을 받는데 여기서 중공 측 자료와 일본 측 자료의 내용이 크게 다른 부분이 있다.

중공 측 자료는 복잡한 경위를 거쳐 작성됐다. 신중국이 탄생한 후인 1955년 그 때까지 명령을 받고 적진에 잠입해 있었던 판한녠은 입막음을 위해 마오쩌둥에 의해 체포 투옥된 끝에 옥사했다. 표면적인 이유는 판한녠이 왕자오밍과 만난 것을 마오쩌둥에게 보고하지 않았다는 것으로 되어 있지만, 사실은 자신(마오쩌둥)이 일본군과 공모했다는 것을 알고 있는 중공의 모든 스파이들 입을 영원히 막아 버리겠다는 의도라고 밖에는 생각되지 않는다.

그 증거로 판한녠 체포를 전후해 마오쩌둥은 그 동안 자신의 지시에 따라 움직인 당시 모든 중공 측 스파이들을 하나씩 체포해 투옥해 버린 점이다. 어떤 이는 비관자살하고, 어떤 이는 옥사했다. 판한녠은 마오쩌둥 사후 한참 뒤인 1982년에 명예회복이 됐지만 그것은 이미 옥사한 지 5년 후의 일이었다. 돌이켜보면 그 때문에 왕년의 동료들이 판한녠의 억울함을 풀어주기 위해 『판한녠전』과 『판한녠, 정보의 생애』 등을 출판했다. 다만 중공의 감찰하에 출판된 것이라서 판한녠의 명예가 더욱 상처받지 않도록 중공적 시점(중공의 감시하에서 허용되는 범위 내)에서 작성됐다.

그것은 기본적으로 '중공 스파이는 용감하게도 적의 심장부에 들어가 일본 측으로부터 정보를 획득했으며, 그 정보로 팔로군은 효과적으로 항일전쟁에서 싸워 중국의 승리를 이끌었다. 그 사이 국민당은 일본군과 공모해 조금도 싸우지 않았다'는 줄거리였다. 또 '중공의 정보는 일체 일본 측에 전달하지 않았다'는 따위였다.

모처럼 판한녠의 명예회복을 위해 펴낸 책인데 그 내용을 부정해야 한다는 사실에 심히 마음이 아프다. 그러나 마오쩌둥이 판한녠 등을 스파이로 파견한 것은 어디까지나 중공군이 일본군과 공모해서 장제스 국민당군에 타격을 가하기 위한 것이라는 점을, 판한녠에게 호감을 가졌던 이와이 에이이치가 회상록에서 단순히 그를 편들기 위한 차원에서 벗어나 정직하게 기록했고, 또한 판한녠을 칭송한답시고 펴낸 중공 측 자료 자체에 이미 중공 당국 자신들이 의도하지 않았던 이야기들이 생생히 담겨 있다.

　게다가 이 책 제6장의 말미에 자세히 설명하고 있는데, 마오쩌둥과 패권을 다툰 왕밍(王明)이 '마오쩌둥이 반 장제스에 철저한 나머지 제국주의 일본과 공모하려 한 것'에 맹렬하게 반대해 격렬한 입씨름을 한 현장을 생생하게 묘사했다(왕밍의 자서전 『중공 50년』이 출처).

　우선 이와이의 회고록부터 보자. 위안수에게 판한녠을 소개받은 이와이는 처음 판한녠과 만난 인상을 '매우 점잖은 지식인으로 일면 세련된 도회지인 같은 느낌이었다'고 호감을 가지고 기록했다. 판한녠은 매우 적극적으로 이와이와 만나고 싶어 했는데 두 번째부터의 회견 장소는 '모두 판한녠이 지정'한 것으로 되어 있다. 게다가 판한녠이 필요할 때는 곧 만날 수 있도록 특별히 또 한 사람의 연락책[다나카 노부타카(田中信隆)]을 지정했다. 판한녠은 어지간히 적극적이었다.

　그런데 판한녠과 관련해 중공의 감시하에서 출판된 복잡한 책은 '위안수의 실수로 이와이와 만나게 된 판한녠은 한 차례 만 이와이의 요청에 응해 (마치 어쩔 수 없었던 것처럼) 이와이와 일본 요리점에서 만났고, 곧 홍콩의 중공 거점으로 되돌아갔다'고 적고 있다. 이것은 사실에 반한다.

이와이는 첫 번째 면담 이후 판한녠으로부터 '만나고 싶다' 는 제의가 너무 빈번해 특별히 전문적으로 그를 상대해 줄 사람을 결정했을 뿐 아니라 판한녠이 지정한 가게를 다음과 같이 묘사하고 있다(원문 그대로).

회견 장소로는 옛날의 밴드band(필자 주; 중국명 와이탄)부터 난 징로에 접어들어 100미터 앞 좌측에 있던 외국인 경영의 쵸콜렛 숍을 주로 이용했다. (중략) 판한녠은 상하이에 가까운 장쑤 성(江蘇省) 의흥현宜興縣 출신이라 상하이 사정에도 밝았기 때문일까. 이런 외국인이 경영하는 가게를 안전지대로 이용하고 있었던 것처럼 시안사건 전 장쉐량이 상하이에서 그를 만난 장소도 아마도 상하이 교외의 레스토랑이었다고 전해지고 있는데, 이런 서양풍의 장소를 즐겨 사용하고 있었다는 것은 단순히 신변안전을 위해서가 아니라 그와 같은 인텔리가 선호하는 장소였기 때문이리라.

이처럼 사실을 상세하게 적고 있다. 더구나 판한녠에 대한 이와이의 시선은 항상 호의적이었고 그를 높이 평가하고 있었다는 것이 문장의 편린에서도 파악된다. 이것으로도 결코 '위안수의 실수로 이와이와 만나는 처지가 되어 버렸다' 는 것이 아니라 어디까지나 판한녠 측으로부터 만나고 싶다면서 위안수를 통해 제의해 온 것을 이해할 수 있다. 이를 상세하게 밝혀야 하는 이유는 그것 때문에 '마오쩌둥의 일본군과의 공모' 라는 의도가 감춰져 있기 때문일 것이다.

중공 감시하에서 출판된 책에는 이런 것을 기록하면 안 되는 고통이 역으로 스며나오고 있다. 위안수가 어느 정도 악당이 되어 버린 것은 딱한 노릇이다. 그것이 가능했던 것은 판한녠에 관한 책이 나왔을 때 위안수는 이미 이 세상에서 없어졌기 때문이리라.

중공 측의 모든 자료에는 '물론 판한녠 등이 당시의 중공 측 정보를 일본에 넘겨준 사실은 없다'고 명기돼 있고 셰여우티엔(謝幼田) 씨의 책에도 '그것만큼은 안 했다'고 적혀 있다. 그러나 이것은 사실에 반하고 있다는 점을 이와이는 『회상의 상하이』에서 명확히 기록하고 있다. 어느 날 이와이는 '보통의 정보 제공자로부터 정보를 서면으로 보고하게 하는 방식으로 부담 없이 그에게 중공의 내정과 이후의 동향에 관한 보고서 작성을 부탁했다'고 했다는 것이다. 이와이는 거절당할 것으로 생각했었지만, 판한녠은 이를 시원하게 받아들여 나중에 장문의 보고서를 받았다.

여기에는 무엇이 적혀 있었을까. 필자는 외무성과 방위성 등 내부 문건이 있을 만한 곳을 필사적으로 찾아보았지만 유감스럽게도 입수하지 못했다. 이와이는 종전까지 중국에 있었는데, 종전 1년 전인 1944년에는 광동대사관으로 날아갔었기 때문에 이와이공관에 두었던 서류는 일본에 돌아가지 못했다고 생각한다. 사실 위안수는 일본 패전 후 '전前 이와이공관에 있던 모든 재산과 자료를 중공 측에 증정했다'고 적고 있다.

또 이와이는 회상록에서 이와이공관이 정보 수집을 위해 사용한 경비는 주로 외무성의 기밀비로 『회상의 상하이』 집필 시점에는 30여 억 엔에 달하는 거액이었는데도 일본 국내에는 '이것이 거액을 사용해 공작을 하고 있는 이와이의 정보인가'라는 비판을 받고 있었다는 것을 나중에 알았다고 분개하면서 정직하게 쓰고 있다. 별도의 페이지에서는 외무성에서 기밀비를 가장 많이 쓴 것은 이와이라는 비판을 하고 인사팀이 똘똘 뭉쳐 이와이를 자리에서 끌어내리려 뒤통

수를 친 것에 대해 전후 시기까지 분개해 하고 있었다.

이런 사실은 만약 일본 내(외무성)에 보내졌다고 하더라도 그 정보 가치를 인정받지 못하고 버려졌을지도 모른다. 그렇다면 유감이지만 조금이라도 이와이가 판한녠을 '정보 제공자'로 간주하고 있었다는 것과 판한녠이 중공의(일정 정도라고 생각하지만) 내부 정보를 '장문의 보고서' 형식으로 일본 측에 제공해 온 것이 이 기술記述로 보면 명백하다.

더 충격적인 것은 판한녠이 일본군과 중공군(팔로군과 신사군)과의 사이에서 불가침 협의라고 할 수 있는 정전을 제의했다는 점이다. 정말로 필자가 원했던 것은 그 정보情報다. 『회상의 상하이』 165쪽을 그대로 인용해 보고자 한다.

> 어느 날 위안수 주간主幹을 통해 판한녠으로부터 화북에서 일본군과 중공군과의 정전에 관해 대화하고 싶으니 일본 측에 연락해 주었으면 한다는 요청이 있었다. 나는 군사에 관한 것은 아무것도 모르고 화북에서 일본, 중공 양군이라고 해도 전선은 극도로 복잡하게 뒤얽혀 있었고, 정전의 선긋기 외의 기술적인 문제만으로도 어려움이 많았고 실현은 아주 어려울 것으로 생각했는데 늘 사람으로부터 무엇인가를 부탁받을 경우 얼마나 어려울지를 알아도 머릿속에서는 안 된다고 거절하지 못해 가능하다고 말해 버리는 것이 나의 방식이어서 이번 판한녠의 요청에 관해서도 당분간은 카게사 소장에게 부탁해 보라고 했다. 그리고 그 가부는 카게사의 판단에 맡기겠다고 생각해서 카게사에게 연락했고, 위안수의 안내로 카게사를 난징의 최고군사고문 공관에 방문하도록 했다. 결과는 계획대로는 되지 않은 것 같았다. 그 때 판한녠은 카게사의 구변이 좋아

왕자오밍 주석과도 만난다. 왕 주석과의 사이에서도 아마 왕정부 평화부대平和部隊와의 정전 이야기가 나왔는지 이 역시 아무런 실질적인 결과가 없었던 것 같다.

그렇다 해도 앞서 썼듯이 상하이에서 비밀리에 장쉐량과 만나면서 장제스를 항일민족통일전선에 끌어들이기 위해 적지 난징에 들어간 천궈푸(陳果夫)와 만나고, 또 현재 전쟁의 상대방인 일본 측 품에 날아가기 위해 흥건운동興建運動의 위안수, 천푸무(陳孚木)를 통해 나에게 접근하고, 게다가 또 화북의 정전협상이라면서 곧 현지 일본군의 요직에 있는 카게사와 만나고 더욱이 신정부에서 가장 높은 지위에 있는 왕 주석까지 만난다. 이런 다재다능한 활동상에 그 차분했던 판한녠의 어디에 이 같은 용기가 숨어 있었을까 하는 감동이 있었다.

이제 어떤 설명도 필요 없을 것이다. 이것으로 마오쩌둥의 진정한 노림수가 명확해졌다고 확신한다. 이와이는 외무성 사람으로 더구나 비공채 출신이며 군사와 관련해서는 아는 게 전혀 없었다. 그는 중국과의 평화 공작을 위해 장제스 국민당 측의 정보를 가지고 싶었을 뿐이었다. 중공은 판한녠의 행동 목적에 대해 이와이공관에 접근해서 '일본군의 다음 군사계획 정보 등을 획득, 이것을 이용해서 일본군을 패퇴로 몰아넣어 중공군의 전승을 이끌기 위해서'였다고 주장한다.

그러나 애당초 일본 측이 일본군에 불리한 정보를 넘겨주거나 할 리도 없고, 게다가 다음에 서술하는 것처럼 중공 측은 거액의 정보제공료를 이와이로부터 받고 있었던 것이다. 어디서부터 어떻게 생각하더라도 일본군의 군사정보 취득 따위는 전혀 있을 수 없는 이야기다.

중공 측 자료에는 '이와이는 평화 공작 관계로 카게사를 판한녠에게 소개했다'고 나와 있고, 또 판한녠에 관한 일련의 책은 '카게사와는 63공관에서 한 차례 만나 세상 돌아가는 이야기를 했을 뿐'이라고 적고 있다. 물론 이것도 사실과 다르다. 판한녠이 카게사와 처음 만난 것은 최고군사고문 공관에서였고, 그 후 여러 번에 걸쳐 63공원公園에서 만나고는 했다. 63공원은 1890년대 일본인 시로이시 로쿠사부로(白石六三郎)란 인물이 넓은 토지를 사들여 건설한 것으로 요정뿐만 아니라 오락 센터 등의 사교장이 있는 고급 클럽 같은 것이다. 또 중공 측 자료에는 '왕자오밍과는 리스췬의 책략에 말려들어 우연히 만나게 됐다'고 적시한다. 그와 아울러 판한녠은 왕자오밍과 만난 사실을 보고하지 않고 누락했다는 이유로 체포, 투옥되어 옥사했다는 것이 중공 측 자료의 기술이다. 이것은 곧 판한녠이 어떻게 왕자오밍과 만나게 되었는지 '최대한의 공'을 들여 묘사할 수밖에 없는 사정이자 이유이리라.

판한녠의 명예를 회복시켜 주고 싶은 동지들에게는 안타까울 이야기일 뿐이지만 어쩌겠는가. 진상이 그런 것을. 그러나 진실을 쓰는 것 자체로 판한녠의 명예는 결코 훼손되지 않을 것이라고 필자는 굳게 믿는다.

그는 마오쩌둥의 지시대로 움직였을 뿐이라는 것이 명확하기 때문이다. 단지 중국에서는 마오쩌둥이 일본군과 공모했다는 등의 '공포스러운 사실'을 인정할 용기는 없다는 것일 뿐이다.

그러나 셰여우티엔 씨의 저서에도 있는 것처럼 이 사실은 이미 숨길 수 없게 된 것은 아닐까.

인류를 영원히 속일 수는 없다. 필자는 중국 인민도 진실을 보는 용기를 갖게 될 것이라고 확신한다. 증거는 또 계속 제시된다.

정보 제공료는 얼마였을까

앞에서도 서술했듯이(시간적으로는 조금 거슬러 올라가지만) 판한녠이 홍콩에 온 것은 1939년 5월이다. 눈을 치료하기 위한 목적이었다. 이때 '홍콩에 가서 부랴부랴 눈 치료를 하면 어떤가?'라고 말을 꺼낸 것은 캉성(康生)이다. 캉성은 원래 마오쩌둥의 숙적이라고도 할 수 있는 코민테른 대표 왕밍을 단장으로 캉성은 부단장으로 모스크바에 가서 '베리아'라는 스파이계의 악질 전문가로부터 직접 스파이 훈련을 받는다. 베리아는 '스탈린 대숙청의 사형집행인'이라는 별명이 있을 정도로 극도로 악랄하게 정적을 죽였다.

중국에 귀국한 캉성은 왕밍이 높이 평가될 때는 왕밍을 추종했고, 왕밍이 실각하고 마오쩌둥이 실권을 쥐는 것을 보고는 곧 왕밍을 격렬하게 비난함으로써 마오쩌둥을 기쁘게 했다. 옌안에서는 소학교 교사였을 때 가르쳤던 제자이기도 했던 장칭(江靑)을 마오쩌둥에게 소개하고 두 사람을 가깝게 해줌으로써 마오쩌둥의 환심을 샀다. 그때 마오쩌둥에게는 허즈전(賀子珍)이란 처가 있었지만 마오쩌둥은 상하이에서 란핑(藍蘋, 블루 애플)이란 예명으로 잘 나가던 장칭에 빠져 들어갔다. 옌안의 혁명 풍토와는 이질적이면서 도회적 센스가 넘치던 장칭은 한 모금의 청량제로 마오쩌둥에게는 매력적으로 비쳤음에 틀림이 없었다.

허즈전은 징강산에서 죽인 위안원차이의 동료 허민슈에(賀敏學)의 여동생으로 허즈전과 결혼했을 때에 마오쩌둥에게는 다른 처가 있었다. 은사 양창지(楊昌濟)의 딸 양카이후이(楊開慧)로 자녀가 이미 셋이나 있었다. 그러나 '(양카이후이와) 거의 만나지 못했다'라는 이유를 들어 허즈전과 결혼해 버린다. 양카이후이는 1930년 국민당군에 잡혀 '마오쩌둥과 이혼하고 마오쩌둥에 대해 비난 성명을 내면 도와 주겠다'는 말을 들었지만 이를 거부해 총살당했다. 그런 처가 아직 있는데도 마오쩌둥은 1928년에 허즈전과 결혼한다.

이번에는 그런 허즈전을 버리고 장칭과 결혼하려는 마오쩌둥에게 저우언라이 등 주변 사람들이 반대했다. 장칭은 상하이의 란핑(藍蘋, 블루 애플)이 아닌 란핑(爛蘋, 썩은 사과)(藍蘋과 爛蘋은 발음이 같다―역자 주)이라고 바꿔 부를 정도로 불륜과 이혼을 반복해 스캔들에 절어 있는 여성이었다. 처가 있다는 것과 장칭의 음란한 과거를 이유로 모두가 반대하던 와중에 캉성은 결혼에 찬성했다. 이때 정실부인 허즈전은 모스크바에서 유학중이어서 캉성으로서는 조종이 가능했던 것이다. 이 때문에 마오쩌둥은 캉성을 중용하고, 그의 베리아식 숙청을 좋아해 이를 이용하게 된다.

참고로 이 전후의 '마오쩌둥, 캉성, 장칭 및 시진핑의 부친 시중쉰과 현재의 차이니즈 세븐의 한 사람인 위정성(俞正聲)의 부친(장칭의 전 애인)' 등의 인간관계도에 관해서는 『차이니즈 세븐 ― 붉은 황제 시진핑』에 상술했다.

중공중앙정보부부장으로서 마오쩌둥의 오른팔이었던 캉성은 판한녠으로 하여금 홍콩에 가서 눈 치료를 '하는 김에' 홍콩에 중공의 혁명 근거지를 구축해 그 곳에서 스파이 활동에 전념하라고 속삭였던 것이다. 물론 마오쩌둥의 지시였다. 이 시점에 이미 '머지않아 정식으로 수립될 왕자오밍 정권을 지탱할 스파이조직(76호)에 있는 리스 천과 접촉해 일중 평화를 주장하는 왕자오밍정권을 분열시키고 항일 전쟁을 길게 끌라'는 지령을 판한녠은 받고 있었다. 일중전쟁이 빨리 끝나면 그 틈에 중공이 강대해질 가능성이 없기 때문에 일중전쟁을 길게 끌면 끌수록 중공으로서는 유리해지는 것은 당연했다.

이것이 마오쩌둥의 대전략이다. 나중에 서술하는 정적 왕밍과 대 립한 가장 큰 논점이기도 했다. 그러나 마오쩌둥은 캉성과 짜고 병으로 쓰러진 왕밍에게 서서히 효과를 보이는 독약을 투입해 왕밍의 심신을 모두 상하게 함으로써 일본군과의 공모 작전을 실행해 나간 것이다.

홍콩의 스파이 근거지에는 이미 랴오청즈가 주임으로 파견되어 있어 홍콩의 황후대도皇后大道 18호에 있는 위에화공사(粤華公司)라는 찻잎가게를 아지트로 삼아 팔로군홍콩반사처(사무처)를 설치했다. 신중국 탄생 이후 모든 스파이가 체포 투옥됐지만, 단 한 사람만 투옥되지 않았으니 그가 랴오청즈다. 왜냐하면 그는 일본에서 태어나고 자라 한 차례 귀국했다가 다시 일본으로 가서 와세다대학에서 공부한 덕에 일본어가 유창했기 때문이다. 위세 좋은 에도코(에도 토박이) 같은 일본어를 구사해 일본어에 관한 한 그와 견줄 이가 없었다. 이 때문에 마오쩌둥은 랴오청즈를 '이용할 수 있는 인물'로 살려둔 것이다. 신중국 탄생 후에 전前 일본군을 초빙하거나 타카사키 타츠노스케(高碕達之助)와 LT무역을 추진할 때 랴오청즈를 전적으로 활용했기 때문에 마오쩌둥의 선견지명은 경탄할 만하다. 서문에서 적었 듯 LT무역은 랴오청즈의 영문 첫글자 L(Liao)과 타카사키 타츠노스케의 영문 첫 글자 T를 취해 LT라 표기한 것이다.

마오쩌둥이 랴오청즈만을 살려 둔 이유는 또 있다. 랴오청즈는 판한녠 등처럼 일본군이나 왕자오밍정권의 품으로 직접 날아 들어가 있지 않았고, 홍콩 스파이 근거지에서 국공합작이 잘 되도록 중공이 그 세력을 확대하기 위해 물자와 경비를 조달하는 역할을 했다. 그 때문에 판한녠 같은 스파이들처럼 실제로 움직이는 부대部隊 실정 정도까지는 생생하게 알지는 못했다.

더구나 랴오청즈는 많은 중공 스파이를 이와이공관에 보내 사실상 이와이공관을 점령하고 있었다. 상세한 내용은 다음 장에서 서술하 겠지만 이 사실은 오히려 당당하게 중공당사에 남겨도 좋은 공적이 다. 때문에 랴오청즈를 살려 둔 것은 마오쩌둥에 있어 유리한 측면이 있는 것이다.

한편, 『판한녠, 정보의 생애』(110쪽)에 따르면 이와이와 만난 뒤 홍 콩으로 돌아간 판한녠은 이와이공관을 이용해 홍콩의 스파이 거점을 확대하고 보름에 한 번 꼴로 이와이에게 정보를 제공하는 대가로 매 번 2000홍콩달러(홍콩원元)의 정보 제공료를 판한녠에게 지불할 것을 요구했다. 또 정기간행물을 내고 있어서 그 설립비용으로 1만 홍콩 달러를 지불하라고 이와이에게 요구했다. 이 2000홍콩달러는 당시 일반 노동자의 수입과 비교하면 중국인 경찰관의 5년치 급료에 상당 할 정도다(20세기초 홍콩 내 중국인의 직업 구성 및 생활상 211페이지에 따 르면, 1939년 홍콩의 중국인 경찰관의 연봉은 396홍콩달러였다).

판한녠은 이 청구 금액을 위안수를 통해 이와이에게 요구하라고 지시했다. 이와이는 즉각 승낙했고 자료와 정보 제공 등을 위한 접 선처를 홍콩영사관의 코이즈미 키요카즈(小泉淸一)에게 의뢰한 것으 로 되어 있다. 이와이의 회상록에는 경비에 관한 기술은 없다. 아마 도 모두 그다지 정상은 아닌 외무성 기밀비로부터 염출하고 있었던 터라 공개하고 싶지 않았을 것이다. 전시 중에 외무성 기밀비 가운데 가장 거액을 사용한 이가 이와이였다고 그 자신이 적고 있다.

그러나 보름에 한 번 중국인 경찰관의 5년치 연봉에 상당하는 정보 제공료를 받았다고 하면 한 달이면 10년 치 연봉이다. 1년에 120년 치의 봉급에 상당하는 보수를 중공 측이 가져간 셈이 되는 것이다. 그 외에도 잡지 신문을 창간한다면서 거액의 돈을 이와이로부터 무제한으로 받아내고 있었다.

랴오청즈를 우두머리로 한 홍콩의 스파이 근거지는 그것을 중공의 선전공작에 사용하고 당원을 늘려 중공이 강대해지는 것에 공헌했다. 셰여우티엔 씨는 용케도 책 제목을 『중공이 강대해진 비밀-감춰진 항일전쟁의 진상』이라 붙였다. 참으로 제목 그대로다.

항일전쟁 기간 중공이 강대해지고 일본 패전 후에 국민당군에 승리할 수 있었던 최대 비밀의 하나가 여기에도 있다. 일본의 중국 침략이 없었더라면 현재 우리들 이웃에 있는 나라는 공산주의정권이 아니라 국민당정권이었을 것이다. 장제스 시대에는 독재를 계속했을지 모르지만 정확히 현재의 타이완이 그런 것처럼 언젠가는 민주주의 국가로 변모해 있었을 것이다.

이 기밀비는 일본 국민의 피와 땀의 결정이다. 먹을 것을 먹지 않고 입을 것도 절약해서 '사치는 적!'이라며 강하게 인내했던 국민은 그 혈세를 사실 중공을 살찌우기 위해 물처럼 쓰고 있었던 것이다.

이와이 에이이치가 귀중한 기록을 남겨준 것에 대해 우리는 감사하지 않으면 안 된다. 그러나 그것으로부터 알 수 있는 사실은 '마오쩌둥이 일본군과 공모하고 있었던 사실' 뿐만 아니라 일본 국민의 혈세가 중공을 강대화하고, 현재의 중화인민공화국을 탄생시키기 위해 사용됐다고 하는 또 다른 엄연한 사실이다.

제5장

일본군 및
왕자오밍 괴뢰정권과의
공모

이와이공관을 점령해 버린 랴오청즈

　이와이공관에 중공 스파이를 보낸 사실은 중공 측의 과장은 아니고 이와이 에이이치도 『회상의 상하이』의 '정당조직의 준비추진본부주간의 인사결정'(118~121쪽)에서 인정하고 있다. 위안수를 주간主幹으로 해서 그 산하에 배치된 간부의 거의는 실은 중공 지하당원이나 중공 스파이였다. 이와이는 전후 회상록을 쓰면서 진슝보(金雄白)가 쓴 『동생공사同生共死의 실체―왕자오밍의 비극』[이케다 아츠노리(池田篤紀) 역, 시사통신사, 1960년]을 참조하고 있다. 그러나 이와이는 이미 카게사에 부탁받은 신당 결성을 위한 동원과 관련해 위안수에게 '공산당원이라도 상관없다'라고 확실히 말하고 있어 당시부터 알고 있었을 것이다.

　이쯤에서 중공 측 자료와 대조하면서 몇 명이나 되는지는 모르지만 이와이공관을 점령하다시피 한 중공 스파이 간부를 열거해 보자.

　■ 윙융칭(翁永淸); 다른 이름은 윙충류(翁從六). 중공 스파이. 흥아건국운동의 기관지 〈신중국보〉 총경리. 재무 관계의 권한을 장악. 일본 패전 후 중공에 복귀. 자동차 사고(?)로 사망.

　■ 류무칭(劉慕淸); 필명은 루펑(魯風). 중공 스파이. 흥아건국운동의 기관지 〈신중국보〉 편집장. 신중국 탄생 후 50년대 초기의 삼

반오반三反五反운동으로 투옥돼 옥사한 뒤 소식 불명. 소식 불명이라고 하는 것은 옥사했다고 구전되고 있어서임.

■ 원이췬(惲逸群); 다른 이름은 원제성(惲介生). 중공 스파이. 흥아건국운동의 신문출판편집 업무 책임자. 신중국 탄생 후 50년대 초기의 삼반오반三反五反운동으로 투옥되고 문화대혁명 시기에도 계속 감옥 생활. 문혁 종식과 동시에 타계. 사후 명예회복. 그 외의 편집업무 담당자 비서. 저우징(周靜) 등 중공 스파이 다수.

■ 류런서우(劉人壽) : 다른 이름은 양징위안(楊靜遠). 이와이공관의 지하에서 무선전신국을 개설. 밤중에 옌안과 연락했다. 『이와이 회상록』에는 나오지 않아 이와이는 몰랐던 것으로 추정된다.

■ 천푸무(陳孚木); 장제스 국민당정부의 교통부 차장을 한동안 담당. 랴오청즈에게 부탁받아 이와이공관의 흥아건국운동에 참가한 중공 스파이. 본인의 기록에 따르면 1944년 11월, 총참모부장으로 상하이육군부장이었던 카와모토 요시타로(川本芳太郎)와 밀담. 일본 패전 후 중공 신사군에 들어가고 신중국 건국 후인 1951년 홍콩으로 가서 병사.

흥아건국운동의 간부가 얼마나 중공 스파이에 의해 잠식당했는지 일목요연할 것이다. 이들은 모두 랴오청즈의 지도하에 판한녠의 협력을 얻으면서 나아가고 있었다. 랴오청즈의 윗선은 저우언라이와 예젠잉, 마오쩌둥이 있었고 마오쩌둥의 그늘에는 사형집행인 베리아의 애제자 캉성이 숨어 있었다. 저우언라이는 설명할 것도 없이 신중국 탄생부터 타계할 때까지 (한때 외교부장을 겸임하면서) 국무원총리(수상)를 계속 맡았던 인물이며, 예젠잉은 중일전쟁 중에 팔로군 참모장과 중공중앙혁명군사위원회 참모장 등을 역임하고 신중국 탄생 후에도 국방부장 등을 지냈다.

저우언라이는 준이회의 이후 스스로의 지위를 마오쩌둥에게 양보해 마오쩌둥을 최고위 지도자로 떠받들고 있었던 인물이며, 예젠잉은 장정 시기에 마오쩌둥이 홍군 제4방면군 군사위원회 주석이었던 장궈타오와 다투어 편이 갈렸을 때 마오쩌둥 측에 붙어 마오쩌둥의 정당성을 주장한 경위가 있다.

실은 이때 마오쩌둥과 예젠잉 외에는 모르는 음모가 있는데(길게 늘어져 생략한다), 예젠잉은 군인답게 과묵했고 마오쩌둥에게 충성을 서약했다. 이 때문에 마오쩌둥은 예젠잉에게 '제갈일생유근신諸葛一生唯謹慎, 여단대사불호도呂端大事不糊塗' 라는 연구聯句를 보낸 일이 있다. '제갈량은 생애를 한결같이 신중(근신)하게 지냈으며, 여단(북송 초기의 재상. 명군)은 작은 일에 얽매이지 않고 대사에 소홀함이 없었다' 는 의미이다. 마오쩌둥의 음모를 알고 있던 이들은 모두 몰살당한 만큼 예젠잉도 제거되어야 마땅한 존재일 수도 있었다. 아무래도 주요한 거물 군인은 거의 투옥되어 버렸는데 군을 장악하고 있는 관계상 모두 죽여 버려서는 안 된다. 군인 중에서 '이 자는 내밀한 속사정을 옮기는 말은 하지 않을 것' 이라고 마오쩌둥이 판단한 이들만 살아남았다고 생각한다.

일견 스파이 활동과 관계없는 예젠잉이 배후에 있는 것은 일본군과의 공모나 왕자오밍정권의 군사동향을 제어할 필요가 있기 때문이다. 뒤에 서술할 왕밍의 수기가 밝히고 있는 것처럼 마오쩌둥은 중공중앙정치국회의는 거치지 않고 개인적으로 군인을 움직여 극비리에 지시를 내리고 있었다. 판한녠이 상하이에 파견돼 첩보활동을 하기 시작한 것은 1939년의 늦은 가을이었다. 이때 세계적으로 무슨 일이 일어났는지를 거시적으로 보는 것을 게을리해서는 안 된다. 1939년

8월 23일에 독일과 소련간의 '독소불가침조약'이 체결된다. 견원지간으로 보였던 히틀러와 스탈린이 손을 잡은 것이다. 대략 말하자면 스탈린으로서는 나치의 창끝이 서구 제국으로 향하기를 바랐다. 독일과 소련은 곧 이 조약에 기초한 협조 관계를 가졌지만, 1941년 6월 22일부터 개시된 독소전에서 나치 독일이 소련을 침공함에 따라 종언을 고한다.

한편, 마오쩌둥의 최대 정적인 장제스가 이끄는 '중화민국' 국민정부는 일찌감치 독일과 '중독합작조약'을 맺고 군대와 국방산업의 근대화를 꾀해 오고 있었다. 장제스는 1928년에 점차 발호하는 군벌을 타도하는 북벌을 완성시켜 국내 통일을 추구했지만, 1931년의 만주사변 등에 의해 진정한 국가 통일은 멀어져만 갔다. 이런 와중에 중독 합작은 강화되고 장제스 국민당정부와 독일의 히틀러정권은 반공反共이란 의미에서 이해가 일치하고 있었다.

그런데 히틀러는 소련의 코민테른에 대항하기 위해서는 일본 쪽이 도움이 된다고 여겨 1936년 11월 25일에 '일독방공협정'을 맺어 버린다. 그러자 '중화민국' 국민정부는 1937년 8월 21일에 스탈린과 '중소불가침조약'을 맺는다. 이에 화가 난 히틀러는 적인 스탈린과 '독소불가침조약'을 맺어 버린다. 그 결과 마오쩌둥은 '그러면 이쪽도'라는 식으로 내친김에 '반장연일反蔣聯日'(장제스에 반대해 일본과 제휴)이라는 방책을 구사한다. 판한녠은 이렇게 이와이 에이이치와 깊은 관계에 빠져드는데 그 연장선상에는 왕자오밍정권이 있었다. 참고로 히틀러는 1941년 7월 충칭의 국민당정부와 손을 끊고 난징의 왕자오밍정권을 '국가'로 승인하고 있다.

왕자오밍정권을 지지했던 일본 군인들

그런데 '이와이공관이 중공 스파이와 겉과 속이 일체화된 조직이다' 라고 해서 중공 지하당원들의 움직임을 날카롭게 간파했던 저우포하이는 카게사에 대해 흥아건국운동 그 자체를 멈추게 하려 격하게 항의했다는 것은 앞서 서술했다. 만약 그만두지 않으면 왕자오밍정권 탄생은 없다고 생각해 단호하게 양보하지 않았다. 그 때문에 카게사는 신당결성뿐만 아니라 최종적으로는 흥아건국운동도 그만두라고 이와이에게 요구해 이와이공관은 명의상 창립한 지 1년 정도만에 해산하게 되고 왕자오밍정권의 동아연맹으로 흡수됐다.

여기서 왕자오밍정권과는 무슨 관계였을까. 또 마오쩌

난징괴뢰정권의 주석이 된 왕자오밍. 마오쩌둥보다 10년 연상으로, 중국 사람들은 왕징웨이라고 부른다.

둥은 어떻게 왕자오밍정권을 이용하려 했는지에 대해 분석을 시도한다. 이를 위해서는 우선 왕자오밍이 무엇을 생각하고 있었는지를 정확히 알아야 한다. 왕자오밍정권이 정식으로 탄생한 것은 1940년 3월 30일로 왕자오밍의 정치적 목표는 '평화'로, '평화론'은 결코 매국이 아니라고 믿고 있었다. 그것은 쑨원이 1924년 일본 고베에서 행한 강연의 주제였던 '대아시아주의'에 기초한 것으로 왕자오밍은 권력욕 때문도 아니고 자신이야말로 쑨원을 진정으로 이해하는 계승자라고 확신하고 있었다.

쑨원은 강연에서 대략 다음과 같은 내용을 말하고 있었다. 이하 6200자의 중국어 원문에서 적절히 추려 개요를 적는다.

서양 열강은 '패도'의 문명에 의해 아시아 제국諸國을 압박하고 있는데 동양에는 '패도'보다 뛰어난 '왕도'(도덕, 인의)의 문명이 있다. 아시아를 부흥시키기 위해서는 왕도를 중심으로 해서 불평등을 타파하고 아시아 제 민족이 단결해서 '대아시아주의'를 관철시켜야 한다.

일본은 일러전쟁의 승리에 따라 백인의 지배를 물리쳤다. 이것은 아시아의 모든 민족에 유럽의 지배를 타파하고 독립을 쟁취해야 한다는 기운을 가져왔다. 일본은 근년 들어 유럽의 상무문화를 흡수해 구미인에게 의지하지 않고 자주독립의 정신으로 육해군 등 군사력도 정비한 독립국가가 되어 있다.(필자 주; 구미의 식민지가 되지 않은 의미) 일본 민족은 구미의 패도문화를 획득하고, 또 아시아의 왕도문화의 본질도 가지고 있다. 이후 일본은 과연 서양 패도의 망을 보는 개가 될 것인가 아니면 동양 왕도의 방패와 성벽이 되는 길을 택할 것인가, 그것은 일본 국민의 이후 선택에 달려 있다.

대략 이런 내용이다.

쑨원의 유언을 받아 적기도 한 왕자오밍은 쑨원의 유언에 있는 '중국의 자유와 평등을 추구해야 한다'는 목적을 이루기 위해서는 반드시 민중을 깨우쳐 우리 민족을 평등하게 대우하는 세계의 민족과 제휴하고 함께 분투해야 한다'는 부분을 특히 중시했다.

그리고 왕자오밍은 일본이 중화민족을 '평등하게 대우'할 것으로 기대했고, 그런 만큼 믿고 싶은 생각이 들었다고 전기에 쓰고 있다. 그러나 자신의 정권을 수립하기 위해 직접 일본에 와 본 왕자오밍은 일본 군부의 오만한 태도를 보고는 자신의 바람은 바람으로 그치고 말 것이라고 예감했다. 어지간하면 신정부 수립을 거절할까 생각했지만, 더 나중으로 미루면 되돌릴 수 없었다. 왕자오밍은 눈물을 닦으며 '환도식還都式' 선서를 하고 있었다. '환도'는 자신이야말로 정통 '중화민국'의 계승자로 나라의 수도를 충칭에서 난징으로 되돌리는 의미를 가지고 있었다.

왕자오밍을 지탱한 것은 2인자 저우포하이로, 저우포하이가 이와이의 흥아건국운동을 저지하려 했던 것은 쑨원의 이 정신 때문이었다. 왕자오밍은 당시 육군참모 카게사 사다아키 대좌(이후에 중장)에게 '자신은 평화를 지향할 뿐으로, 평화가 이루어지면 권력에 연연할 생각이 없으며 누가 정권을 잡더라도 그것은 문제가 안 된다'고 말했다. 이에 감동한 카게사는 역시 평화론자로 어떻게 해서든지 왕자오밍정권을 지지하려 상하이 매화당梅花堂에 그 지원 기관을 만든다. 이것이 드디어 '매기관梅機關'으로 불리게 된 것인데 카게사의 수기 '증주로아기曾走路我記'(1943년 12월 13일, '뉴브리튼' 섬 '라바울')에 이것은 특무기관이 아니며 어디까지나 왕자오밍정권을 위한 원조와 일본과의 연락을 수행하기 위한 기관이라고 설명하고 있다(1966년 미스즈서방書房 『현대사자료 13 일중전쟁5』에 수록).

카게사에 따르면 '매기관'은 육군, 해군, 외무성 및 민간인 유지有志로 구성되었는데, 경비도 각자의 출신 소속(군과 성청省廳에서 염출하고 있었다. 그러나 군부 안에도 매기관을 특무기관으로 간주하는 이가 있어 유감이라는 취지라는 점이 씌어 있다. 특무기관이라면 상하이에는 '상하이특무기관' 난징에는 '난징특무기관'이 있어서 그 나름대로 관할 영역을 정하고 진짜 특무(스파이) 업무를 수행하고 있었기 때문에 '따라서 상하이에 있던 매기관은 특무기관이 아니'라고 '증주로아기'에서는 단언하고 있다.

카게사는 또 '왕자오밍정권은 일본의 괴뢰정권이 아니'라는 점을 관철시키기 위해 다양한 방식의 타협을 일본 측에 설득하고 있었던 것이라고 자신의 행동 목적을 설명하고 있다. 그러나 왕자오밍정권 수립 이후에는 후술할 하루케(晴氣) 중좌가 주관하는 명실상부한 특무기관이 되어 있는 까닭에 이 책에서는 '특무기관'으로 한다.

현재 중국에서는 매기관은 가장 악랄한 특무기관으로, 이와이공관은 스파이계의 거물이던 이와이가 중국 인민을 유린하려 설치한 것으로 낙인찍고 이와이와 카게사를 사악한 권력의 화신으로 취급하고 있다. 그 때문에 근년 들어 TV 드라마도 제작되고 있는데, 위안수의 인생을 묘사한 TV 드라마 등은 2013년 시진핑정권이 들어서면서 CCTV에서 방영되고 있는 만큼 중국 당국의 그런 세뇌공작을 지금 바꿔 나가지 않으면 안 된다고 생각한다.

그러나 마오쩌둥 자신은 왕자오밍정권의 본질을 꿰뚫고 있었으며 매기관이 왕자오밍정권의 탄생과 동시에 사라져 카게사가 왕자오밍기관의 군사최고고문이 된 점에 주목했으리라. 마오쩌둥으로서는 국민당군의 어떤 파벌이든 '평화'의 방향으로 가 주기만 하면 곤란했다. 국민당군이 가능한 한 오래 일본군과 싸우면서 너덜너덜해지기만 하면 중공군이 이긴다. 그때야말로 마오쩌둥의 제왕 시대가 온다. 따라서 일중전쟁은 길게 끌수록 좋다. 저의를 말하자면 왕자오밍정권을 내부에서 분열시켜 평화 따위는 찾아오지 않도록 함으로써 일본군이 중공군을 공격하지 않도록 하면 좋다. 이것이 마오쩌둥의 전략이었다.

제4장에서 소개한 『이와이의 회상록』에 나오는 판한녠의 '일본군과의 정전제의'는 정확히 이 시기의 일이었다.

셰여우티엔은 그의 저서 『중공이 강대해진 비밀―숨겨진 중국 항일전쟁의 진상』에서 도대체 판한녠이 이와이에게 어떤 정보를 전달했는지 그 과정을 날카롭게 추적한다. 이와이에게 있어서 판한녠의 이용가치가 대단히 높아 '판한녠이 굉장히 중요한 정보를 이와이에게 계속 전달했다는 점 때문에 이와이와 판한녠의 교제가 그토록 길게 이어진 것'이라고 셰여우티엔은 여러 차례 반복해서 쓰고 있다. 그것은 판한녠 사후 친구들이 판한녠의 명예회복을 바라며 쓴 『판한녠전』과 『판한녠, 정보의 생애』를 토대로 쓴 것이라서 실제로는 판한녠이, 다시 말해 마오쩌둥이 이와이에게 얻고 싶었던 것이 무엇인지 몰랐던 것이 원인일 것이란 생각이다.

그러나 사실은 아주 간단하다. 요는 마오쩌둥이 일본군에 대해 '어떤가. 중공군을 공격하지 말아 주기를', '이를 위해 중공군과 일본군 사이에 정전 화해관계를 비밀리에 맺지 않겠는가'라는 입장을 일본 측에 제시하며, 그 보답으로 충칭 국민정부의 군사정보를 팔아넘긴 '엄연한 사실'이 있을 뿐이다.

일본이 중국을 침략하면서 '평화론'을 주창해 한시바삐 중국과 평화적 우호관계를 맺으려는 일본 측 화해론자였던 이와이도 카게사도 지금 따져 보면 '뭔가 모순된 일을 하고 있는 것 아닌가' 하는 의문에 지나지 않을지도 모른다. 하지만 신념만큼은 일중 쌍방 공히 위대한 혁명가이자 국부로 추앙받는 쑨원의 '대아시아주의'에 근거를 두고 있다.

왕자오밍의 경우는 정말로 쑨원의 대아시아주의에 근거해 평화 정권을 수립하려 했고, 이와이와 카게사는 일본 본부와는 거의 동떨어진 가운데서도 평화론을 향해 움직였다. 일본군의 총본부는 쑨원의 대아시아주의를 왜곡, '쑨원은 아시아를 하나로 만드는 것을 희망한다'는 부분만 떼어 해석했다. 또한 '불평등관계를 폐지해 대등한 입장에서'라는 문구 부분은 완전히 무시하고 권익 확대를 위해 일중전쟁을 밀고 나갔다는 것이다.

이와이는 이에 분개해서 '그것은 침략이었다'고 몇 번이고 쓰고 있다. 『회상의 상하이』 242쪽에도 '전前 총군고급참모 오카다 요시마사(岡田芳政)로부터 최근 들은 이야기인데, 이시하라(완이莞爾-간지)와 함께 만주사변의 최고 입안자 이타가키 세이시로(板垣征四郎) 대장도 나중에 만주사변이 일본의 침략전쟁이었다는 것을 인정했다'고 명기함으로써 '일중전쟁은 중국 측에서 보면 확실히 일본의 중국 영토 침해이면서 국가 주권의 침해'라고 인식했다. 이 같은 이와이와 카게사의 정신 상태를 보면 중공 측이 말하는 것처럼 결코 '판한녠에게 이용가치가 있어서' 마지막까지 지킨 것이 아님을 알 수 있다. 오히려 그 반대로 판한녠이 첫 대면에서 어디까지나 '자신은 평화론자다'라고 이와이에게 분명히 말했기 때문에 이와이는 그것을 믿었다는 사실을 알 수 있다.

그리고 사실 마오쩌둥에 있어서는 이 '평화론' 부분이 중요했다.

일중전쟁이 '일본의 침략전쟁인지의 여부' 등은 아무래도 좋다는 것이다. 왜냐하면 마오쩌둥은 일본군과의 사이에서 '정전화의'를 성립시켜 어쨌든 일본군이 중공군을 공격하지 않게만 하면 된다는 생각이었다. 그렇게 함으로써 중공군 전력을 온전히 보존하여 마침내는 장제스 국민당군과의 전투에서 결정적인 승기를 잡게 될 것이라는 계산밖에 없었기 때문이다.

이 사실을 직시하지 않는 한 역사의 진실은 보이지 않는다. 이 역사의 진실을 용기를 가지고 직시하면 지금 우리 이웃에 있는 공산정권인 중국의 본질이 처음으로 보이게 된다. 그런 까닭에 쑨원의 강연과 유언은 굉장히 중대한 일중의 역사와 현재의 일중 관계를 독해하는 열쇠가 되는 것이다.

그런데 이와이공관이 소멸되려 할 때 왕자오밍은 마침 위안수를 찾게 된다. 위안수는 이와이보다 먼저 흥아건국운동 자체가 소멸되어 동아연맹에 흡수되리라는 것을 알고 있었다. 이와이 자신은 '모기장 밖'에 놓여 있음을 알고 큰 충격을 받는다.

매기관梅機關도 왕자오밍정권의 수립에 따라서 해산되는데 매기관에 있던 육군, 해군 무관들은 아래와 같이 왕자오밍정권 군사위원회의 군사고문으로 되어 있었다(출처; 증주로아기)

- ■카게사 사다아키 육군 중좌; 군사위원회 최고고문.
- ■스가(須賀) 해군 소장; 해군 수석고문
- ■야하기(谷荻) 육군 대좌; 군사고문
- ■가와모토(川本) 육군 대좌; 군사고문 겸 딩모춘(丁默邨, 특무총부 76호 지도자) 관할하의 사회부 업무에 협력. 가와모토 대좌는 중공 스파이 천푸무(陳孚木)가 접촉해 밀담한 카와모토 요시타로다.

■하라다(原田) 군사고문.

■오카다(岡田) 육군 주계主計 대좌; 군사고문. 재무부장. 저우
포하이의 희망대로 경제고문을 겸임.

■하루케(晴氣) 중좌(보좌; 츠카모토 소좌); 군사고문. 리스촨의 특
무공작에 협력. 다만 하루케 중좌는 군사위원회에 마땅한 자리가
없어 옛 매기관 명칭을 그대로 답습해 사무소명을 고쳐 '매기관'으
로 했다. 이곳의 매기관은 어김없는 특무기관이다.

그 외에도 많지만 이 정도로 해두기로 한다. 저우포하이는 이때
『동생공사同生共死의 실체—왕자오밍의 비극』의 작자인 진승보(金雄
白)에게 '일본 침략의 형세가 한층 더해 갈 뿐이군' 이라고 툭 던지듯
말했다고 진승보는 쓰고 있다.

코노에내각의 '남진정책' 결정으로 살아남다

　판한녠은 옌안중앙의 마오쩌둥의 지시를 받고 우선은 위안수를 통해 특무기관 76호의 움직임을 하나하나 파악하기로 했다. 위안수는 이때 76호에서 민완의 실력을 발휘하던 리스췬의 호감을 사 난징정부 국민당의 중앙위원으로 발탁된다. 다중 얼굴의 스파이로 중국 역사상 드문 괴물 같은 스파이라고도 말할 수 있는 위안수는 실은 둥근 얼굴에 키가 작아 땅딸보라고도 할 만큼 스파이 같아 보이지 않는 스파이 외모의 소유자다. 붙임성도 있고 저자세인데다가 언행에서도 주뼛주뼛하는 습성을 보였다. 바로 그런 연유로 어떤 진영에서든지 귀여움과 사랑을 받아 다중 얼굴의 스파이가 됐을 것이리라. 그리고 실은 어느 진영도 진정으로 위안수를 신뢰하지는 않고 있었는데, 누가 뭐라 해도 어느 진영이든 잠입해 있던 경험이 있어서 그 정보량은 확실히 굉장한 것으로 평가해야 한다.

　이때 중국은 일본군이 앞으로 '북진할지 아니면 남진할지'가 최대의 관심사였다. 북진하면 일본군은 소련과 싸우게 되어 소련은 독일과 일본의 양측으로부터 공격을 받게 된다. 이것은 소련과 제휴하고 있는 중공으로서는 불리한 형세였다. 그렇게 되면 그 기회를 틈타 장제스 국민당군이 군사적 압박을 중공에 가해 올 가능성이 있기 때문에 마오쩌둥은 고립무원이 되어 멸망의 위기에 몰릴지도 모르는 일이었다.

마오쩌둥은 이점에 고심했다. 『판한녠, 정보의 생애』에는 마오쩌둥이 코민테른과도 연계를 빈번하게 하면서 불면의 나날을 보냈다고 적혀 있다. 사실 1941년 6월에는 독소불가침조약이 파기되어 독일과 소련이 전쟁에 돌입했다. 또 대소전을 상정하고 있던 일본 육군은 7월 7일 군사훈련(관동군 특수훈련)을 명목으로 소련 국경에 연한 만주국에 70만 병력을 동원하고 독소전 전황 형편에 따라서는 소련 침공이 가능하도록 준비하고 있었다.

일본군, 북진일까 남진일까.

마오쩌둥은 아니더라도 장제스 측을 포함한 중국의 모든 관계자가 마른침을 삼키며 긴장된 상태로 일본군의 동태를 지켜보고 있었다. 판한녠 네트워크가 유일하게 실력을 발휘한 것이 이때였다. 위안수를 포함해 펼쳐 놓은 그물에서 드디어 유력한 정보를 포착했다. 그것은 1941년 9월에 코노에내각이 북진을 주장하는 마츠오카 외상을 배제하는 신내각을 재결성한 뒤 개최한 어전회의에서 제국국책수행요령帝國國策遂行要領(중국어로는 제국국책실시강요)이 채택돼 남진을 결정했다는 뉴스였다. 7월 어전회의에서도 남진의 기본 방침은 정해진 상태였고, 영국의 텔레그래프 등은 이를 특종 보도했다. 그러나 그 결의는 북진도 포함하고 있었고 결정적인 것은 아니었다. 이에 반해 9월 어전회의에서는 북진론이 완전히 봉쇄됐다. 뛸 듯이 기뻐한 것은 마오쩌둥이었다. 중공은 또 일본의 남하정책에 의해 살아난 것이다. 물론 코노에내각에는 소련 스파이 조르게가 있었다. 조르게와 긴밀하게 제휴하고 있던 아사히 신문기자 오자키 호츠미(尾崎秀実)

는 코노에 내각의 브레인이 되어 있었다. 오자키를 통해 코노에내각은 소련이 희망하는 방향으로 유도되고 있었다고 하는 요소도 부인할 수 없을 것이다. 『판한넨, 정보의 생애』에 따르면 이 비밀전보를 받은 순간, 옌안의 중공은 곧바로 소련에 타전했다. 소련에서는 이미 조르게로부터 비밀전보를 받았는지, 그 정보를 포착하고 있었고 동부에 배치된 소련군을 빼내 조속히 모스크바에 집결시켜 서부전선으로 보내라는 지령을 내렸다.

일본은 늘 아주 중요한 순간, 마오쩌둥을 돕고 있었다. 마오쩌둥이 일본에 감사하지 않을 리 없다.

남진을 결정한 순간에 일본은 패배의 길을 선택했다는 것이 중국에서는 정설이다.

특무기관 76호의 리스췬을 노려라

그와 같은 해의 12월 8일에 일본은 미국의 진주만을 기습 공격해 태평양전쟁(제2차세계대전의 일부)에 돌입하고 있었다. 싸움 상대는 미국, 영국, 네덜란드 등 구미연합국으로 일본의 아군이 된 것은 독일과 이탈리아라는 파시즘의 추축국뿐이었다. 소련은 1941년 4월에 일소불가침조약을 맺었다. 중화민국과는 이미 전쟁 중에 있는 만큼 중국은 당연히 연합국 측의 나라였다.

장제스로서는 같은 편이 늘어 일본의 전장이 동남 아시아 등의 남방과 미국까지 확대되고 있는 까닭에 중국에 주둔중인 일본군의 병력이 갑작스레 줄어든 게 다행스러울 따름이었다. 마오쩌둥으로서는 복잡해졌다. 적어도 일본이 북진책을 포기하고 남진책을 취한 것은 다행이었다. 이것으로 중공군은 멸망하지 않을 뿐이었다. 그러나 싸우는 상대가 장제스 하나에서 전 세계로 확산되고 있는 것은 장제스에게 유리한 것이었다. 그래서 마오쩌둥은 목표를 왕자오밍정권에 맞췄다.

왕자오밍으로서는 일본이 전쟁을 확대하고 있는 것은 평화론도 아무것도 아니었다. 쑨원의 대아시아주의는 온 데 간 데 없고, 일본은 서양의 패도의 길을 선택했다. 왕자오밍은 일본을 믿은 자신의 선택이 틀렸다는 것을 알게 되자 정신이 불안정한 상태로 빠져들었다. 자신이 소집한 의회에서도 나중에는 목 놓아 울기까지 했다. 이 무렵, 왕자오밍정권은 60만 병력을 보유하고 있었지만 정권 내의 동요는 숨길 수 없었다. 정권의 재정을 쥐고 왕자오밍을 누구보다 지지했던 당내 2인자인 저우포하이는 진슝보에게 '자신이 선택을 잘못했다. 일본이 전쟁을 확대하는 바람에 자신들이 매국노가 되어 버렸다'고 하소연하고 있었다. 이 때문에 저우포하이는 충칭정부의 중통(중국국민당중앙집행위원회조사통계국)의 지도자 다이리(戴笠)와 비밀리에 연계를 가지게 됐다고 진슝보는 적고 있다.

특무기관 76호의 실질적인 권한을 가지고 있던 리스췬은 옛집이나 다름없는 중공에 추파를 던지게 된다고 판한녠 전기 등은 적고 있다. 1905년생인 리스췬은 젊었을 때 중국공산당에 들어가 1928년 모스크바 중산대학에 유학, 이듬해 귀국해 상하이에 있는 중공중앙특과(스파이과)에서 일했다. 그런데 1932년에 장제스 국민정부의 2대 스파이 조직의 하나인 중통에 체포되자 완전히 설득당해 전향하고 국민당에 입당한다. 그리고 같은 국민당의 (딩모춘)丁默邨과 상하이에서 근무했다. 1938년에 충칭의 중통으로부터 난징에 잠입하라는 지령을 받는데 이에 따르지 않고 홍콩으로 가서 왕자오밍 측에 붙는다. 일본 육군의 도이하라 켄지(土肥原賢二) 중장에게 설득돼 딩모춘을 왕자오밍 편에 끌어 붙이고 상하이에 특무기관을 설치한다. 왕자오밍정권 탄생 전부터 제스필드 거리 76호에 특무기관을 준비해 중통 계열의 스파이를 잡아 왕자오밍 계열에 전향시키고 있었다.

그러나 왕자오밍정권의 2인자 저우포하이와의 사이가 좋지 않았다. 리스췬은 권력욕이 강해 내부 권력투쟁만 하고 있었다. 이런 정보는 위안수로부터 보고되고 있어 옌안의 중공중앙은 모두 알고 있었다. 판한녠이 상하이에서 이와이 에이이치와 만나고 있었던 1939

년의 늦가을, 판한녠은 예젠잉으로부터 서명하라는 비밀전보를 받았다. 그것은 관루(關露)라는 여류작가를 왕자오밍정권의 특무기관 76호에 있는 리스췬 밑에 보내라는 비밀지령이었다. 관루는 많은 영화의 주제곡 가사를 쓰는 등 뛰어난 재능을 발휘하고 있었다. 그 문학성을 좌련左聯 등 좌익적인 문예에 기울이고 있던 중에 공산당 입당을 추진해 지하당원이 됐다. 리스췬의 비서로 파견된 관루는 41년말경이 되자 리스췬 휘하를 떠나 판한녠의 비서 역할을 하게 된다. 그것은 스파이 행위를 본격화시키는 것을 의미했다(참고로 관루는 1955년에 판한녠이 체포 투옥되면서 연좌로 체포되어 최후에는 정신이 쇠약해져 수면제를 대량으로 삼키고 자살한다).

『판한녠 정보의 생애』에 따르면, 판한녠이 리스췬과 만난 것은 1942년 봄이었다. 1997년 출판된『판한녠전』에는 구체적으로 1942년 2월이라고 적혀 있다. 시기가 어느 쪽이든 일본이 태평양전쟁이 돌입한 이후다. 예를 들면 카게사와 부득이 만나게 돼 63공원에서 세상 돌아가는 이야기를 하며(이는 거짓이라는 것을 앞에 썼다), 카게사에게 리스췬을 만나고 싶다고 했는데 카게사가 재빨리 승낙했다고 기술되어 있다.

이 대목의 묘사가『판한녠, 정보의 생애』에는 '이도 저도 아닌' 느낌으로 늘어지게 변명하듯 기술되어 있다. 이는 결국 이 책의 128~129쪽에 걸쳐 인용한『이와이의 회상록』에 명기되어 있는 것처럼 사실은 '중공과 일본군 사이의 정전을 이와이에게 구한 결과 이와이로부터 카게사를 소개받았다'는 사실을 감추기 위한 것으로 추측된다.

판한녠의 명예회복을 위해 중공의 감찰하에서 출판된 책이라 이런 무시무시한 진실은 쓸 수 없었을 것이다. 1년 후에 출판된『판한녠전」에서는 이와이가 썼다는 사실은 점점 사실과 동떨어진 허구로 판한녠을 지키기 위한 변명인 듯 210쪽에 다음과 같이 적혀 있다.

이와이가 어지간히도 판한녠의 일을 중시했기 때문에 일본의 중국 주재 최고특무기관 두목 카게사 사다아키의 주의를 끌었다. (중략) 이와이는 카게사에게 판한녠을 한 번 만나 보면 어떻겠느냐고 말했다. 판한녠은 거절하지도 않고 '63공원'에서 식사를 하는 형태로 카게사와 만났다.

위안수도, 이와이도 함께했다. 판한녠은 카게사에게 대후방大後方(국공 양군의 후방) 정보와 홍콩에서의 민주운동 등의 이야기를 했다. 판한녠은 '평화운동'을 위해서 무엇을 해도 좋다고 카게사에게 말했다. 이 기회를 빌어 판한녠은 '왕징웨이(자오밍)정부의 장쑤 성 성장 리스췬은 옛날부터 나의 친구다. 인사차 갈 만하다고 생각해서 리(스췬)와 만나 볼까 생각하고 있다'고 카게사에게 말했다. 카게사는 동의했다.

이는 『판한녠, 정보의 생애』에 나와 있는 길고 긴 두서없는 변명에 비해 다소 설득력은 떨어지지만 보다 구체적으로 기술된 까닭에 생각지 않은 결점이 드러난 것에 신경 쓰였기 때문일까? 판한녠은 카게사에게 '평화운동을 위해 뭐라도 하고 싶다'고 말한 것을 기록해 버린 것이다.

상세하게 적으면 적을수록 행간에는 반드시 진실의 조각이 떠오르게 마련이다. 그대로였다.

판한녠은 카게사와도, 이와이와도 '평화운동'을 위해 만나고 있던 것이다. 평화!

적끼리 '평화를 이야기하는 것'을 '화의和議'라 한다. 마오쩌둥은 일본 측에 '화의', 즉 '중공군과의 정전'을 제의하라고 판한녠에게 지시하고 있었는데, 이것으로도 알 수 있다.

판한녠이 말했다고 적시되어 있는 이 '평화운동'이란 단어야말로 이와이가 아무렇지도 않게 회상록에 쓴 '중공 측으로부터의 정전 제안 사실'과 일치하고 있다. 그러나 일단 판한녠 전기에 토대를 두고 어떤 일이 발생했는지를 추적해 보자. 행간에는 반드시 다른 진실이 감춰져 있을 테니까.

판한녠이 위안수를 통해 리스췬에게 확인해 본 바 리스췬도 만나고 싶다고 했다는 것이다. 여기서 위안수와 함께 차에 동승하고 위위안루(愚園路)의 리스췬 공관까지 갔다. 리스췬은 조수인 후쥔허(胡均鶴)를 문 밖에서 기다리게 해 두 사람을 맞이하도록 했다.

리스췬은 판한녠과 만나게 되고 (면식이 있어서) 곧바로 '중공과 신사군이 뭔가 필요한 것이 있으면 뭐든 얘기해 달라. 뭐라도 하겠다'고 말했다. 그리고 '가능하다면 당신들도 내가 어려울 때 도와줬으면 좋겠다'고 덧붙였다. 이에 대해 판한녠은 '우리는 당신들의 그런 자세를 환영한다'고 화답했다. 앞으로는 판한녠과의 연락은 위안수가, 리스췬과의 연락은 후쥔허가 담당하는 것으로 결정됐다. 얼마 지나지 않아 리스췬 측으로부터 (적극적으로 먼저) 판한녠과 만나고 싶다고 제의했다. 이 때문에 판한녠은 또 다시 리스췬 공관으로 발을 옮겼다. 그러자 리스췬은 '일본군은 소북蘇北(장쑤 북부 지역) 지구 소토작전에 나섰기 때문에 중공 신사군은 미리 이를 준비해 행동하는 것이 좋겠다'고 가르쳐 주었다. 판한녠은 그 정보 제공과 관련해 고마움을 표했다. 판한녠은 리스췬과 헤어질 때 리스췬이 한 은행구좌의 수표장(체크북)을 자신한테 건넸다고 전기에 적고 있다.

왜 '적극적으로 먼저'라는 표현이 강조되어 있는 것인가 하면 판한넨이 리스췬과 다시 만날 때 '리스췬이 적극적으로 내부 정보를 판한넨에게 흘려 중공군을 지키려 했다'는, 즉 '리스췬이 중공 측에 잘 보이려 했다'는 문맥으로 쓰고 싶었기 때문은 아닐까. 다시 말해서 결코 중공 측이 먼저 접근한 것은 아니고 리스췬 측이 판한넨에게 적극적으로 다가갔기 때문에 판한넨은 중요한 것이 아니라는 점을 주장하고 싶었기 때문일 것이리라.

당시 중공군은 시골이나 산 속 오지 같은 일본군이 가지 않는 곳에서 활동을 전개하고 있었다. 한편 일본군은 대도시와 철도 요소요소 등의 '점点' 또는 그 점과 점을 잇는 '선線'만 압박하고 있었다. 그 선이 포위하는 광대한 이차원적 '면面'에서 일본군 세가 거의 미치지 않는 것을 이용해서 중공군이 사상 선전 활동을 전개해 '민족의 피물결이 끓어오르는 듯한 어휘'로 농민을 중심으로 한 민중을 동원

일중전쟁 당시 관동군의 행군 장면.

해 중공 측 세력을 확대하려 하고 있었다.

사실 이 시기 마오쩌둥은 서경書經 같은 고전에서 인용한 '요원지 화燎原之火'라는 단어를 사용해 '농민과 민중 동원'을 명령하고 있었다. '요원燎原'은 '들판을 태운다'는 의미로 '그 불씨가 아무리 작아도 일단 들판에 불이 붙으면 곧 기세 좋게 타올라 걷잡을 수 없게 된다'는 의미다. 일본군이 없는 농촌의 '면面'에서 중공 세력은 사상적으로 확대되고 있었다.

마오쩌둥 입장에서 보면 '그 곳조차 침투하지 못하게 되더라도 리스촨이 궁지에 몰리면 중공은 의탁할 구석이 된다'는 것을 리스촨에게 전했을 법하다고 생각한다. 그 증거로 후술하겠지만 1943년 봄 판한녠은 리스촨을 통해 일본 육군의 토코 대좌와 만나 중공군과 일본군 간의 불가침 교섭을 한다. 이와이 에이이치가 쌈짓돈처럼 자유롭게 사용한 외무성 기밀비는 이때 이미 다 써 버려 이와이는 점점 외무성 본성에 위축되고 있었지만, 이때도 아직 상하이총영사관에서의 권한만큼은 가지고 있었다.

진주만 공격으로 일본이 태평양전쟁에 돌입해 남진정책에 착수하자 1941년 12월 25일 홍콩은 일본군에 함락됐다. 여기서 판한녠 등은 홍콩 스파이 근거지를 상하이로 옮겨 이와이와 카게샤 또는 리스촨 등의 보호하에 상하이에서 스파이 활동을 수행하려 홍콩 근거지를 철수하기에 이른다. 이 때문에 판한녠은 이와이에게 어디서라도 사용될 수 있는 '통행증'의 발행을 요구한다. 이와이는 곧 승낙하고 이튿날에는 상하이총영사관이 발행한 특별 신분증을 건넨다. 여기엔 '일본군, 헌병 또는 경찰이 이 신분증을 소지한 자와 관련해 조사할 시에는 우선 사전에 상하이 주재 일본총영사관에 연락할 것'이라고 명기되어 있었다. 판한녠은 이것을 받아들고 어디든지 마음대로 활개를 치며 자유롭게 오갈 수 있는 '호신부護身符'라며 기뻐했다.

1942년 9월이 되자 옌안의 중앙으로부터 홍콩과 상하이의 스파이 근거지에서 신사군 근거지로 돌아오라는 지령이 내려왔다. 그 곳에서 판한녠은 리스췬에게 호위를 맡기고 1942년 11월에 무사히 화이난(淮南)에 있는 중공 신사군 근거지에 도착할 수 있었다. 이것은 또 마오쩌둥이 판한녠에게 리스췬과 가까워지도록 하라고 명한 이유 중 하나였음에 틀림없다.

왕자오밍과의 밀약, 또 하나의 증언

　참고로 판한녠 루트의 정보는 없지만 마오쩌둥은 왕자오밍정권과의 상호불가침 화의를 제의했다는 것을 명기한 별도의 기록이 있다. 그것은 왕자오밍정권 2인자인 저우포하이의 아들 저우여우하이(周幼海)가 2004년에 단결출판사(베이징 시)에서 출판된 『왕징웨이(왕자오밍)와 천비쥔(陳璧君)』[청수웨이(程舒偉), 정루이펑(鄭瑞峰) 공저]에 서술된 부친에 관한 '회고록'이란 칼럼에 기술되어 있다. 이에 따르면 (개략이지만) '1942년 봄부터 여름에 걸쳐 판한녠은 쑤저우에 가서 리스천과 만나 함께 난징으로 가서 저우포하이를 만난다. 난징에서 만나 그들은 상하이에서는 서로 상대를 공격하지 않고 포력적인 대우을 하지 않는다는 약속을 했다'는 것이다.

　마오쩌둥의 지시가 없었더라면 적이라고 할 수 있는 왕자오밍정권과 이런 밀약을 하는 것은 불가능했다. 마오쩌둥이 왕자오밍정권에 대해서도 화의를 지시함으로써 서로의 적인 장제스 타도를 위해 상호 협력하는 방향으로 움직이고 있었던 것은 틀림없다.

　사실 『저우포하이 일기』의 1943년 3월 2일(화)에는 아래와 같은 기술이 있다.

　샤오유에[篠月, 필자 주; 저우포하이의 재정 관계 부하. 사오스

쥔(邵式軍)의 다른 이름]가 와서 공산당은 충칭에 불만이 있기 때문에 우리 정부와의 합작을 원하고 있으며 지난번 판한넨을 상하이에 파견해 리스췬과 절충시켰는데, 그 후 리스췬 측에서는 정치적 역량이 없어 샤오유에의 친척을 다시 파견해 나와 면담을 구하고 있다고 말했다. 몸 상태가 좋지 않아 후일 다시 이야기하기로 한다.

여기에서 가장 중요한 한 마디는 '우리 정부와의 합작을 원하고 있어' 라는 대목이다. 즉 마오쩌둥은 왕자오밍정권과 손을 잡고 함께 장제스의 충칭정부를 타도하자고 제의했다는 것을 알 수 있다. 게다가 '다시 이야기한다' 는 부분은 전에 한 번 만났다는 것을 의미한다고 해석할 수 있다. 저우포하이의 아들 저우여우하이의 칼럼에 있는 42

옌안 시절의 마오쩌둥. 앞줄 왼쪽에서 네 번째.

년 봄부터 여름에 걸친 부분에서 필자는 『저우포하이 일기』에 해당하는 기술을 찾을 수 없었다. 일기에 적혀 있는 게 너무 많아 판한넨의 최초 방문에 관해서는 쓰지 않았는지도 모른다.

정말로 일본군과 정면으로 맞서 항일전쟁 최전선에 서 있던 것은 장제스 한 명이었다는 것은 명백하다. 이것은 중공 측의 말단에 있던 많은 팔로군과 신사군들에게는 전해지지 않았다. 이런 사실을 모른 채 시키는 대로 철도 파괴 같은 작은 게릴라 활동을 벌이고 이를 크게 선전하는 활동을 혁명 근거지에서는 하고 있었다.

마오쩌둥은 말의 천재다. 민중을 동원할 때의 '민족의 피물결에 호소하는 말의 뜨거움'은 정말로 민중의 마음에 메아리쳐 많은 민중이 팔로군과 신사군에 가담하고 있었다. 병사들은 마오쩌둥이 발표한 '슬로건을 믿고 진검을 들고 항일전쟁에 선다는 기개를 가지고 있었다. 단지 '슬로건과 실제 행동의 차이'를 알고 있는 상층부에서는 그 기만성에 불만을 갖고 마오쩌둥으로부터 떠나 버린 이들도 적지 않다(거의 이런 거꾸로 된 슬로건의 실체를 자각할 때는 암살되지만).

한편, 장제스는 중화민국이란 국가의 주석으로서 충칭정부의 국민당군을 일본군과 제1선에서 싸우게 하는 수밖에 없었다. 그 국민당군이 중화민국인 것이다. 충칭 국민당군의 군사정보를 일본 측에 제공해 국민당군을 약화하는 행위는 '중화민족을 배반하는 행위'라고밖에는 할 수 없다.

마오쩌둥은 내심 일본군 그리고 왕자오밍정권과 연계하면서 표면적으로는 '항일구국'을 높이 외치면서 많은 중국 민중의 마음을 중공 측에 끌어들였다. 이렇게 하면서 같은 중화민족을 일본군이 죽이게 한 것이다.

판한넨, 왕자오밍과 재회?

1943년 봄, 치열했던 홍콩과 상하이의 스파이 활동도 일단락되자 판한넨은 겨우 모처럼의 홀가분한 나날들을 맛보고 있었다.

그러자 중공 '화중국華中局' 서기로 신사군 정치위원이었던 라오수스(饒漱石)가 갑자기 판한넨에게 지령을 내렸다. 급히 상하이에 가서 리스췬과 만나 항일 분자 소토작전에 관해 현상을 조사하고 오라는 것이었다. 현상을 조사한다는 것은, 즉 신사군을 공격하지 않도록 화의교섭을 하고 오라는 것이었다. 이쯤 되면 사정을 이해할 것이다.

판한넨은 신속히 리스췬을 만나러 가는데 상하이에 가면 쑤저우에 있으라 하고 쑤저우에 가려면 난징에 있으라 하고 난징으로 가면 상하이로 돌아가기만 하라는 등 마치 억지로 왕자오밍과 만나게 하려는 듯한, 올가미를 뒤집어씌우려는 듯한 이해하기 힘든 묘사가 『판한넨, 정보의 생애』 158쪽부터 160쪽까지 길게 나와 있다.

물론 판한넨이 최초로 왕자오밍과 만난 것은 이와이가 쓴 대로 1940년 3월 왕자오밍정권이 탄생한 직후 즈음의 일이다. 이와이가 판한넨에게 카게샤를 소개한 뒤로 그 흐름을 타고 왕자오밍과 만나고 있다. 따라서 만약 『판한넨, 정보의 생애』의 해당 쪽에 기술된 1943년 봄에 '왕자오밍과 만나는 (곤란한) 처지가 됐다' 는 것은 그 경위와는 별도로 진실이라고 할 때, 이것은 판한넨과 왕자오밍의 두 번

연설하는 왕자오밍. 마오는 배후에 일본군이 있는 왕자오밍과 불가침협약을 공모
함으로써, 장제스 국민당군대를 곤경으로 몰아넣었다.

째 회견이 되는 셈이었다.

위안수는 이와이에게 판한녠을 '저우언라이 급의 훌륭한 공산당
간부'라고 소개했다. 판한녠은 따라서 일본군과 외무성 관계자 또는
왕자오밍정권에 있어서는 '중공의 고급 간부' 위치로 보였을 것이
다. 왕자오밍 자신이 만났다고 해도 직위로서는 그리 격이 맞지 않는
것도 아니었다.

『판한녠, 정보의 생애』 160쪽부터 161쪽, 그리고 『판한녠전』 222
쪽부터 223쪽에는 왕자오밍과 판한녠의 대화가 상당히 구체적으로
적혀 있다. 그렇지만 이는 어디까지나 '판한녠의 명예를 지키기 위
해' 그리고 '마오쩌둥이 정말로 왕자오밍정권과도 상호불가침화의
를 했다는 사실을 숨기기 위한' 분식粉飾으로 이 대화의 내용을 상세

히 적었다 해도 거짓으로 보일 뿐이다.

다만 중요한 것은 이 두 권의 책 모두 왕자오밍이 '나는 당신네 마오쩌둥 선생과 면식이 있다'고 말했다는 사실과 왕자오밍이 판한녠에게 '지금은 절호의 기회다. 우리가 서로 협력하면 길은 다르지만 목적지는 같다. 공산당이 장제스와 하나가 되어 싸우지 말 것을 희망한다. 우리가 합작 협력해야만 중국을 구할 수 있다'고 적혀 있는 점이다. 그러나 이는 역으로 마오쩌둥이 왕자오밍에게 전한 말이며, 판한녠은 이 목적으로 왕자오밍과 만났다고 확신할 수 있다.

전술한 『저우포하이 일기』가 여지없이 이를 증명하고 있으며, 또 다음 장에서 서술할 토코 대좌와 판한녠의 밀담에서도 충분히 들어 알 수 있다. 참고로 2013년 5월 16일이 되자 중국어 인터넷 공간에 '마오쩌둥이 왕자오밍에게 쓴 편지가 발견됐다'는 정보가 등장해 순식간에 인터넷이 달아올랐다. 중국의 인터넷 공간에서도 확산되어 지금도 삭제되지 않고 있다. 그 편지의 서두에는 이런 문장이 있다.

왕주석 자오밍 선생; 어떻게 지내십니까. 민국 13년 광저우에서 작별한 이래 어느덧 18년의 세월이 흘렀습니다. 민국 13년에 있었던 국민당 제1회당대회 당시, 툰즈(潤之)는 왕 주석이 높이 배려해주시고 평민 신분인데도 선전부장 직위를 내려주시고 몇 번에 걸쳐 왕 주석의 가르침을 엎드려 들었나이다. 이 툰즈는 그 크신 은혜를 평생 잊을 수 없나이다.

툰즈는 이 책의 제1장에 쓴 것처럼 마오쩌둥의 자字로 마오쩌둥을 마오툰즈라고도 한다. 편지 같은 것을 쓸 때는 그 이름(자)을 쓰는 경우가 많다. 민국 13년은 1924년으로 이 책 52쪽에 씌어 있는 것처럼 쑨원이 국민당 제1회당대회 개최를 통해 제1차 국공합작을 제창한 해다. 마오쩌둥은 39번 좌석에 앉아 발언했다. 그 때 왕자오밍에게는 귀여움을 받았다. 그 때의 일을 지칭하고 있다.

이 편지의 말미에는 '툰즈 민국 31년 모춘暮春 옌안에서'라고 돼 있다. 민국 31년은 1942년, 모춘暮春은 늦은 봄이다. 그리고 편지의 가장 마지막에는 추신의 형태로 '참고로 이 편지는 우리 당의 판한녠 편에 직접 맡깁니다. 이 자는 충성심이 결여되어 있으니 편지를 읽은 후에는 반드시 파기하기를! 절대로 잊지 말기를!'이라 적혀 있다.

편지의 주된 내용은 '서로 불가침 협력을 해서 중화민족의 피를 헛되이 흘리는 것을 그만두자'라는 것으로 이어 '의약품이 부족한 상태이니 지원을 부탁하고 싶다'는 말도 덧붙이고 있다. 모두 사실에 부합하며 내용적으로도 신빙성이 높다. 친필 사진도 있을까 싶어 인터넷에서 검색하고 있을 때 『역사진애歷史塵埃』(고벌림高伐林 저, 명경출판사, 2006년)에 있다는 정보를 발견했다. 그 책을 구하려 백방으로 찾아봤는데 어디에도 없었다. 유일하게 도호쿠 대학 부속도서관에 있다는 것을 알아냈다. '드디어 찾았다'는 설레는 마음에 도호쿠 대학 부속도서관에 전화했더니 있다고 했다. 맡아 줄 것을 부탁하고 지푸라기라도 잡는 심정으로 센다이로 바로 달려갔지만 유감스럽게도 책은 존재하지 않았다.

그러나 『저우포하이 일기』의 흐름으로 보면, 설사 친필 사진이 없더라도 이미 충분하지 않나 나 자신에게 말했다.

제6장

일본군과의 공모와 정적,
왕밍의 수기

일본 육군. 토코 대좌와의 밀약

판한녠에 관한 전기는, 판한녠이 리스췬에 의해 거의 강제적으로 왕자오밍과 만나게 된 뒤, 더 나아가 리스췬의 군사고문인 일본군 토코 대좌에게도 소개된 것으로 되어 있다. 중공 측의 검열을 받은 책이 왜 이런 일본 측조차 모르는 사실을 들추어내 쓴 것인가. 그것은 아마도 얼마나 리스췬이 무리해서 판한녠을 왕자오밍과 만나도록 했는지를 보여 주는 방증으로 '일본 육군 대좌에게까지 만나도록 했기 때문에 리스췬의 강경함이 이것으로 더욱 증거로 남는다'고 해석했기 때문이 아닐까 추측한다.

어떻게 해석하든『판한녠, 정보의 생애』161쪽부터 162쪽에 걸쳐, 그리고『판한녠전』223쪽부터 224쪽에 걸쳐 토코 대좌와의 회담 성격을 어떻게 규정해야 할지는 애매하지만 어떻든 토코 대좌와의 '밀약'이 자세히 적혀 있다.

특히 1년 후에 출판된, 두꺼운 분량의『판한녠전』쪽보다 더욱 상세하게 적혀 있는 것은 추측한 것처럼 아무래도 '얼마나 리스췬이 강제로 만나게 했는지'를 강조하고 싶었는지가 명확하게 읽혀진다. 더욱이 '이번 출장은 정말 불쾌했다'고 판한녠이 생각했다고 가필加筆되어 있는 것이 인상적이었다.

그러면『판한녠, 정보의 생애』에는 토코 대좌와의 밀약에 대해 어떻게 씌어 있는지를 소개한다.

　판한녠은 난징에 이틀 동안 머물렀다가 후쥔허(胡均鶴)와 함께 상하이에 돌아갔다. 그리고 마침 상하이에 복귀한 리스췬이 불러 한 번 더 리스췬과 만났다. 리스췬은 판한녠에게 '일본군은 당분간은 대규모 소토작전은 하지 않을 것 같다' 고 알려주었다. 동시에 이후 계속해서 신사군과의 연계를 강화해 정보교환을 하고 싶다고 말했다. (중략) 리스췬의 소개로 판한녠은 리스췬의 군사고문으로 일본군의 화중파견군 모략과 과장이던 토코 대좌와 만나는 처지가 되어 버린다. 리스췬이 말하는 것은 토코는 진푸(津浦), 후닝(滬寧) 연선沿線의 청향공작淸鄕工作(향촌 지역 소탕)을 관할하는 일본군 측의 인물이었다. 판한녠은 그럭저럭 그와 이야기해 봐도 좋겠다고 생각해 거절하지 않았다. 판한녠은 정말로 일본군 측의 현재 군사 형세와 그들의 생각에 관해 토코로부터 직접 듣고 싶다고 생각했다. 그 결과 후쥔허와 동행해 일본 군관의 거주지에서 토코를 만났다. 서로 자기들의 상황에 대해 이야기를 나누다가 마침내 이에 대한 생각을 설명했다.

　　토코; 청향淸鄕의 목적은 사회치안의 강화에 있다. 일본 측이 지금 가장 주목하고 있는 것은 진푸선(津浦線) 남단의 철도 운송에 관련된 안전이다. 적어도 신사군이 이 부분의 철도 교통을 파괴하지 않으면 일본 측은 신사군과의 사이에 완충지대 설치를 희망한다.

　　판한녠; 신사군의 발전은 상당히 빠르다. 현재 농촌 근거지를 착실하게, 강고한 것으로 확대하고 있다. 일본군 측은 신사군에 일정한 생존 조건을 부여하지 않으면 안 된다. 그렇지 않으면 (중공의)

게릴라 부대가 언제라도 철도 교통선을 습격해 파괴할 것이다.

대략 이상과 같은 대화가 있었던 것으로 기록되어 있다.(밑줄은 필자가 그은 것.) 한편 1년 뒤 출판된 『판한녠전』에는 밑줄 부분이 상당히 달랐고, '판한녠과 왕자오밍을 만나게 한 것을 일본군 측에 보고해 두지 않아 묘하게 의심하게 되는데, 리스췬이 일본군 측에 보고할 즈음 토코 대좌와 만나게 됐다'고 변명하고 있다.

이처럼 토코를 만난 이유가 계속 바뀌는 것 자체가 뭔가를 숨기려는 의도가 있기 때문이다. 감추지 않으면 안 되는 것은 '일본군과 만나도록 지시한 것은 마오쩌둥'이라는 사실이다. 마오쩌둥의 지시 없이 움직인다는 것은 있을 수 없기 때문이다. 애당초 밑줄 부분만으로도 앞뒤가 맞지 않는다. 판한녠은 '토코 대좌와 만나게 된 처지'를 '어쩔 수 없었던 것으로 여기고 있었는데' 그러면서도 '정말 토코로부터 직접 듣고 싶다고 생각했다'는 것이다.

'처지가 됐다'부터 '어쩔 수 없었다'고 포기한 것일까, 아니면 '정말로 토코와 만나고 싶다고 "적극적"으로 생각했던' 것일까. 물론 '만나고 싶은 기분도 있었기 때문에 싫지만 거절하지 않았다'는 논리가 성립됐을 것이다. 하지만 '정말로 ~하고 싶었다'는 표현에는 마오쩌둥의 지시가 있어 적극적으로 만나려 하고 있었다는 흔적을 엿볼 수 있다.

이처럼 뭔가 부자연스럽다고 생각되는 부분은 기본적으로 '어떤 진실'을 감추고 있는 것이다. 여기에 소개한 문장만으로도 상상할 수 있는 것처럼 요컨대 마오쩌둥은 왕자오밍정권에 군사위원회가 있고 군사고문으로 일본인이 있다는 사실을 정확히 짚어 내고 있었다. 따라서 적극적으로 판한녠에게 '리스췬을 통해 토코 대좌에 접근해, 중공군과 일본군간 불가침교섭을 하라' 고 명령한 것을 읽어 낼 수 있는 것이다.

판한녠 전기의 작자(그리고 그 협력자들)은 판한녠이 왕자오밍과 만난 것을 마오쩌둥에게 미처 보고하지 않았다고 체포, 투옥돼 옥사한 것을 안타까워한 나머지 판한녠의 명예를 회복시켜 주어야겠다는 우정과 후의에서 전기를 썼다. 그러나 그것이 역효과를 내고 있다. 왕자오밍과 강제로 만나게 됐다는 방향으로 줄거리를 전개해야 했기 때문에 무심코 토코 대좌와의 회담이라고 기록해도 좋겠다는 것까지 써 버리고 말았다. 이것이 도리어 마오쩌둥의 의도를 선명하게 했고, 또 판한녠의 행동에 관해서도 이를테면 마오쩌둥의 명령이었다고 하는 바람에 거듭 '매국노적 요소' 를 가미하는 결과를 초래했던 것이다.

토코와 판한녠의 대화에서 누구라도 이것이야말로 '화의和議' 라는 것을 읽을 수 있다. 그렇지 않으면 어쩌면 판한녠에 관한 책의 저자들은 '아무쪼록 행간에서 진상을 읽어 달라' 고 하는 신호를 필사적으로 보내고 있는 것일까? 그리 생각하고 싶을 정도로 행간에는 '마오쩌둥이 일본군, 그리고 왕자오밍과 공모하도록 명령했다!' 라는 식의 '(굳이) 글로 표현하지 않더라도 그리 해석할 수밖에는 없는 확실한 정보' 가 넘쳐나고 있는 것이다.

판한녠과 동시에 체포된 중공 스파이 양판(楊帆) 역시 마오쩌둥의 지시에 따라 오카무라 야스지(岡村寧次) 대장의 부하와 접촉을 갖고 있었는데, 이 사실 관계가 좀 복잡한 탓에 일본 측의 제의인지 아니면 중공 측의 제의인지 신중하게 검토해야 한다. 다만 중공 측이 주장하는 것처럼 일본군이 먼저 제의한 것이라면 양판을 체포 투옥해 입을 막을 필요는 없었을 법하다. 그래도 선입관 없이 분석을 시도한다.

중공, 오카무라 야스지 대장과 접촉

　제4장에서 2013년 5월 15일자 중국공산당신문망의 '당사(黨史)' 페이지에 '항일전쟁 시기, 중공이 비밀리에 일본군의 오카무라 총본부와 접촉하고 있었던 것에 관한 진상'이 특집으로 소개됐다. 이 기사를 쓴 이는 자오롄쥔(趙連軍)이란 인물인데 개인 이름이 적혀 있어서, '(이게) 그저 한갓 블로그일 뿐…'정도로 여겨서는 안 된다. 그는 장쑤성 수첸 시(宿遷市) 기율검사위원회 7조에 속한 중공 지방조직의 일원이다. 기율검사위원회는 당원이 중국공산당의 당규약에 위반했는지 여부를 감시하는 조직으로 최고 우두머리는 중공중앙기율검사위원회다. 그 서기가 왕치산(王岐山)으로 시진핑 정권의 차이나 세븐(중공중앙정치국상무위원회의 7명) 가운데 한 명이다. 현재 시진핑 체제 하에서의 부패 문제와 관련해서 전권을 휘두르고 있다.

　이 기사가 난 것은 2013년 5월에 들어서인데, 차이나세븐 계열의 지시와 허가가 있었다고 생각된다. 담당은 차이나세븐 당내 서열 5위인 류윈산(劉雲山) 중공중앙정신문명건설지도위원회 주임이다. 중공중앙이 현재 무엇에 긴장하고 있는지를 미루어 짐작할 수 있다.

　이 기사의 첫머리에 나오는 '변명'에는 1989년 5월에 (중공 검열하 대륙의) 군중출판사(베이징)에서 출판된 『양판 일기』의 중간에 나오는 신사군(중공 측)과 일본 육군의 오카무라 야스지 대장 총본부와의 접촉이 이뤄졌는데, 이는 '화의가 아니라 중공군이 일본군과 싸우기 위해 일본군으로부터 정보를 듣기 위한 접촉이었다'고 씌어 있다.

1912년생인 양판은 베이징대학을 졸업한 문학청년으로 1937년 중국공산당에 입당했다. 이후 중공 신사군에서 극단과 문화 활동 등에 참가하고 있었는데, 1944년 10월에 중공중앙화중국·적구敵區공작 부부장에 임명된다. 이때 중공중앙의 명령으로 일본 육군의 오카무라 야스지(지나파견군 총사령관) 총본부와 접촉을 가지고 있었는데 신중국 탄생 후인 1955년에 마오쩌둥의 지시로 체포 투옥됐다. 마오쩌둥 사후인 1980년에 명예가 회복되어 다행히 살아남았지만 혹독했던 감옥 생활과 정신적 피해로 몸이 망가지고 실명했기 때문에 구술한 것을 아내에게 받아 적게 하는 방법으로 쓴 것이 『양판 일기』란 책이다. 1989년 5월(천안문 사건 발생 전월前月), 베이징의 군중출판사에서 출판된다. 이 책에서 양판은 다음과 같이 적고 있다. 아래 경칭은 모두 생략하고 직함과 이름 등은 『양판 일기』를 준거로 한다.

1. 1945년 6월, 오카무라 야스지 총본부는 감옥에서 중공 스파이인 지강(紀綱)을 석방해 신사군에 파견, 중공군과 대화하고 싶다고 전하게 했다. 중공중앙화중국 대리서기 겸 신사군 정치위원인 라오수스는 양판에게 지강을 상대하라고 명했다.

2. 지강은 난징으로부터 오카무라 총본부의, 중국의 일상복으로 갈아입은 3인의 일본인을 약속 지점인 류허셴(六合縣) 주전(竹鎭)으로 데리고 갔다. 한 명은 타치바나(立花)라는 이름으로 전에 헌병대장을 지냈으며 이 시점에는 오카무라 야스지 총본부 참모처 제2과 대공 공작조 조장이었다. 나머지 두 사람은 하라(原)라는 이름과 우메자와(梅澤)란 이름이었다. 중공 측은 양판 외에 펑캉(彭康, 화중

국 선전부장, 일본유학경험)과 량궈빈(梁國斌, 군보위부장)이 회담에 참가했다.

3. 일본 측은 '부분적 평화'를 요구해 왔다. 중공 측은 거절했다. 일본 측은 자신들의 직위가 낮아 중공 측이 승낙하지 않고 있다고 생각한 것 같았고, '곧 중공 측이 대표를 난징에 파견해 오카무라 야스지 총본부 수뇌와 직접 대화하면 어떤가'라고 제안해 왔다. 만일을 위해 일본 측 3인 가운데 한 명을 인질로 중공 측에 남겨둘 테니 믿어 달라고 말했다.

4. 중공의 군부는 양판에게, 이 3인의 일본인과 함께 난징에 가라고 명했다. 지강 부부도 양판과 동행했다. 난징에서는 일본인 장교용 군관초대소로 안내됐다. 이튿날 일본군 화중파견군 총사령부의 참모처 제2과 주임참모(대리과장) 타카이지마(喬島)가 오자키(尾崎) 대좌의 대리인으로 연회를 개최해 중화요리로 양판을 환대했다. 일

1930년대, 난징(南京) 번화가.

본 측은 400리터의 휘발유를 중공 측에 선물할 테니 타고 온 차로 난징 구경이라도 하면 어떻겠느냐고 제안했다.

5. 이튿날 일본군 화중파견군 부총참모장 이마이 타케오(今井武夫)가 중산로의 전前 국민당정부 철도부의 큰 빌딩에서 우리를 접대했다. 차와 과자를 내왔다. 이마이는 '완난(皖南, 안후이 성 남부) 신사군의 정치 간부가 난징감옥에 있어 원한다면 그를 석방할 수도 있다' 고 제의해 왔다. 이 간부는 배신자여서 우리는 필요 없다고 거절했다. 이마이는 계속해서 '일본 측은 화중에서 중공 측과 부분적 평화 협의를 달성하고 싶다' 고 말하면서 그 증거로 '8개 현을 중공 측에 내주어도 좋다' 고 제안해 왔다. 이마이는 게다가 '화중의 국면에는 곧 큰 변화가 일 것이다. 가능하다면 일본 측과 중공 측이 협력해 미국·영국과 장제스에 대항하려고 하는데 어떤가' 라고 타진해 왔다. 양판은 이와이에게 '나는 당신 측의 건의를 듣는 것은 상관없지만 그러나 이 문제에 관해서 구체적으로 논의하고 싶지는 않다' 고 회답했다.

6, 그러자 이튿날, 이번에는 총참모장인 고바야시 아사사부로(小林浅三郎)가 오카무라 야스지의 대리인으로 모습을 드러내고 서양요리로 중공 측을 접대했다. 그는 구체적인 이야기는 할 수 없다고 판단했는지 '우리는 서로 우호적인 의향은 있지만 구체적인 문제에 관해서는 다시 이야기하는 것으로 하고 앞으로 연락을 긴밀히 하기를 희망한다' 라고만 말했다.

여기까지 구체적으로 기록되어 있는데 실제로 이에 가까운 일이 있었는지도 모른다. 양판의 책에 등장하는 일본군 측 군인 이름에 관해서는 맞는 기술도 있지만 틀린 곳도 적지 않다. 또 과연 지강이란 인물을 정말로 일본군 측이 주도적으로 석방해 중공 측에 파견, 평화 공작을 하려 했는지 여부에 관해서는 일본군 측 자료와 맞지 않는다면 뭐라고도 말할 수 없다.

여기서 이마이 타케오의 아들인 이마이 사다오(今井貞夫) 씨가 저술한 『환상의 일중 평화공작 군인 이마이 타케오의 생애』(중앙공론사 업출판, 2007년)와 『지나사변의 회상』(이마이 타케오 저, 미스즈서방, 1964년)을 비롯해 『지나 파견군 총사령관 오카무라 야스지 대장』(후나키 시게루 저, 카와데 서방신사, 1984년), 『오카무라 야스지 대장 자료 전장 회상 편』(이나바 마상오 편, 하라서방, 1970년) 등을 보았다. 하지만 어디에서도 『양판자술』에 서술된 것과 같은 신사군과의 접촉에 관해서는 기록되어 있지 않았다.

그래서 부득이 이마이 타케오의 아들 이마이 사다오 씨에게 연락을 취해 관련 사실 유무를 조사해 봤다. 이마이 사다오 씨는 이마이 타케오가 남겼다는 5천 점 이상의 자료를 소지하고 있다고 한다. 그 결과 다음과 같은 답변을 받았다.

'의뢰하신 건은 꽤 조사해 봤는데 그런 사실은 확인할 수 없었습니다. 특히 선친이신 이마이 타케오에 관한 관련된 사실은 없다고 생각합니다' 란 것이었다. 그 정도 상세한 자료를 남긴 이마이 타케오가 양판이 기록한 것 같은 사실을 기록하지 않았다는 것은 첫 번째로 그런 사실이 애초 없었던 것으로 추측되고, 또 있었다고 해도 이마이 사다오 씨가 바라고 있는 것처럼 적어도 이마이 타케오 측이 (먼저) 부른 것은 아니지 않을까 추측된다.

왜냐하면 매우 기묘한 것이 있기 때문이다. 사실, 『양판자술』은 '지강은 원래 공산당원이었던 일본인 나카니시 츠토무(中西功)가 1942년 조르게 사건으로 체포됐을 때 중공의 동료로서 진술한 몇 명의 중국인 가운데 한 명이었다'고 적혀 있다(34쪽). 지강은 이 때문에 중국에서 체포된 뒤 오카무라 야스지 총본부 감옥에 수감돼 있었다고 한다.

2013년 5월 15일, 중국공산당신문망에는 이 나카니시 츠토무의 이름이 이유는 알 수 없지만 니시사토 타츠오(西里龍夫)란 이름으로 바뀌어 기재되어 있었다. 나카니시도 니시사토 타츠오도 중공 지하조직의 일원으로 마오쩌둥에 협력해 옌안의 중공중앙 지도부에 일본군에 관한 정보를 제공하고 있었다. 나카니시도 니시사토도 도쿄 경시청에서 모진 고문을 견뎌 가며 사형판결을 받는 동안 아무것도 실토하지 않았다.

사형집행일 전날 일본이 패전함으로써 미 점령군에 의해 석방된 덕분에 수기를 남긴 것이다. 그 완강한 저항 방법에서 보면 상당히 가볍게 동료의 이름을 부는 것은 생각할 수 없는 일이다. 그렇다면 난징의 오카무라 총본부가 일부러 지강을 감옥에서 석방해 신사군에 파견했다는 전제가 이상하지 않은가 하는 추측도 성립되지 않는다.

그 증거로 『양판자술』 38쪽에 보면, 1945년 8월 13일에 미국 라디오 방송이 '일본이 포츠담선언을 승낙했다'는 뉴스를 방송하고 있는 것을 안 중공 신사군·화중국은 이튿날인 14일 양판과 지강에게 긴급하게 난징의 오카무라 야스지 총본부에 가서 항복을 받아 오라고 명령하고 있었다.

제2차세계대전에서 맺어진 일본·독일·이태리 삼국동맹은 일찍이 1943년 10월, 이탈리아의 이탈과 연합국 측에 대한 항복으로 무너지고, 1945년 5월 나치 독일의 항복으로 소멸됐다. 일본 한 나라가 세계 전체를 상대하듯 연합국 측과 싸워야 했다. 일본의 항복은 초읽기 단계에 들어갔다. 이것을 미리 읽지 못했을 마오쩌둥이 아니었다.

일본이 패하고 항복하면 일본군이 두고 떠날 무기를 장제스 측이 취할지 아니면 마오쩌둥 측이 취할지에 따라 이후 계속될 국공내전의 양상이 변할 것은 명약관화했다. 무기뿐만 아니라 '전前 일본군 군인들'도 마오쩌둥으로서는 탐이 났다. 따라서 항복 수락을 국민당이 아닌 중공 측이 실행하려 계획한 것은 당연했을 것이다.

양판이 난징에 도착했을 때는 이미 8월 15일이었고, 천황폐하의 옥음玉音 방송이 흐르고 있었다. 이때 양판과 지강은 기묘한 행동을 한다. 양판은 지위상으로 지강보다 훨씬 윗선으로 이때 중공중앙 화중국·적구敵區 공작부 부장이었다. 항복 수락 같은 정식 업무를 하고 싶다면 양판이 가는 게 당연한데도 양판은 민가에 은거한 채 지강을 오카무라 총본부에 보내 6월에 만난 '타치바나' 등 3인의 일본 군인과 교섭하도록 했다. 지강은 오카무라 야스지에 대한 주더 총사령관의 '일본군은 신사군에게 무기를 건네고 투항하라'는 명령서를 일본군에 전달했다.

그러나 일본군 측은 '포츠담선언 규정에 따라 일본은 (장제스의) 국민정부에 대해 투항하기로 결정했으니 아무쪼록 이해를 구한다'면서 무기 제출을 거절하게 된다. 즉 필자 생각에는 곧 패배하는 일본군의 무기를 받기 위해 마오쩌둥은 패전 직전의 일본군과 양판 등을 접촉시킨 것이 아닐까 한다.

한편, 앞에 기술한 『오카무라 대장 자료 전쟁회상록』 13쪽에는 다음과 같은 기술이 있다.

중공군은 산시 성(陝西省) 옌안에 근거를 두고 북지몽강北支蒙疆(중국 북부와 몽고 강역) 일대에 산재했고, 그 휘하의 신사군은 장쑤 성 북부에 똬리를 틀고 있었지만 그 밖의 중국 중부와 남부에는 존재하지 않았다. 8월 15일 오후 4시경 일찍이 난징의 파견군총사령부 문 앞에 신사군의 군사軍使라고 칭하는 장커(章克)라는 남자가 와서 총사령관과 면회하자고 우겨댔다. 이 보고를 접한 이마이 총참모부장이 위병사령을 시켜 용건을 물어보자, 일본군의 무기 접수에 관해 협의하고자 한다고 답하는 바람에 면회를 거절하고 내쫓아 보낸 사실이 있다.

마오쩌둥 중국공산당의 근거지였던 옌안(延安).

확실히 신사군의 사자使者가 오카무라 야스지 총본부에 오긴 했다. 그러나 사자의 이름도 틀리다면 목적은 무기 접수다. 이 자료에는 게다가 오카무라 대장의 기록이라면서 '중공 측이 패색이 짙어진 일본군에 대해 무기 인도를 요구함과 동시에 각지에서의 움직임을 시작했다'고 적혀 있다.

그러면 양판 등이 만약 일본군 총본부와 접촉했다 하더라도 그 목적은 어디까지나 일본의 패전이 결정적인 순간에 조금이라도 빨리 일본군으로부터 무기를 빼앗아 버리려 하는 것이 목적이 아닐까. 이를 위해서는 될 수 있는 대로 일본군 점령지구 가까이까지 잠입해 대기해야 한다. 그 곳에서 일본군에 공격당하지 않기 위해 중공군으로서는 일본군과의 '부분적 화의'가 지금까지 이상으로 필요했다고 생각하는 것이 타당하다고 판단된다.

다른 각도에서 이 비밀을 푸는 열쇠는 '라오수스'란 인물이다. 양판의 경우도 그리고 판한녠의 경우도 어느 날 돌연 '라오수스'로부터 지시를 받고 있었다는 공통점에 우리는 주목해야 한다.

그리고 신중국이 탄생하자 라오수스부터 시작해 판한녠도 양판도 그 밖에 헤아릴 수 없을 정도의 협력자도 일본군 및 왕자오밍정권과 접촉을 가진 이는 모두 일망타진식으로 체포, 투옥됐다.

만약 마오쩌둥이 그리고 중공중앙이 '양심에 꺼리는 일(중화민족에 면목 없는 매국 행위, 적어도 중화민족을 팔아먹는 행위)'을 하지 않았다고 하면 왜 관계자 모두를 죽여야만 했을까. 스파이 파견과 관련한 극비명령 계통의 요인이었던 라오수스는 신중국 탄생 후 가장 먼저 체포되어 옥사한다. 1953년 봄에 모반 혐의를 뒤집어쓰고 1954년 여름에 투옥됐다. 판한녠과 양판은 2주 정도 어긋나는데 1955년 4월 '적과 밀통한 매국노'로서 거의 동시에 투옥되고 위안수도 연좌제에 걸렸다. 이때 연좌제에 걸린 이는 1천 명 이상이다. 중공 측 자료에 기록되어 있는 것이 사실이라면 적어도 양판을 투옥할 필요는 없었을 것이다.

마오쩌둥과 일본군과의 공모 및 라오수스의 투옥과 관련해 마오쩌둥의 정적 왕밍이 죽기 전에 남긴 마오쩌둥과의 대화 실록이 진실을 잘 말해 주고 있다. 여기에는 마오쩌둥이 라오수스를 통해 비밀리에 일본군 측과 접촉하라는 지시를 내렸다는 사실이 적혀 있다.

그 사실에 들어가기 전에 양판 문제를 조사하는 과정에서 얻은 '뜻밖의 수확' 한 가지 만 소개하고 싶다. 2013년 인터넷 공간에 1947년 7월 24일자 『시사공보』의 '마오쩌둥과 오카무라 야스지의 매국밀약' 이란 오랜 신문기사와 사진이 게재되어 인터넷이 뜨겁게 달아올랐는데, 1947년 7월 23일자 오카무라의 일기에는 그것이 날조 기사라는 것이 기록되어 있었다. 중공 측이 어지간히 가짜 정보만 흘리기 때문에 화가 난 국민당정부 계열 신문의 젊은 기자가 분풀이로 쓴 것 같다.

정적, 왕밍과의 언쟁 실록

　중국에서 왕밍(王明, 1904~1974)은 교조주의자라든지 좌경 모험주의자 등으로서 마치 '극악 공산당원'이나 되는 것처럼 혹평을 받아온 인물이다. 마르크스주의에 있어 '교조주의'란 것은 '역사적 정세를 무시하고 원칙론을 기계적으로 적용하려는 것'을 가리키는데, 콕집어 어떤 것이라고 말할 수는 없다. 평이한 단어로 딱 잘라 말하자면 '마오쩌둥이 가장 꺼려한 인물'이란 것이다.

　왜 싫어했는지를 말하자면 왕밍은 모스크바 중산대학에서 공부한 엘리트의 전형 같은 인물로 러시아 어에 아주 능통할 뿐 아니라 코민테른이 시키는 대로 움직였기 때문이다. 게다가 마오쩌둥보다 5년이나 늦게 입당했으면서도 먼저 중공중앙 총서기가 된다. 코민테른이 싫었고 소련의 스탈린이 (사실은) 미웠던 마오쩌둥은 모스크바의 충성스런 사자使者 왕밍이 '엄청나게' 마음에 들지 않았다.

　그러나 제3장(이 책 87쪽)에서 언급한 '8.1선언'을 기초하고 중공을 '반장항일反蔣抗日'에서 '연장항일聯蔣抗日'로 방침을 전환한 이가 왕밍이며, 그 결과 시안사건을 일으킨 것은 마오쩌둥에 있어 상당히 고마운 일이었을 법하다. 그런데도 여전히 마오쩌둥과 왕밍의 대립은 실로 심한 부분이 있다.

　이대로라면 죽임을 당할 것이라 생각했을까, 왕밍은 1956년 병 치료를 구실로 모스크바로 떠나 버린다. 두 번 다시 중국에 돌아오지 않았다. 사실 그의 몸은 병치레를 하고 있었지만(옌안에서 마오쩌둥에게 완만한 효과를 보이는 독을 '약'으로 매일 받고 있었던 것도 원인 가운데 하나지만) 생전에 마오쩌둥과의 언쟁을 포함한 수기를 남겼다. 인생 절정기의 힘을 다 써 버린 탓에 최후에는 자신이 구술하고 처에게 받아쓰도록 한 뒤, 1974년에 숨을 거뒀다(마오쩌둥이 얼마나 많은 혁명 동지를 참살하면서도 왕밍을 죽이지 못했던 것은 '모스크바의 눈'이 있었기 때문일 것이다).

수기는 왕밍이 사망하고 이듬해인 1975년 소련정치서적출판사에서 러시아 어로 출판된다. 제목은 『중국공산당 50년과 마오쩌둥의 배신행위』였다. 내용은 대단히 직선적이고 격정적이다.

제목을 정말 그렇게 붙이지 않을 수 없었을 것이다. 『중공 50년』이란 이름으로 바뀌어 2004년에 중국어로 번역된 것이 베이징에서 출판됐다. 그것도 중공계의 동방출판사에서였다. 내부 출판물로 한정, 단 1부 만 당원열람용으로 출판됐지만 그렇게 해두면 더 읽고 싶어지는 것이 사람의 마음이다. 그 결과 많은 중국인들이 읽게 됐다.

이 『중공 50년』의 제3편 '문화대혁명과 마오쩌둥의 제국주의와의 협력 방침'의 제2장에, '마오가 제국주의와 협력하는 현행 방침의 근거'가 기술되어 있다. 이 경우의 제국주의는 '일본제국주의'를 가리킨다. 186쪽부터 190쪽에 걸쳐서는 마오쩌둥과 왕밍의 설전을 대화 형식으로 서술한다. 그 대화의 배경을 우선 조금이나마 설명해 두자.

1940년 10월 2일 한밤중에 다음날(3일) 발간될 중공중앙기관지 〈신중화보〉의 최종 교열판을 그 편집담당자가 왕밍의 거처로 가지고 왔다. 여기에는 '독일, 이탈리아, 일본, 소련의 연맹을 논한다'는 큰 헤드라인이 있었다. 왕밍은 '이 문장은 누가 쓴 것인가?' 하고 편집원에게 물었다. 그러자 편집원은 다음과 같이 답했다고 한다.

마오쩌둥 동지입니다. 실은 오늘 오후, 신문사와 중앙선전부의 몇몇 동지들 사이의 회의가 있었습니다. 회의에서 마오쩌둥은 '국제무대에서는 반드시 "독이일소" 연맹노선을 관철해야 한다, 국내에서는 일본과 왕자오밍의 통일전선이야말로 반드시 구축해야 한다'고 선언했습니다. 회의에서는 또 마오쩌둥은 이미 『독이일소 연맹을 논한다』는 사설을 써서 종료됐음을 선언하고, 다음 호 〈신중화보〉에 게재하기로 했다고 말했습니다. 이렇게 큰 문제인데도 정치국 동지들과의 대화는 없었다는 겁니까?

"알았다! 좋아, 그렇다면 내가 마오쩌둥과 직접 이야기한다."
왕밍은 그 즉시 마오쩌둥을 만나러 갔다. 마오쩌둥은 이런 회의를 연 것을 시인했다. 그리고 왕밍과 마오쩌둥의 설전이 시작된다. 다음은 그 실록이다.

마오쩌둥; 스탈린과 디미트로프는 영미불英美佛이 독이일獨伊日에 대한 반파시스트 통일전선을 구축해야 한다고 건의했다. 그러나 사태의 발전은 이 건의는 틀렸다는 것을 증명하고 있다. 해야 할 것은 미영불소의 연맹이 아니라 독이일소 연맹이다.

왕밍; 왜?

마오쩌둥; 독이일은 모두 빈농이다. 그들과 싸워 무슨 득이 있다는 것인가? 우리가 승리하더라도 큰 이익은 얻을 수 없다. 영미불은 부호다. 특히 영국, 그 나라는 얼마나 거대한 식민지를 가지고 있다고 생각하나? 만약 영국을 쳐부술 수 있으면 그 식민지에서 막대한 수확을 얻을 수 있다. 내가 이렇게 이야기하면 당신은 나를 파시스트 노선을 추종하는 인간이라고 이야기할 작정인가? 틀린가? 그런 소리를 듣는다고 해도 나는 두렵지 않다! 적어도 중국은 일본인, 왕징웨이(汪精衛, =왕자오밍)와 통일전선을 구성해 장제스에 반대해야 하는 것으로, 당신들이 건의하는 바의 항일민족통일전선 따위는 결코 할 만하지 않다. 그래서 당신이 틀린 것이다.

왕밍; 나의 어떤 점이 틀리다고 말하는가?

마오쩌둥; 어차피 우리가 일본인에 이기면 좋긴 좋은데 무엇으로 일본인과 싸우거나 할 것인가? 가장 최선은 일본인 및 왕 정권과 뭉쳐 장제스를 타도하는 것이다. 생각해 보자, 장제스는 서남과 서북에 어느 정도 광대한 영역을 가지고 있다. 만약 장제스 타도가 가능하다면 우리는 서북의 그 광대한 세력 범위를 우리 것으로 만들 수 있다. 그리 되면 상당히 큰 폭리를 우리 손에 넣을 수 있다. 알겠는가? 당신은 내가 민족을 팔아넘기는 친일노선을 집행하고 있다고 말하고 싶은 것 아닌가? 나는 두렵지 않다. 나는 민족의 배신자가 되는 것 따위는 조금도 두려워하지 않는다. 알겠는가!

왕밍; 이렇게 중요한 국제적, 국내 문제를 당신 혼자서 결정하는 어떠한 권리도 당신에게는 없다. 나와 당신의 논의 역시 뭔가를 결의할 수 있는 성격도 아니다. 당의 정상적인 방법으로 이 문제를 해결해야 한다. 지금 곧 당신의 의견을 스탈린과 디미트로프에게 타전해 보고하고 중앙정치국위원회에서 토론으로 결정해야 한다.

마오쩌둥; 지금 타전할 수는 없다. 그런 전보를 보내면 존경받고 있는 그 두 노인네들(스탈린과 디미트로프)을 노하게 할 것이다. 이 것은 농담이 아니다. 이어 말해 두겠지만 이 문제를 정치국 회의에 붙이는 것도 나는 동의할 수 없다.

왕밍; 왜인가?

마오쩌둥; 아직 기회가 무르익지 않았기 때문이다.

진실을 아는 자는 모두 사라지다!

 두 사람의 대화는 늘어지듯 계속됐는데 회의 절차에 관한 것이라 이쯤에서 해두고 이 대화에 대한 왕밍의 해설과 분석을 보도록 하자.(완전한 축자역은 아니고 일본인이 이해하기 쉬운 단어로 바꿔 의역을 시도한다.)

 왜 마오쩌둥이 '독이일소' 연맹을 주장하는지 그 목적을 밝혀 보자. 그는 이 구호로 어떤 사실을 은폐하려는 것이다. 그것은 '마오쩌둥은 민족을 팔아넘기는 친일노선을 걷고 있다'는 사실이다. 이 사실을 은폐하기 위해서는 '일본 그리고 소련과 연계한다'는 개념을 심으면 마오쩌둥이 친일노선을 걷더라도 공산당을 배반하지는 않는 것으로 보인다. 그리고 모든 부대에 '항일전쟁을 중지하라'고 명령하는 것이 정당화되는 것이다. 이렇게 하면 국내에서 (같은 중화민족인) 국민당군을 공격하는 정당성도 나온다. 왜냐하면 일본은 그 '중국' (중화민국=국민당정부)과 싸우고 있었기 때문에 일본이 중공과 한편인 소련과 공모하고 있다면, 중공은 일본과 공모하기 좋다는 이론이 성립된다.

 한편으로 마오쩌둥은 '독이일소' 연맹을 주장함으로써 반파시스트 진영에 있는 소련의 권위를 파괴하려 하고 있었다.

마오쩌둥은 국내 정책과 관련해서는 당 중앙정치국이 모르도록 사전에 조치를 취했다. 개인적으로 중공중앙군사위원회의 무선통신을 통해 신사군의 정치위원인 라오수스에게 지령을 내리고 라오수스의 명의로 된 대표를 파견해 일본군 대표라든지 왕징웨이(왕자오밍) 등과 공모해 장제스를 무너뜨릴 교섭을 하고 있었다. 동시에 일본군이나 왕징웨이 군대를 공격하는 군사행동을 중지하라고 명령하고 있었다(중략).

장제스는 이 사실을 알고 있어서 마오쩌둥과 일본군, 왕징웨이와의 공모를 보도해 반공선전反共宣傳을 했지만 인민은 '중국공산당이야말로 항일전쟁에 우뚝 서서 민족을 위해 싸우고 있다'는 중국공산당의 선전을 믿고 있었기 때문에 효과가 없었다. 또 일본군도 왕징웨이도 여차하면 마오쩌둥이 제2의 왕징웨이가 되어 중공 중앙지도자로부터 "진회秦檜"(송나라 때 민족 배신자)가 생겨날 것이라고는 생각하지 못했다.(중략)

1955년이 되어 가오강(高崗)과 라오수스 등이 체포됐을 뿐 아니라 판한녠과 후줘허 등 라오수스의 지시를 받고 일본군과 왕징웨이 정권과 접촉한 모든 이가 체포 투옥됐는데, 마오쩌둥의 목적은 단 하나였다. '마오쩌둥이 행한, 민족을 팔아넘긴 행위의 증언자를 이 세상에서 모두 없애 버리는 것'이었다.

이처럼 굉장한 증언이 또 있을까. 이제 어떠한 말도 필요 없게 되었다. 이와이 에이이치가 판한녠의 '일본군과 중공군 사이의 정전 요구'를 꽤나 놀란 탓에 회상록에 명기하고 있는데 그것과 같은 강도의 결정타라고도 말할 수 있는 증언이다. 나중에는 집필할 기력도 없어 구술로 남겼다는 것이 왕밍의 집념이다. 정말로 목숨을 건 기록이라고 할 만했다. 가히 잘 남겨 주었다고 말할 수밖에 없지 않은가.

게다가 그 분석력, 특히 왕밍의 탁월한 논리력은 눈을 번쩍 뜨게 한다. 이런 것이야말로 마오쩌둥이 어떻게 해서든지 왕밍을 배제하고 싶어 한 이유다.

다만, 마오쩌둥의 '독이일소' 동맹에 관해서는, 사실 이때 제2차 코노에내각의 외무대신(1940년 7월~1941년 7월)을 지낸 마츠오카 요스케(松岡洋右)가 소련을 추축국 측에 끌어들이는 4국동맹을 모색하고 있었다. 그 결과 1941년 4월 13일에 '일소중립조약(일소불가침조약)'을 맺는데 그 의미에서 '독이일소' 가운데 '일소日蘇' 부분에 관해서는 마오쩌둥이 적중한 셈이 된다. '일독이 3국동맹'과 '일소동맹'이 있으면, 그것은 '일독이+일소=일독이소'의 4개국 동맹이 성립한 것에 상당하기 때문이다.

'일소불가침조약'은 국공합작으로 일중전쟁을 치르고 있는 장제스에게는 끝없는 배신행위에 지나지 않을 뿐이었다. 왜냐하면 소련이 적국인 일본과 연계하면 결과적으로 중공이 일본과 동맹을 맺는 것과 같기 때문이다. 그러나 마오쩌둥의 주장은 어떤 의미에서는 맞는 것이 된다. 그리고 마오쩌둥에 대한 왕밍의 비난인 '연일연왕타장聯日聯汪打蔣'(일본, 왕징웨이와 연합해 장제스를 타도) 또한 옳았다.

장제스는 그의 일기와 『중국 속의 소련—장제스 회고록』(장제스 저, 마이니치신문 외신부 역, 1957년)에서 '중공군이 일본군과 공모한' 수많은 사실을 구체적으로 적고 있다.

예를 들면, 1941년 5월에 산서성 진난(晉南)의 중탸오산(中條山)에 있는 일본군과 국민당정부군의 전투에서 산서성 북부에 있던 팔로군이 일본군과 서로 미리 짜고 국민당정부군을 협공한 것이다. 이는 판한녠이 이와이 에이이치에게 '중공군과 일본군간의 정전'을 제의하고 충칭의 국민당정부군의 군사정보를 대량으로 일본 측에 고액을 받고 팔아넘길 때의 일이었다.

게다가 장제스는 회고록에서 명백하게 '공산군은 (국민당 충칭) 정부군의 군사상 배치와 작전계획을 일본군 특무기관에 누설했다'고 명기하고 있다.

이와이 에이이치의 회고록과 왕밍의 수기, 그리고 장제스의 회고록까지!

이 세 권이 '어떻게 해서 마오쩌둥이 일본군과 공모해서 중화민족을 팔아넘기고 있었는지'를 증언하고 있는 것이다. 이 세 권 모두 서로 상대가 무엇을 쓰고 있는지를 알 턱도 없이 자기 자신의 수기에 자기 나름의 생각을 자기 방식대로 쓴 것일 뿐이다. 그럼에도 그 내용이 모두 약속이라도 한 것처럼 일치한다는 사실이 무시무시하지 않은가.

이 이상 더 엄연한 사실이 있을 수 있겠는가.

이것조차 사실로 인정할 용기를 중국 인민이 가지지 못한다면 그것은 '역사를 직시하는 용기'를 가지지 못한 것과 같다. 일본이든 중국이든, '진실을 직시할 용기'를 가지지 않으면 안 된다는 것은 변함이 없다.

제7장

나는 황군皇軍에 감사한다

– 전前 일본군인을 환영한 이유

일본 민군民軍의 귀환에 지나치게 집중한 나머지
선수를 빼앗긴 장제스

1949년 10월 1일 신중국, 즉 중화인민공화국이 탄생하는데, 일본 패전에서 신중국 탄생까지의 기간에 있었던 국공내전에 관해 우선 개괄적으로 봐야 할 필요가 있다.

일본군에 정전 밀약을 요구하면서 교환조건으로써 일본이 싸우고 있는 중국=충칭정부 국민당군의 군사정보를 일본에 팔고 일본 점령 지구의 '면面'에서 민중 동원에 힘쓰던 중공군은 일본 패전과 동시에 일본군에게 무장해제를 요구했다. 일본군이 가지고 있던 무기를 탈취하기 위해 일본 패전의 기미가 짙어 감에 따라 이미 중공군은 천천히 일본군 점령지역에 잠입해 거의 '동거'하고 있는 형태가 된다. 이것은 중공군과 일본군 사이에 '불가침협의'가 없었더라면 있을 수 없는 일이다.

마오쩌둥은 큰 전투를 하는 것을 중공군에게 허락하지 않았는데, 단지 보여주기식 소규모 전투를 치러 놓고는 큰 성과로 선전함으로써 민심을 잡는 데 성공하고 있었다. 그리고 일본 패전 순간에 일본군으로부터 무기를 몰수하려는 전략을 빈틈없이 진행하고 있었던 것이다.

『오카무라 야스지 대장 자료 전쟁회상 편』은 종전 직후 중국의 양상을 다음과 같이 적고 있다.

중지中支(중부 중국, 장쑤 성 북부는 제외)와 남지南支(남부 중국)에서 종전 후 거의 한 발의 총성도 들리지 않았는데 북지(북부 중국) 방면, 장쑤 성 북부에 있던 우리 군은 공산군의 공격에 맞선 자위 전투로 인해 사실 모두 7천 명의 사상자를 냈다. 중공군의 무법적 요구, 무법적 공격이 얼마나 많았는지를 미루어 알 수 있다.

문체가 옛날 투라 간략하게 하면 그 후 계속해서 '항복하고 있는 일본군에 대해 얼마나 지독하게 중공군이 무장해제를 요구해 왔는지'가 적혀 있다.

포츠담선언에서는 일본이 항복하는 상대는 '중화민국'으로 되어 있었다. 일본은 1945년 8월 14일, 이를 승낙했기 때문에 무기는 충칭의 국민정부군에게 넘겨야만 했다.

8월 15일, '종전조서終戰詔書'라 불리는 천황폐하의 옥음방송이 있기 한 시간 전, 장제스는 '항전 승리를 맞아 전국 군민軍民 및 전 세계 사람들에게 고하는 서書'라는 승리 선언을 충칭의 중앙방송국에서 중국 전역과 전 세계를 향해 방송했다. 이 가운데, 8년에 걸쳐 중국인이 입은 고통과 희생을 회고하며 이것이 세계에서 최후의 전쟁이 되기를 희망한다는 것과 함께, 일본군에 대한 일체의 보복을 금했다. 소위 '이덕보원以德報怨'(원한을 덕으로 대하라)으로 불리는 연설이다. 장제스는 또 일본군에 대해 '무장해제는 우리 군이 하니 그것까지 기대했으면 한다'는 지시를 내리고 중공군에게 무기를 넘기는 것을 금했다.

장제스의 연설은 오카무라의 심금을 깊이 울렸다. 미국의 트루먼

대통령은 '우리는 결코 진주만 공격을 잊을 수 없다', 소련의 스탈린
은 '일러전쟁의 복수를 했다'고 말한 것과 비교하면 뭔가 동양적 도
덕의 숭고함을 가지고 있는 것 아닌가 하고 장제스를 존경했다. 미련
없이 깨끗하게 장제스의 명령에 따라야 한다고 전일본군에 '이 이상
은 절대로 싸우지 말라'는 것과 '모든 무기는 싸웠던 상대국인 중화
민국의 충칭국민정부에 넘겨야 한다'고 엄중하게 명령했다. 이것을
철저히 지키도록 했기 때문에 장제스도 다시 오카무라 야스지에게
감사했고 이것으로 우정도 맺어지게 된 것이다. 1945년 9월 9일, 투
항조인식이 열리고 오카무라는 충칭정부 국민당군의 허잉친(何應欽)
총사령에 대해 정식으로 투항서에 서명했다. 허잉친은 일찍이 일본
육군사관학교에 다닌 적이 있어서 오카무라 야스지와 선후배 사이이
며 친구이기도 했다. 오카무라는 중국 친구 가운데서도 가장 친한 사

난징에서의 일본군 항복문서 조인식 장면. 왼쪽이 국민당군 총사령 허잉친(何應
欽). 오른쪽이 오카무라 야스지(岡村寧次).

람인 허잉친에게 항복하는 게 그나마 유일한 위안이었다고 적고 있다. 장제스는 오카무라가 느낄 수도 있는 굴욕감을 배려했기 때문에 오카무라를 '포로'라고 부르지 않고 '도수관병徒手官兵'이라 칭했다. 도수관병은 '무장하지 않은 장병'이란 의미다. 그리고 전前 일본군(100만 명)과 중국 거류 일본인(130만 명)을 일본에 인도하기 위해 오카무라를 '일본관병선후총연락부장日本官兵善後總連絡部長'에 임명한다. 패장 오카무라의 자존심을 지켜준 것이다.

그 후 약 1년 동안에 걸쳐 전일본군의 복귀와 일본 거류민의 인도 작업이 우선적으로 이루어졌다. 이를 위해 국민당군의 이동과 물자 보급에 필요한 열차와 배를 총동원했기 때문에 종전 후에 시작된 국공내전의 발발시점에서 국민당군은 중공군에 선수를 빼앗겼다. 허잉친은 '일본 병사의 복귀를 위해 중화민국이 소유하고 있는 선박의 8할, 열차는 7할에서 8할을 일본인 인도 내지 전일본군의 복원을 담당토록 했다'고 회고했다. 장제스 자신도 적군 포로를 이렇게까지 보호함으로써 1년 후에는 100만 명을 웃도는 포로를 전원 본국에 돌려보낸 예는 세계사상 처음일 것이라고 적고 있다. 그러나 이 1년 동안의 손실이 일중전쟁의 제1선에서 싸워 피폐해질 대로 피폐해진 장제스군에게 얼마나 큰 손해를 끼쳤는지 가늠조차 하기 힘들다.

장제스가 당시 전일본군의 복귀와 일본 거류민의 일본 귀국을 우선시한 것이 역설적이게도 우리 이웃에 중국공산당이 통치하는 나라가 생겨 버린 원인의 하나다. 일본인은 이 사실을 절대로 잊지 말아야 한다. 이것이 실은 이 장章의 제목인 '마오쩌둥이 전前 일본 군인을 환영한 이유'에도 연관되니 오카무라 야스지에 관해서는 본장의 마지막에 재차 상세히 기술한다.

'창춘(長春)을 죽음의 도시로 만들라!'

장제스에게 불리한 상황은 거듭됐다.

전시중戰時中(제2차세계대전-편집자 주)에 미국 루스벨트정권에서는 코민테른의 스파이(대통령보좌관인 로크린 캐리, 재무장관인 해리 덱스터 화이트 등)들이 암약했고, 옌안에서는 마오쩌둥과 만나 그를 찬양한 저널리스트들(아그네스 스메들리 등)이 영향을 미치고 있었다. 이 때문에 루스벨트(미국 32대 대통령인 프랭클린 루스벨트-편집자 주)는 완전히 '공산당 진영'의 포로가 되어 있었다.

그런 까닭에 루스벨트는 소련을 신뢰해서 소련의 대일전 참전을 바랐고 장제스가 모르게 '얄타회담'에서 '미소비밀협정'을 맺는다. 소련의 대일전 참전을 교환조건으로 루스벨트는 스탈린에게 쿠릴 열도와 사할린 등 일본 영토를 넘겨주기로 약속했다.(지금 현재도 북방 영토 문제가 일본에는 숙제로 남아 있다.)

장제스 입장에서는 어떻게 해서든 '만주'를 공산주의 진영에만큼은 넘겨주기 싫었다. 그렇게 되면 중공 측이 승리해 버리기 때문이었다. 그러나 '미소얄타밀약'은 장제스에게 알리지 않았다. 그리고 소련은 그 밀약대로 종전 즈음인 8월 8일이 되자 일소불가침조약을 일방적으로 파기하고 선전포고했으며, 이튿날인 9일 미명을 기해 중국의 동북지방(당시 만주국)을 공격해 들어간 것이다.

그 당시 필자는 '만주국' 수도였던 '신징(新京)'(현재의 지린 성 창춘)에 있었다. '신징'이 '창춘'이란 명칭으로 회귀하기까지, 지금부터는 '신징'이라는 명칭을 쓰겠다.

관동군사령부는 이 신징 시의 서쪽에 있었는데, 관동군은 소련 국경에 있는 130만이 넘는 개척단과 신징에 거류하는 일본인을 두고 그들만 남으로 도망쳐 버렸다. 아직 일본이 패전했다는 사실을 알기 전 관동군사령부는 이미 텅텅 비어 버린 것이다. 관동군 중에는 개척단 보호를 외친 이도 있었지만, 결과적으로는 두고 떠난 셈이 됐다.

이런 현상은 필자의 눈앞에서 벌어지고 있었는데 그 후 국민당군, 소련군, 중공군의 행위를 실제로 체험하고 있어서 어떻게 해서 중화인민공화국이 탄생했는지 필자의 직접 체험에 토대를 두고 소개하고

VIEW OF HSIN-KING STATION, HSIN-KING.
新京停車場の盛況 (新 京)

만주국의 수도 신징(창춘)의 모던한 풍경. 러시아풍을 비롯한 유럽 문화가 만주 내륙의 도시까지 세련된 서구적 분위기를 한껏 고조시켰다.

싶다.

필자가 신징 시에서 태어난 것은 부친이 마약중독 환자를 치료하는 약을 발명함으로써 당시 중국에 흔했던 아편중독자를 치유하기 위해 중국으로 건너갔기 때문이다. 신징 시가 드디어 원래의 창춘 시로 회귀하자 소련군에 쫓겨 남하했던 개척단 피난민이 창춘의 거리에 넘쳐나 무로마치(室町) 소학교 등에 수용됐는데, 부친은 수용되기를 싫어하는 난민을 공장에 살게 하고 잘 보살펴 주게 된다.

창춘 시는 소련군의 지배를 받아 필자의 집(공장 2층) 맞은편에는 싱안(興安)대로를 끼고 게페우(GPU)란 소련 비밀경찰(국가정치보안부)의 거점이 설치됐다. 이어 공산당을 적대시할 법한 국민당군도 창춘에 들어왔다. 그 군대는 구만주국의 철도부대가 개편되어 현지에서 즉시 만들어진 소부대로 '중앙군'이라 불렸는데, 그들 나름의 국민당 정부를 구성하고 있었다. 부친의 공장은 이 국민당정부에 접수됐다.

소련군은 매일같이 약탈과 강간행위를 닥치는 대로 자행해 시민을 공포로 몰아넣었다. 그들의 팔에는 잉크로 번호 문신이 새겨져 있었는데, 시베리아 유형수가 많았기 때문이라고들 한다.

1946년이 되자 싱안대로를 북으로 향해 이동하는 소련군의 거대한 군용 트럭이 눈에 띄게 된다. 창춘 시를 비롯해서 인근에 있는 공장 부품뿐 아니라 거대한 중기계들을 뿌리째 탈탈 털어 빼앗아 모으고 있는 것이었다. 장제스는 일본군이 남긴 설비를 가져가는 것을 금하고 있었는데, 그런 지시를 따를 소련군이 아니었다.

앞으로 어떤 일이 일어날지 몰라 시민들은 불안한 마음으로 숨을 죽였다. 그런 불안한 정적을 깬 것은 총성이었다. 마오쩌둥이 이끄는 중공군, 즉 팔로군이 공격해 온 것이다. 시가전이 끝나가고 있던 4월 16일, 팔로군의 유탄이 어린 나의 팔에 명중했다. 필자(1941년생-편집자 주)는 기절했다. 정신이 돌아왔을 때 창춘 시는 이미 팔로군이 지배하고 있었다. 우리가 머물던 공장에는 30명 정도의 팔로군이 들어와서 '아무것도 빼앗지 않을 테니 식사와 잘 장소를 내놓으라'고 했다. 어머니는 필사적으로 식사를 준비했다. 그리고 2층 방 전부를 팔로군에게 제공하고, 손님용 단지緞子이부자리를 깔아주는 등 목숨을 걸고 대접했다.

이튿날 물건을 빼앗고 있던 팔로군은 너덜너덜 누더기가 되어 버린 옷을 벗어 버리더니 부친과 종업원들의 옷으로 갈아입고 신발장에서 맞을 만한 신발을 찾아 신고 있는 것 아닌가. 깜짝 놀란 어머니가 2층에 올라와 보니 부엌에 있던 통조림 같은 저장용 음식은 모두 가져가 버렸고, 단자이불에다가는 대소변까지 본 것이었다!

어머니는 서럽게 울면서 그 자초지종을 말했다. 팔로군은 '인민의 물건은 바늘 하나 가져가지 않는다'고 그 후에 교육받았지만, 생거짓말이었다.

입성해 온 팔로군의 우두머리는 린펑(林楓)이란 인물로 부친과는 의기투합이 되어 두 사람은 친교를 맺었다. 린펑은 당시 중국공산당 창춘시위원회 서기로 2년 뒤에는 중공중앙동북국 상무위원이 될 정도로 지위가 높은 인물이었다. 겸허하고 문무의 재능이 있는 면모를 갖추고 있어 문물(문화재)을 좋아했는데, 그런 연유로 문화대혁명 당시 투옥되어 옥사한다. 린펑은 '그것(우리 집에서 팔로군이 보인 횡포)은 갓 입대한 농민병이 한 짓이니 아무쪼록 양해하셨으면 합니다'라면서 부친에게 사죄해 '이런 사람이라면 괜찮다'며 절대 틀림없다고 보증하는 바람에 자오(趙)라는 이름의 젊은 팔로군을 우리 집에 파견했다. 일본어가 능숙한 자오형(趙兄)은 시가전 때문에 부상당한 필자에게 다음과 같은 말을 들려주었다.

우리 홍기의 붉은색은 혁명을 위해 싸운 인민의 피로 물든 것이다. 너는 이번 혁명을 위한 전투에서 피를 흘렸다. 그렇기 때문에 그 색 안에는 너의 피도 흐르고 있다고 생각해도 좋다. 너는 우리의 동지다. 소영웅이다. 태양은 중국공산당이며 위대한 마오쩌둥 동지인 것이다. 태양이 반드시 떠오르는 것처럼, 마오쩌둥은 반드시 높게 빛나 고생한 인민을 행복하게 할 것이다.

이 책의 저자 엔도 호마레의 유년 시절. 국공내전의 시기, 일곱 살 나이에 그 현장에서 총탄에 팔을 맞아 정신을 잃기도 했고, 팔로군의 창춘포위로 아사 직전까지 갔었다.

그는 정말로 마오쩌둥을 믿고 중국공산당을 믿었다. 상냥하면서 뜨거운 눈매였다. 많은 인민은 모두 이렇게 교육받아서 중공군에 참전하고 있었던 것이다. 점과 점을 이은 선에 의해 포위된 '면'의 중간에는 이런 뜨거운 생각을 가진 많은 민중이 있어 팔로군과 신사군에 참전하고 있었다. 그들은 창춘과 같은 '점'에 상당하는 대도시에 있기에는 어울리지 않았다. 마오쩌둥의 지시가 있었을 것이다. 5월 22일이 되자 팔로군은 돌연 자취를 감추었다.

그 대신 진군해 온 것은 국

민당의 정규군이었다. 최신예의 미제 장비로 무장하고 전투로 단련된 버마전선에서 온 역전의 정예부대였다. 부친의 공장은 이번에는 국민당정부에 접수됐다. 치안이 서서히 잠시 확보되는 듯 했고, 일본인 대량 귀국인 '백만인견송百萬人譴送'이 그 해 여름에 시작된다. 부친은 국민당정부의 필요한 기술자로 남겨져 일본 귀국을 허락받지 못했다.

이듬해인 47년에도 일본인들 귀국이 있어 국민당정부는 아무래도 필요한 최소한의 일본인 기술자를 남기고 나머지는 귀국시킨다는 방침을 실행에 옮겼다. 그런데 부친은 이때도 또 귀국이 허용되지 않았다. 그러다가 일본인 일행을 마지막으로 보낸 것이 10월, 창춘의 거리에서 돌연 전기가 나가고 수도도 가스도 나오지 않게 되면서였다.

창춘시가 통째로 팔로군에 포위된 것이었다. 식량 봉쇄였다.

식량을 근교 농촌에 의지하며 도시로 발달해 온 창춘은 갑자기 기아에 방치된다.

처음에는 물물교환으로 얼마간의 먹을 것을 구할 수 있었다. 하지만 창춘 시의 식량 자체가 바닥을 드러내고 아사자가 늘기 시작했다. 특히, 그 당시 창춘의 겨울은 영하 38도를 기록할 때도 있었고, 아직 가을인 10월이 되기가 무섭게 갑자기 영하로 떨어지기도 했다. 온기를 얻을 장작도 석탄도 없어 많은 일본인들은 폐가로 변한 가옥을 뜯어내 연료로 썼다. 그렇게라도 하지 않으면 동사할 수밖에 없었다.

마침내 배다른 형의 자녀가 아사했고, 얼마 가지 않아서 형이 아사했다.

이듬해 5월이 되자 창춘의 풀과 나무가 일제히 싹을 틔웠고 꽃을 피웠다.

따기라도 하면 먹을 것이 된다. 벌써 몇 달 동안 걸은 적이 없는 몸을 겨우 추슬러 유령 같은 발걸음으로 안에 있는 싱안후퉁(興安胡同, 후퉁은 중국의 전통 골목)으로 나왔다. 원래 만주중앙은행의 기숙사 사이에 비포장 길이 있어 잡초가 자라고 있었다. 보아 하니 여기저기 시민들이 나와 어린잎을 따고 있었다. 어떠한 정치세력이 움직이더라도 이 같은 천지간의 힘을 빼앗을 수는 없었다. 대지에 쏟아지는 햇살을 막는 것은 몇몇 사람으로는 불가능한 것이다.

그러나 잡초며 나뭇잎이며 새싹이 나오기가 무섭게 굶주린 창춘 시민들이 따가는 바람에 순식간에 없어져 버렸다. 그 당시 동북인민해방군으로 명칭을 바꾼 중공군은 '구곤장위久困長圍'(오랫동안 포위함으로써 곤궁에 몰아넣는다)라는 더욱 가혹한 장기 식량 봉쇄를 결정한 것이다. 1948년 5월 23일, 린뱌오(林彪)는 마오쩌둥에게 '위곤창춘판법(圍困長春辦法)'이란 법안을 제출하고 6월 7일 중앙군사위원회의 비준을 받았다. '농촌으로 도시를 포위하라'는 마오쩌둥의 전략은 제2장에서 언급한 것처럼 일찍부터 등장하고 있는데, 무기가 부족한 중공군은 도시를 포위함으로써 '점'을 사수하려는 국민당을 고립시켜 소모시키는 작전으로 나오고 있었던 것이다.

그리고 마오쩌둥은 당시 '창춘을 죽음의 도시로 만들라!'고 지시했다. 문헌상으로는 린뱌오가 그 지시를 발표해 마치 린뱌오가 명령한 것으로 아는 사람이 있는데, 절대로 있을 수 없는 일이었다. 명령계통이 뒤바뀌었을 뿐 아니라 린뱌오는 1948년 9월 9일, "더 이상의 참상을 눈뜨고 볼 수 없다. 창춘 시민은 기아에 허덕이고 있다. 팔로군은 '견사불구見死不救'(죽는 것을 보고도 구하지 않는다)라면서 우리(중공 지도부)를 비난하고 있다. 따라서 '죽음의 도시로 만들라'는 지시는 거두어 주었으면 한다"는 취지의 편지를 마오쩌둥에게 보냈기 때문이다.

한편, 국민당군의 장제스는 카이로선언과 포츠담선언에 있는 '1914년의 제1차세계대전 개시 이후에 일본이 수탈하거나 점령하고 있는 태평양의 모든 도서를 박탈하는 것, 아울러 만주, 타이완 및 펑후 섬 같은 일본이 청나라로부터 빼앗은 모든 지역을 중화민국에 반환한다'고 하는 문장에 구애됐다고 생각한다. 그렇기 때문에 '만주국' 수도였던 '신징', 즉 창춘을 사수함으로써 국제사회에 영토주권이 누구의 손에 있는지'를 보여 주고 싶었던 것이다.

2층에서 내려다본 싱안대로는 죽음의 거리로 변하고 있었다. 굶어죽은 어른 시신이 치워지지도 않고 가로수 밑둥치에 방치됐다. 부모를 먼저 떠나보냈는지 시신 곁에는 두세 살배기 꼬맹이가 울고 있었고 어린아이 주변을 배회하는 개, 개 역시 굶주린 채로 야수가 되어 굶어죽은 시신뿐 아니라 시신의 아직 살아서 울고 있는 아기마저 호시탐탐 노리고 있었다.

중국인들만 주로 거주하는 구성내舊城內라고 불리는 지역에서는 인육시장이 들어섰다고 하는 소문도 퍼지고 있었다. 부친은 창춘시장을 만나러 갔다. '유용留用'(전문 기술을 가지고 있어 필수적으로 중국에 남는 일본인의 신분)을 해제 받아 창춘 탈출을 승인해 달라는 부탁을 하기 위해서였다. 시장은 변해 버린 부친의 모습을 보고 놀라 곧 유용을 해제하는 증명서에 서명하고는 잣 같은 국민당 군대용 휴대식량도 조금이나마 주었다. 국민당군은 선양에서 날아온 비행기가 무인낙하산으로 떨어뜨리는 식량으로 배고픔을 겨우 달래고 있었다. 그 낙하물에 시민들이 접근하면 총살된다. 그러나 비행기도 저공비행을 하면 팔로군에 격추되기 때문에 고공에서 떨어뜨렸고, 그런 사이 구호물품을 실은 비행기가 오는 횟수도 적어졌다. 따라서 국민당정부로서는 조금이라도 많은 시민들의 창춘 탈출을 바랐다.

창춘을 포위하는 포위망을 '챠즈(卡子)'라고 하는데 그 챠즈에는 챠커우(卡口)라 불리는 출입구가 있어서 그 곳을 통해 탈출할 수밖에 없었다.

1948년 9월 20일, 필자 일가는 드디어 창춘 탈출을 결행하기로 했다. 그리고 그 전날 밤 막내 동생이 굶어죽었다. 챠커우에는 국민당 병사들이 서 있었고 한 사람 한 사람 신분증을 확인하면서 '일단 이 문을 빠져나가면 다시는 창춘 시에 돌아오는 것은 허용되지 않는다'고 말했다.

그러나 그 문은 '출구'가 아니었다. 본격적인 지옥을 보는 '입구' 였던 것이다.

철조망은 이중으로 설치되어 있었다. 안쪽은 창춘 시내에 직접 접해 국민당이 지키고 있는 포위망이고, 바깥쪽의 포위망은 해방구에 접해 팔로군이 감시하고 있었다. 그 중간에는 국공 양군의 진공지대가 있어 이곳이야말로 참으로 챠즈(양쪽으로부터 압박을 받고 있는 지대) 였던 것이다(챠즈는 관소關所, 검문소檢問所란 의미와 '압착하는 도구'란 두 가지 의미가 있다).

발 디딜 틈조차 없을 정도로 길바닥에 아무렇게나 널브러진 아사 시신, 사지는 나무막대기처럼 뼈가 앙상했고, 복부의 창자가 썩어 풍선처럼 팽창하고 있었다. 그것이 폭발해 안에서 창자가 흘러나온 아사 시신도 있었다. 거기에는 커다란 파리가 떼로 몰려들었고, 겨우 목숨을 부지한 난민들이 그 옆을 지나면 '윙' 하는 날개소리를 일으키며 까맣게 날아올라 산사람들한테까지 달라붙었다.

바깥쪽 포위망인 철조망이 보이는 곳에서부터 팔로군의 모습이 많아져 인도되는 대로 허리를 구부렸다. 그나마 시신이 적게 널브러진 땅바닥을 골라 가지고 간 이부자리를 깔고 노숙한다. 해는 이미 지고 있었다.

이튿날 아침, 눈을 뜸과 동시에 소스라치게 놀란다. 이불 바닥이 뭔가 기분 나쁘게 울룩불룩해졌다고 느꼈는데 이불 밑바닥에서 굶어 죽은 시체의 다리가 삐쭉 나와 있었다.

새로운 난민이 들어오면 그 때까지 죽은 것같이 아무렇게나 누워 있었던 난민들이 일제히 일어나 '와' 하고 새로운 난민을 에워싸고 먹을 것을 빼앗는다. 팔로군 병사는 그것을 딱히 막지도 않고 멀거니 지켜만 본다. 그러나 그 팔로군이 지키는 해방구 측에 접한 포위망의 문은 여전히 닫힌 채였다. 우리는 그 진공지대에 오도 가도 못 하고 갇히게 된 것이다.

여기서 죽으라는 것일까!

붉은 깃발 아래서 싸운 팔로군은 고통 받는 인민의 편이라고 하지 않았던가!

너무나 공포스러워 필자는 어느 순간 정신을 놓아 버렸고 기억상 신에 걸려 버렸다. 인공 산 이 빠였다. 그렇게 차즈에 갇혀 4일째 되는 날 아침, 부친에게 차즈의 문을 나갈 수 있는 허가증이 나왔다. 전술했다시피 부친이 아편중독자를 치유하는 약의 특허증을 가지고 있었기 때문이었다. 해방구는 신중국 건설을 위해서 기술자를 필요로 했다. 창춘이 중국인민해방군(으로 불리게 된 중공군)에 의해 해방된 것은 그로부터 1개월 뒤인 10월 19일이었다. 창춘에 포위된 국민당군 중에는 윈난(雲南)60군이 있었는데, 같은 국민당군 안에서도 윈난 60군이 먹을 것 등에서 차별받고 있다는 사실을 안 팔로군은 60군에게 몰래 식사를 제공했다. 먹을 것으로 낚아 중공 측에 붙도록 한 것이다. 10월 17일, 60군이 '기의起義'(말 그대로 의롭게 일어난다는 의미

도 있지만, 중공에서는 반란이나 폭동을 모두 뭉뚱그려 가리키는 단어)를 일
으켰고, 19일 창춘 시에 있던 국민당군의 우두머리 정둥궈(鄭洞國)가
투항의사를 표명하고 21일 정식으로 백기를 들었다.

창춘에 입성한 팔로군(중국인민해방군)의 한 사람은 걸을 수도 없을
정도로 산처럼 쌓인 아사 시신들을 보고는 '이 가운데 과연 군인이
몇 명이나 되겠는가, 모두가 평범한 인민들 아닌가' 라고 하면서 두려
움에 떨며 꼼짝 못 한 채 서있었다고 수십 년 후 필자에게 직접 말해
주었다.

아사자의 수는 중공 측 발표로 12만에서 15만 명, 국민당 측 발표
로는 65만 명이다.

창춘과 선양을 중심으로 한 북방의 국공내전 전역戰役(전쟁이나 난

일중전쟁 당시 시가지전투 장면.

리—편집자 주)을 랴오선전역(遼瀋戰役)이라 하고 그 남방면의 전역을 핑진전역(平津戰役), 화이하이전역(淮海戰役)이라 하는데, 이 창춘함락으로 전세가 역전되어 중공군은 단숨에 전 중국을 제패하고 모든 '점', 즉 도시를 수중에 넣었다. 그 때까지 일본군과 최전선에서 큰 전투를 하는 것을 금지했던 중공군은 그 축적한 에너지를 여기서 폭발시켰다. 그 기세와 사기는 제1 전선에서 일본군과 싸우느라 피폐해진 국민당군과는 도저히 비교가 되지 않았다.

이렇게 1949년 10월 1일, 중화인민공화국이 탄생하고, 마오쩌둥이 천안문에 올라서서 새로운 국가의 성립을 선언했다. 이하 중화인민공화국이 1971년 '중국을 대표하는 나라'로서 유엔에 가맹할 때까지 이를 신중국으로 표기하기로 한다.

마오쩌둥과 전 일본 군인,
엔도 사부로와의 대담

마오쩌둥이 1950년대 중반 전 일본 군인이었던 엔도 사부로(遠藤三朗, 전 육군 중장)와 만나 '일본군이 중국에 진공한 것에 감사한다'고 말한 것은 꽤 유명하다. 이 책에서는 엔도 사부로 씨의 손자인 엔도 토쿠코(遠藤十九子) 님의 양해를 얻어 사야마 시(狹山市) 박물관에 소장되어 있는 엔도 사부로의 친필일기를 열람하게 된 것을 시작으로, 『전 군인이 본 중공』(엔도 사부로 · 도이 아키오 · 호리케 카즈마 공저, 문리서원, 1956년), 『장군의 유언—엔도 사부로 일기』(미야타케 츠요시 저, 마이니치신문사, 1986년), 『랴오청즈와 일본』(오학문 · 왕준언 저, 중공당사출판사, 2007년)과 『마오쩌둥 외교문선』(중화인민공화국 외교부 · 중공중앙문헌연구실 편, 중앙문헌출판사 · 세계지식출판사, 1994년) 등 많은 기록을 참조해 검증한다.

신중국이 탄생한 이듬해인 1950년 6월, 조선전쟁(한국에서는 6.25전쟁, 한국전쟁 등으로 부르지만, 저자의 표기를 그대로 사용한다—편집자 주)이 발발해 마오쩌둥은 궁지에 몰린 김일성과 스탈린의 꼼수에 걸려들어 조선전쟁에 출병하지 않을 수 없는 상황에 몰려 서방 제국, 특히 미국으로부터는 적국으로 간주되어 대중국 포위망이 형성됐다. 이 때문에 '중화인민공화국'을 '국가'로 승인해 준 나라가 매우 한정적일

마오쩌둥의 초청으로 중국을 방문, 중난하이(中南海)에서 저우언라이와 악수하는 엔도 사부로(왼쪽).

수밖에 없었기 때문에 일본에 접근을 시도했다.

1955년 8월 6일, 원폭 10주년 기념일에 히로시마에서 개최된 '세계평화회의'에 신중국 대표로 류닝이(劉寧一, 중화전국총공회 부주석)이 출석했다. 대회 종료 후인 8월 20일, 류닝이 등이 숙박하는 프린스호텔에서 '헌법옹호국민연합'(1954년 1월 결성)이 주재하는 간담회가 열려 엔도 사부로도 초대됐다. 엔도 사부로는 실은 전쟁 중 육군에 몸담았지만 일본의 전쟁 확대를 격렬하게 반대한 한 사람으로, 종전 후 '세계연방건설동맹'에 참가해 유카와 히데키(노벨상을 수상한 물리학자)와 히가시쿠니노 미야나루히코오(東久邇宮稔彦王 전 수상)와 친교가 있었다. 또 헌법옹호국민연합에는 카타야마 테츠 전 수상과 아리타 하치로 전 외상 등도 권유에 힘입어 참가했다. 이 모임에는 여류작가 히라츠카 라이테우(라이쵸)도 참가하고 있었다.

프린스호텔에서의 간담회에서 엔도 사부로는 류닝이와 환담하고 대략 다음과 같이 술회했다.

(원문은 문체와 문자가 옛것이라 현대풍으로 바꿔 개략을 기술한다.)

부부싸움에 제3자가 개입해서는 안 되는 것으로 생각하는데, 서로 회칼을 휘두르고 화로를 던지면 이웃에 폐가 되니 멈춰야 한다. 마찬가지로 타이완 문제는 귀국의 국내 문제이기 때문에 만약 무력을 사용해서 이를 해결하려고 해야 한다면 방관해서는 안 된다. 원수폭(원자폭탄과 수소폭탄. 참고로 중국은 히로시마 세계평화회의에 참가한 지 9년 뒤인 1964년 10월 16일 핵실험에 성공한다―편집자 주) 사용 가능성도 있는데, 그것은 이웃에 폐를 끼치게 된다. 나 자신부터가 귀국에 가서 폐를 끼쳐 이 같은 말을 할 자격이 없지만, 무력행사를 하면 제3차 세계대전으로 발전할 위험도 있는 만큼 가능하면 피했으면 한다.

이를 들은 류닝이는 상당한 흥미를 가지고 귀국 후 중앙에 보고했다. 그러자 곧 중화인민외교학회의 장시뤄(張奚若) 회장이 카타야마 테츠 헌법옹호국민연합 회장에게 편지를 보냈고, 이들은 방중 권유를 받아들였다. 카타야마 테츠를 대표로 하는 헌법옹호국민연합회 방중단은 같은 해 하네다발 홍콩행 비행기에 탑승해 9일에 베이징에 도착한다. 중국 각지 시찰을 마치고 11월 28일 마오쩌둥과 직접 회견하게 된다.

마오쩌둥은 우선 '근래에 여러 차례에 걸쳐 600명에서 700명의 전범을 석방할 예정'이라고 설명하면서 전범자를 방문한 결과 뭔가 의견이 있으면 듣고 싶다는 의사표시가 있었다. 여기서 전 일본 군인이었던 엔도 사부로는 대략 다음과 같은 말을 했다.

나는 종전 후 2년째 되는 해에 전범 용의자로 미군 구치소에 들어갔다. 당시 주어진 신발은 모두 오른발용이었다. 오른쪽 신발의 앞부분은 왼쪽을 향해 있는데 왼쪽 신발의 끝도 왼쪽을 향하고 있어 산보를 하면 정면으로는 걷지 못하고 어떻게 해도 왼쪽으로만 가게 됐다. 일전에 시찰한 전범자 가운데 나의 옛 친구도 있었는데, 그는 말쑥하게 치수가 맞는 옷을 새로 맞춰 받았다고 말했다. 오른쪽밖에 없는 낡은 신발과 비교하면 천양지차가 있다.

엔도 사부로의 말은 좌중의 웃음을 자아냈는데, 이에 대해 마오쩌둥은 다음과 같이 말했다.

중난하이에서 일본 손님을 맞아 마오쩌둥(오른쪽 첫 번째)과 저우언라이를 위해 통역을 하는 랴오청즈.

일본에서 중국을 시찰하러 온 사람들은 중국에 호감을 가지고 있는 혁신적인 사람들이 많다.

이번에는 우익 분들도 오셨으면 한다. 엔도 씨는 군인이라 이다음에는 군인을 데리고 왔으면 한다.

농담에 뭔가 아쉬움 같은 게 깔려 있지 않나 싶었는데 방중단이 귀로에 오른 11월 30일, 공항까지 배웅하러 온 랴오청즈가 '가능하면 빠른 기회에 군인을 데리고 다시 한 번 시찰하러 오셨으면 한다'는 저우언라이 수상의 말을 전달했다.

랴오청즈는 판한녠이 이와이 에이이치가 있는 곳에서 활약했을 때, 홍콩의 혁명 근거지에서 중공으로의 물자와 자금 조달 등을 담당했었던 바로 그 인물이다. 신중국 탄생 후 이때까지 중공중앙통일전선부 부부장, 중공중앙대외연락부 부부장, 중화전국민주청년연합회 주석 등을 역임하고 있었고 판한녠처럼 투옥되지는 않았다. 그것은 랴오청즈가 일본 에도 토박이를 무색케 하는 일본어를 구사해 마오쩌둥에게 있어서 보물 같은 존재라는 것은 이미 서술했다.

귀국한 엔도 사부로는 곧바로 전직 군인들을 불러 '방중 전직 군인단 주선인회'를 결성하고 모집에 나서자 200명이 넘는 전직 군인이 응모했다. 방중 경비는 중국 측이 부담하기로 해 이렇게 해서는 사람이 너무 많아 모양새가 좋지 않았다.

일본 국내에서도 움직임이 대규모가 된 것에 대해 경계감도 일어 여권 발행을 일본정부가 주저하게 됐다. 여론도 '중공의 돈을 사용하는 스파이 공작' 같다는 뉘앙스의 비난이 들끓기 시작했다. 그 결과 전직 군인 방중단의 수는 15인으로 정리되어 1956년 8월 12일 베이징에 도착했다.

전직 군인 방중단이 동북지방을 중심으로 한 시찰을 마친 후인 9월 4일, 랴오청즈는 마오쩌둥에게 보고서를 작성할 때, '그들이 일본에서 영향력을 더욱 확대시키려 했기 때문에, (마오) 주석이 직접 그들과 만나는 편이 더 확실한 효과를 낳을 것으로 생각합니다'라고 덧붙였다.

마오쩌둥은 랴오청즈의 보고서를 읽자마자 그날 내로 방중단과 만나는 것을 승낙했다. 접견은 그날 저녁 다분히 고의적으로 갑자기 대표단에 알리는 바람에 대표단은 놀라지 않을 수 없었다. 장소는 마오쩌둥이 외국 귀빈과 만날 때 반드시 사용하는 중남해의 근정전이라고 하는 곳이었다. 청왕조의 강희제가 명조시대의 건물을 수리 복구한 것으로 신중국이 탄생한 뒤 다시 복원 작업이 이뤄져 멋지게 완공됐다.

1958년에 인민대회당이 완성되어 국가급 귀빈 접대는 인민대회당으로 옮겨지지만, 마오쩌둥은 그 곳에는 그다지 가지 않았고 사람 수가 지나치게 많지 않은 한 어지간하면 이 근정전을 귀빈 접견실로 사용하는 것을 선호했다. 애당초 중화인민공화국의 수도를 어디로 할지 논란이 있었을 시기 난징으로 하자는 목소리도 있었지만, 마오쩌둥은 '절대 베이징'이라고 주장하며 양보하지 않았다.

그것은 역대 황제가 사용해 온 중남해에 '제왕'으로 진좌鎭坐(위엄 있게 자리를 차지해 앉음)하는 것을 꿈꾸어 왔기 때문이라고 추측한다.

랴오청즈가 전직 군인 방중단 일행을 근정전으로 안내하자 마오쩌둥은 이미 그 곳에서 기다리고 있었으며 일일이 악수를 했다. 『랴오청즈와 일본』은 당시의 모습을 다음과 같이 기록하고 있다.

마오쩌둥이 입을 열어 다음과 같이 말했다.

"일본의 군벌이 우리(중국)에게 진공進攻해 온 것에 감사한다. 그렇지 않았더라면 우리는 지금 베이징에 도달하지 못했을 것이다. 확실히 과거에 당신들과 우리는 싸웠지만, 다시 한 번 중국에 와서 중국을 보시라는 차원에서 모든 전직 군인을 환영하는 바입니다."(필자 주; 마오쩌둥은 '침략'이라 하지 않았고 '침공'이란 단어도 쓰지 않았으며, '진공進攻'이란 어휘를 선택한 것에 주목할 필요가 있다.)

마오 주석은 게다가 유머러스하게 말을 이어갔다.

"당신네들은 우리의 선생입니다. 우리는 당신들에게 감사해야 합니다. 정말로 당신들이 이 전쟁을 일으켰기 때문이야말로 중국 인민을 교육하는 것이 가능했고, 마치 모래처럼 흩어져 있던 중국 인민을 단결시킬 수 있었기 때문입니다."

『랴오청즈와 일본』 중에는 물론 마오쩌둥의 이런 말과 관련해 '중국공산당이야말로 용감하게 일본군과 싸워 일본군을 패전으로 몰아넣었다'는 '항일정신'의 뉘앙스에 기반해서 해석하고 있다. 그러나 사실은 그렇지 않다는 것을 판한녠과 함께 홍콩 혁명근거지에 있었던 랴오청즈라면 충분히 알고 있었을 것이다.

좌익의 '사죄'에 진절머리를 내고 있었다

마오쩌둥이 엔도 사부로와 만난 1956년 9월 4일, 판한녠은 이미 감옥에 있었다. 판한녠이 입막음 목적으로 체포, 투옥된 것은 1955년 4월이다. 그것도 영향을 미쳤을 것이다. 마오쩌둥은 과거지사를 언급하는 것을 아주 싫어했다. 엔도 사부로와 동행한 전직 군인 방중단의 한 사람인 전 육군 중장 호라케 카즈마는 마오쩌둥을 비롯한 정부요인들이 어쨌든 '과거는 잊고 장래에 대해 말하지 않겠는가'라는 것만 강조하고 있었던 것이 인상 깊었다고 수기에 서술하고 있다.

엔도 사부로(遠藤三郎).

이는 마오쩌둥이 타계할 때까지 '난징대학살'에 관해서는 언급하지 않았던 것과 마찬가지 심리가 작동했다고 생각해야 할 것이다. 마오쩌둥은 어쨌든 장제스가 이끈 국민당군이 제1선에서 싸운 사실 같은 '과거 이야기'를 언급하는 것을 달가워하지 않았고, 방중하는 인사가 계속해서 '과거를 사죄한다'고 하는 것에 진절머리를 내고 있었던 것이다.

마오쩌둥이 듣고 싶었던 것은 '사죄' 따위가 아니었다. 1961년 1월 24일, 사회당 의원 구로다 히사오(黑田壽男)와의 대담에서도 마오쩌둥은 다음처럼 이야기하고 있다(『마오쩌둥 외교문선』, 460~461쪽).

난고 사부로(南鄕三郞) 씨와 만났을 때 만나자마자 갑자기 "일본은 중국을 침략했습니다. 사죄하지 않을 도리가 없습니다"라고 말했다. 나는 "당신네들은 그런 견해를 가지면 안 됩니다. 일본의 군벌이 중국의 대부분을 점령한 것이야말로 중국 인민을 교육한 것입니다. 그렇지 않았으면 중국 인민은 각오를 품고 단결할 수 없었을 것입니다. 그렇게 됐다면 나는 지금도 산 위(필자 주: 옌안의 동굴)에 있어서, 베이징에서 경극을 관람한다든지 하는 것은 불가능했을 겁니다. (중략) 만약 '감사'라는 단어를 사용한다면 나는 차라리 일본의 군벌에 감사하고 싶습니다."

그런데 1964년 7월 10일, 일본 사회당의 사사키 코조(佐々木更三)와 구로다 히사오 등 사회당계의 방중 대표단과 만났을 때의 대화가 『마오쩌둥사상 만세(하)』(도쿄대학 근대중국사연구회 역, 삼일서방, 1975년)에 실려 있는데, 흥미로운 것은 마오쩌둥 자신은 주로 '진공' 혹은 '점령'이란 단어를 사용하고 있는 것에 대해 일본어 번역에서는 '침략'으로 통일해서 표현하고 있다는 사실이다.

다시 말해서 일본 측이 사용한 '침략'이란 개념에 속죄의식이 있어, 마오쩌둥은 '침략侵略'이란 글자를 극구 피하고 있다. 사사키 등도 지속적으로 사죄를 말하는 바람에 마오쩌둥은 마침내 중화소비에트 구로부터 옌안까지 도주하는 장정 시절의 일을 언급한다.

> 우리에게 남은 병력이 얼마나 됐겠습니까? 30만에서 2만 5000으로 줄어 버렸습니다. 우리가 왜 일본 황군에 감사하지 않으면 안 되는지 명확하지 않습니까? 황군의 진공으로 우리가 황군과 싸울 수 있었고, 그 덕분에 운 좋게도 다시 장제스와 합작하게 됐기 때문입니다. 2만 5000의 군대는 8년간 싸우면서 120만 대군이 되어 인구 1억 명의 근거지를 갖게 되었습니다. 이런데도 (황군에) 감사하지 않아도 좋다고 생각합니까?'

이 정도로까지 실토해 버린 것이다. 더 이상 말하지 말라. '더 듣기 민망하니 말하지 말라'는 마오쩌둥의 심정이 눈에 떠오르는 듯하다. 마오쩌둥은 어느 의미에서는 정직한 사람이었지 싶다.

장제스와의 2차합작(1936년의 시안사건)을 일중전쟁이 본격화한(1937년) 결과라고, 필자가 구애되어 왔던 시간축의 역전을 무엇 때문이라 할 것도 없이 인정했을 뿐 아니라, 일중전쟁이 있었기 때문이야말로 중공군이 강대하게 됐다는 것을 명확하게 인식하고 있기 때문이다. 필시 마오쩌둥은 '사죄'만 입에 달고 있는 친중적 일본인 따위에 진절머리가 나고 있었을 것이다. 마오쩌둥이 어떻게 해서라도 왔으면 좋겠다고 생각한 이는 정작 오카무라 야스지였다. 그러나 오카무라는 방중을 거절했다. 그러면 왜 마오쩌둥은 오카무라 야스지의 방중을 그토록 바랐던 것일까.

마오쩌둥과 장제스,
오카무라 야스지를 두고 서로 다투다

마오쩌둥이 어떻게 해서라도 오카무라 야스지의 중국 방문을 성사시키려 했던 이유는 오카무라가 장제스와 뭉쳐 대륙 탈환을 기도하고 있다는 것을 알고 있었기 때문이다. 장제스와 허잉친의 두터운 정에 감동한 오카무라 야스지는 일본 귀국 후 장제스를 위해 '백단白團'이란 군사고문단을 결성했다. 오카무라 야스지가 귀국한 것은 1949년 2월 4일 아침으로, 상하이항을 출발한 것은 1949년 1월 30일이었다. 패전 측의 총사령관이 무죄를 선고받고 귀국하기까지는 곡예와 같은 장제스의 노력과 경험이 있었다.

항복 조인식 이튿날인 1945년 9월 10일, 오카무라 야스지는 총사령관인 허잉친의 회담 제안을 받아들인다. 허잉친은 오카무라에게 "일본도 이미 무장이 없어진 만큼 이제부터는 진정으로 중일의 평화 제휴가 가능할 것으로 생각한다. 또 서로 그리 마음을 갖도록 합시다"라고 말했다.

전쟁 확대 따위는 안 된다고 생각해 온 오카무라는 '이제부터는 젊었을 때의 꿈이었던 진정한 평화 우호가 가능하다'고 감격한 것이다. 같은 해 12월 23일이 되자 장제스는 일부러 오카무라와 직접 회견을 하고 아래와 같은 대화를 나누었다(출처는 『오카무라 야스지 대장』 기록된 그대로의 문장).

장; 건강하십니까. 불편한 게 있으면 서슴지 마시고 내가 아니면 허잉친 총사령에게 말씀하시면 좋겠습니다.

오카무라; 후의에 감사합니다. 만족한 생활을 이어가고 있습니다.

장; 접수가 순조롭게 진척되고 있는 상황은, 허 총사령으로부터 듣고 있으며 내 일처럼 기쁘기 그지없습니다. 일본 거류민도 뭔가 곤란한 점이 있으면 말씀해 주셨으면 합니다.

오카무라; 지금 당장은 없지만 만약 어려운 점이 있으면 후의에 호소하지요.

장; 중일 양국은 우리 쑨원 선생의 유지에 기초해 굳건하게 제휴하는 것이 긴요하다고 생각합니다.

오카무라 일기에 '장 위원장은 시종 미소를 띠며 온화한 표정이었고, 특히 그 회견의 기회를 만들어 배려하는 말을 하는 것에 대해 감복했다'고 술회했다.

105만에 이르는 복귀 병사의 귀환 작업은 보통이라면 5년은 걸릴 참이었는데(오카무라도 장제스도 그리 생각했다), 1946년 여름에는 거의 완료했다. 영해 관계상, 일본까지의 수송은 미군이 상륙용 함정모함인 LST를 다수 제공해 주었다. 일본인 거류민 130만 명의 귀환도 여름에는 시작되어 가을 무렵에는 종료되고 있었다.

이렇게 됐으니 오카무라를 일본관병선후총연락부장에 머무르게 할 이유도 없었다. 그러나 장제스는 오카무라를 중국에서의 군사재판에 회부하는 일정을 이런저런 이유를 붙여 연기하며 일본 귀환을

지연시켰다. 왜냐하면 도쿄에서는 군사재판이 진행되고 있었기 때문이었다. 일본에 송환되면 오카무라는 반드시 전범으로 얼마가 될지 모르는 중벌을 받을 것이다. 중국 내에서도 오카무라의 전범 문제가 크게 다루어지기 시작했다. 더 이상 연장이 불가능하다고 생각하고 있던 차에 오카무라가 39도를 넘나드는 고열에 시달리며 앓아누웠다. 오랫동안 앓고 있던 폐결핵이 마침내 악화된 것이다. 그 곳에서 치료를 위해 상하이에 있는 병원으로 이송된 이후 10개월 정도 요양을 하게 된다.

1948년, 일본에서는 4월을 넘겨서도 '도쿄재판'이 끝나지 않았고, 중국의 군사법정에서는 많은 전직 일본군 전범이 사형에 처해지고 종말에 가까이 가고 있었다. 더 이상 오카무라의 재판을 연기하는 것은 무리여서 7월 8일, 허잉친은 마침내 오카무라의 전범재판을 시작하는 상황으로 몰렸다. 8월 14일, 오카무라는 군사법정에 출두해 전범 감옥에 입감됐다. 그런데 여기서 또 지병인 심장기외수축발작이 일어나는 바람에 가석방되어 긴급 치료를 받는다. 그런 와중에 도쿄재판이 종료됐다.

장제스는 중국의 군사재판에서 가까스로 오카무라에게 무죄를 언도한다. 오카무라가 대중국 총사령관 자리에 앉은 것은 1944년 11월로 '난징대학살'에는 관계되지 않았고 그 책임자는 사형됐다. 오카무라는 패전 후에 장제스의 명령에 따라 전 일본군에게 즉시 정전을 명하고, 모든 무기와 생산시설을 국민당군 측에 넘기려 목숨을 걸고 노력했다는 것이 이유였다. 공판이 종료되자 법정 안은 어수선해졌고 신문기자들이 몰려들었는데 오카무라를 뒷문으로 탈출하게 해 항구에 접안하고 있던 미국 선박 존. W. 윅스 호에 승선시켰다. 배에는 감시인인 톰슨 대령 이하 수백 명이 타고 있었다.

마오쩌둥은 전범 1호로 오카무라를 지명하고 있었다. 당시 국민당의 리종런(李宗仁) 대리총통은 장제스와 국민당을 배신하고 오카무라의 신병을 넘기는 조건으로 중공과의 화의를 진행해 오카무라를 다시 체포해 올 것을 명하고 있었던 것이다.

존. W. 윅스 호의 일본인 선장이 '도쿄의 라디오 방송에 따르면 중공은 국민당정부에 대해 평화 조건의 하나로 오카무라를 인도해야 한다고 요구한다'는 사실을 오카무라에게 전했을 때 배는 이미 중국 영해 밖에 있었다. 간발의 차이였다.

그렇다 쳐도 장제스는 왜 이토록 오카무라를 지키려 한 것일까. 그것은 우정 때문만은 아니고 대장으로서 그의 군사 능력을 높이 평가하고 있었기 때문이다. 장제스는 일중전쟁 중 소련과 미국이 파견한 군사고문 때문에 몹시 힘들어 하고 있었다. 미국이든 소련이든 군사고문들은 자국의 이익만을 생각할 뿐 중화민국의 이익 따위는 조금도 고려하지 않았다. 소련에는 스탈린이 있어서 공산권 확대밖에는 생각하지 않았다. 미국의 루스벨트는 코민테른의 스파이에 회유된 채 중공만 챙기고 있었다. 장제스가 희망했던 것은 '어느 국가의 지배도 받지 않는 독립 국가, 중국'이었다. 이대로라면 중국은 공산권의 속국이 될 뿐이다. 그렇게 되면 쑨원의 꿈은 이룰 수 없고, 자신은 도대체 무엇을 위해 지금까지 고난을 극복해 왔는가 하는 부끄러움에 견딜 수 없었다.

그 점에서 오카무라는 다르다. 그는 진심으로 자신(장제스)을 존경했고 감사해 하고 있었다. 뛰어난 그의 작전 능력은 일중전쟁 최종 단계에서 싸운 방식에서도 알 수 있었다. 게다가 그는 패한 군대의 장수인데 새삼스럽게 중국 지배를 고려할 이유도 없었다.

한편, 마오쩌둥은 일중전쟁에서 비축해 둔 전력을 단번에 발휘해 소련이 압박하고 있는 '만주국'을 향해 돌진하는 한편, 장제스의 명령에 따르지 않는 북동을 향해 진군해 일본군의 무장해제를 각지에서 실시했다. 각종 무기며 탄약뿐 아니라 항공기 제조공장까지 접수함으로써 전직 군인과 기술자를 중공 휘하에 두게 됐다.

예를 들면 1945년 10월, 전 일본군 제2항공군단 제4연성대대를 포위해 무장 해제시켰다. 대대장인 하야시 야이치로가 이끄는 부대는 소지하고 있던 무기를 고분고분 팔로군에 넘겼다.

팔로군(구체적으로는 선양동북민주연군총사령부 중공동북국 서기 펑전(彭眞)은 회유작전에 나서 백미와 야채, 닭고기 등으로 일본군 포로 대표 등을 환대했다. 그러면서 그는 단도직입적으로 '중공군에는 공군이 없다. 항공학교 건립에 협력을 바란다'고 제의했다. 하야시 야이치로는 포로에게 무슨 그런 것까지 시키려나 싶어 처음에는 의아해 했지만 결국 승낙했다. 이렇게 전직 일본 군인 관동군 제2항공단 제4연성대대의 파일럿 20명, 기계 기술자 24명, 제조 기술원 72명 등 200명을 중심으로 1946년 3월 1일 '동북민주연군항공학교'가 탄생한 것이다.

소련과 중화민국 간에는 1945년 8월 14일, '중소우호동맹조약'이 체결된다. 소련정부는 이 조약과 그 부속 문건에서 다음과 같이 약속했다.(이하 '중국'은 중화민국을 지칭, '동삼성'은 현재의 동북3성과 거의 일치한다.)

■중국에 대해 도의상 및 군수품 기타 물자원조에 동의한다. 이 원조는 물론 완전히 중앙정부, 즉 국민정부에 제공된다.
■동3성(만주)을 중국의 일부분으로 인정, 중국의 동3성에 대한

완전한 주권과 그 영토 및 행정의 보전을 재확인한다.

■소련의 대일전 참전에 따라 중국에 진주한 소련군의 철수에 관해, 스탈린 원수는 '일본 항복 후 3주간 이내에 철수를 시작' '늦어도 3개월 안에 철수를 완료한다'는 성명을 냈다.

장제스가 쓴 『중국 안의 소련』(마이니치신문사 외신부 역)은 이것들이 지켜지지 않았을 뿐 아니라 마오쩌둥과 충칭에서 평화회담을 하는 사이, 중공은 한편으로 국민당 군을 타도하기 위한 진군을 착착 서두르고 있었다고 쓰고 있다. 일본 패전 직후, 장제스는 어떻게든 내전을 피하려고 마오쩌둥에 회담을 제의했지만, 마오쩌둥은 어떻게든 응하지 않았다. 그래서 헐리(Patrick J. Hurley) 주중 미국대사에게 부탁해 마오쩌둥을 무리해서 옌안에서 데려와 충칭에서 '평화건국회담'을 열었던 것이다. 1945년 10월 10일, 신해혁명을 기념하는 쌍십절이 되는 날 '쌍십협정'을 발표했다. 내전을 하지 않는다고 발표했지만, 다른 한편에서 마오쩌둥은 내전 긴급 지시를 내리고 있었다.

장제스는 『중국 안의 소련』에 다음과 같이 쓰고 있다(103~104쪽).

9월 11일부터 10월 11일까지 각지의 중공군은 장장 2백 개 도시를 점령하고 쟈오지(膠濟, 칭다오 ― 제남), 진푸(津浦, 톈진 ― 푸커우), 룽하이(隴海, 하이저우 ― 간수 성), 징수이(京綏, 베이징 ― 수이위안), 베이닝(北寧, 베이징 ― 랴오닝), 더스(德石, 더저우 ― 스자좡), 징한(京漢, 베이징 ― 한커우), 다오칭(道淸, 다오커우전 ― 경한선 신향 청화)의 각 철도연선에서 제각기 여러 곳의 거점을 점령하는 한편으로 화북, 화중간의 교통 간선을 제압하고 또 북으로는 보하이만(渤海灣) 안의 산하이관(山海關)에서 남으로는 절강성 항저우에 이르는 해안선, 산서성 위안취(垣曲)에서 하남성 우즈(武陟)까지 황하 연안에 접한 장쑤, 안후이 두 성의 양자강안과 대운하 일대의 수상교통에도 위협을 가하고 있었다.

9월 11일 이후에는 매달 국군이 각지에서 일본군의 항복을 수리하며 연합국 군사령부의 규정에 따라 일본에 송환했다. 그러나 중공군은 차하르, 허베이, 산시(산서), 산둥 및 장쑤 성 북부에서 3만에 가까운 일본군을 포위해 무장해제하면서도 일본에 송환하지 않았다.

이 같은 상황에 있었다면 타이완으로 도주한 장제스가 '대륙 탈환'을 목표로 오카무라 야스지에 지원을 부탁한다 해도 이상하지 않을 것이다. 후나기 시게루는 『오카무라 대장』의 에필로그에서 다음과 같이 쓰고 있다(345쪽).

귀국 후, 오카무라 대장은 장제스 총통의 요청을 받아들여 정치, 경제적 문제를 빼고 단지 종전시의 은혜와 의리에 보답한다는 명목으로 소화 25년(1950년) 2월, 토미타 나오스케(富田直亮) 소장을 단장으로 한 19명의 육군참모를 타이완에 보냈다. '백단白團'으로 불린 이 군사고문단 파견은 이후 15년간 지속됐고, 단원은 연인원 83명에 달했다.

후나기 시게루 자신은 전직 육군 소좌. 지나파견군 참모였던 군인으로, 오카무라 야스지의 부하였다. 따라서 상당히 신뢰할 수 있는 정보라고 생각한다. 후나기가 『오카무라 대장』을 출판한 것은 1984년이다. 그 상세한 정보가 실은 2009년 중국공산당신문이 발행하는 잡지 『세기世紀』에 실려 차츰 인터넷상에 전재되면서 지금도 계속 확산되고 있다.

그 기사 중에 가장 흥미로운 것은 '백단'에 관한 정보가 '1951년 봄, 홍콩의 신문에 보도됐다'는 사실이다. 홍콩은 랴오청즈가 1940년 전후에 팔로군의 정보 근거지를 설치한 곳이다. 원래 지하활동이었기 때문에 일본이 패전하고 영국령으로 회귀한 뒤에도 스파이 활동은 활발하게 벌어지고 있었을 것이다. 이런 정보를 놓칠 중공이 아니다. 곧바로 랴오청즈를 통해 마오쩌둥에게 올라갔을 것이다.

사정이 이러니 마오쩌둥은 어떻게 해서라도 오카무라 야스지를 방중하게 해 자기 편으로 끌어들이고 싶었을 것이다. 장제스 국민정부를 타이완으로 몰아내긴 했지만, 베이징정부로서는 아직 '국공내전'이 끝난 상태가 아니었다. 타이완을 공격하려면 공군과 해군의 증강이 불가결하다. 전 관동군 제2항공군단 제4연성대대의 하야시 아이치로 등을 중공 측에 끌어들여 항공학교를 설립하긴 했지만, 조선전쟁에 따라 미국은 타이완에 제7함대를 파견해 완전히 타이완 측에 붙어 버렸다. '중국'이란 나라를 대표해 유엔에 가입한 것은 '중화민국'이었다. 그런 의미에서 마오쩌둥은 아직 국공내전에서 승리하지 못했다는 것과 같은 것이다.

특히 국공내전 후반에는 이미 장제스를 버린 듯했던 미국이 조선전쟁 발발에 따라 타이완에 대한 태도를 바꿔 장제스에게 중국 대륙의 동해안에서 게릴라전을 벌이게 하는 식으로 조선전쟁에 투입되는 중국인민지원군의 병력을 줄이려 시도하고 있었다. 그 일환으로 남해안을 공격하면 어떻겠느냐는 것이 미국의 입장이었는데 장제스는 이 전략에는 그다지 찬성하지 않았다.

이때 미국은 장제스가 '백단'을 설치해 전직 일본군의 지원을 받고 있다는 사실을 알고 격노했다. 다시 말해 '두 번 다시 군국주의는 허용하지 않는다'는 것이 기본에 깔려 있기 때문이었다. 따라서 1946년에 제정된 일본국헌법 제9조에서 그 취지를 명문화했다. 그런데 1950년에 조선전쟁이 발발했기 때문에 미국은 돌연 일본을 극동을 지키는 근거지로 자리매김을 시작, 경찰예비대의 창설과 일미안보조약의 체결을 일본에 요구하고 있었다.

일본의 군사행동에 대한 미국의 자세는 이 시점부터 내부모순을 안고 있었다. 장제스에게는 일중전쟁 중에 미국이 파견한 군사고문의 존재 때문에 골치를 앓아 3년을 헛되이 보낸 아픈 경험이 있었다. 그런 탓에 미국의 충고보다도 오카무라 야스지가 이끄는 백단을 믿었음에 틀림없다. 그러나 미국이 자기편에 붙어 달라고 하니 이를 거부할 이유도 없었다.

1953년 7월 27일, 조선전쟁이 협정과 함께 휴전 상태로 들어가자 마오쩌둥은 중국인민해방군의 힘을 타이완에 집중하기 시작했다. 1954년 9월 3일, 진먼다오를 지키고 있던 중화민국 국민당군을 향해 중국인민해방군이 포격을 가했다. 이로 인해 중화민국과 미국은 같은 해 12월 2일, '미화美華상호방위조약'을 체결한다.

이번에는 중국인민해방군 화동군구의 장아이핑(張愛萍) 참모장이 중화민국이 힘겹게 지키고 있던 저장 성(浙江省)의 '이쟝산다오(一江山島)'를 1955년 1월 18일 포격을 통해 점거했다. 그러나 중화민국은 타이완 본섬과 펑후 섬 이외에 푸젠 성(福建省)의 진먼다오(金門島)와 마주다오(馬祖島)를 사수해 대륙 반격의 기회를 노리고 있었다. 이 때문에 마오쩌둥은 1955년부터 56년에 걸쳐 중화민국의 영토 진먼다오에 접한 중국 대륙의 동해 옌안에 비행장 건설과 군용도로, 또 유사시를 위한 물자운반과 병사 이동을 확보하기 위한 철도 부설 등을 서두르고 있었다.

마오쩌둥은 사실 누구보다도 일본군이 가장 강하다는 인식을 갖고 있었다. 왜냐하면 조선전쟁에서 중국인민지원군 총사령으로 미·영군과 싸운 적이 있는 펑더화이가 '세계에서 가장 강한 군대는 일본군이고 미·영군은 두 번째'라고 했기 때문이다. 펑더화이는 또 일본군 총사령관이었던 오카무라를 존경하며 '적이지만 강한 장군'이라고 평가했다. 한편, 오카무라도 '백단대전百團大戰'(진남유격전, 정태전역이라고도 하는 일중전쟁 당시 격렬했던 유격전)을 치른 펑더화이를 존경하며 '중공에는 대단한 장군이 있다'고 높이 평가하고 있었다.

또 하나 큰 이유는 미국이었다. 일본은 패전 후 GHQ(연합국총사령부)의 통치하에 있었는데, 중국은 일본이 미제국주의에 의해 식민지화되고 있다'고 간주해 격렬한 반미운동을 일으키고 있었다. 중공 입장에서 조선전쟁 후 대중 포위망을 형성하고 타이완을 지원하기 시작한 미국만큼 '악의 나라'는 없었다. 필자는 그 때 톈진의 소학교에 다니고 있었는데, 거리에는 '트루먼과 요시다 시게루가 피로 물든 달러와 포탄을 가지고 있다'는 포스터가 나붙었고 학교에서는 트루먼을 매도하는 구호가 울려 퍼졌다. 트루먼을 비난하는 노래가 등장하고, 우리는 매일 그 노래를 불렀다.

그 때문에 마오쩌둥은 센카쿠 제도를 포함한 오키나와 현을 명확히 일본 영토라 부르며, '미국은 식민 지배를 멈추고 일본에 돌려주라'고 주장하고 있었다.

미국에 종속된 정치가는 '악'이라면서 패전 후에도 미국을 증오, 적대시하고 있던 전직 일본 군인을 마오쩌둥은 환영했다. 그런 의미도 있어서 마오쩌둥은 오카무라 야스지의 방중을 원했던 것이다. 그래서 1955년 11월 28일, 엔도 사부로와 만난 마오쩌둥은 '이 다음에는 전직 일본 군인을 데리고 방문하시면 좋겠다'라고 당부한 뒤 '대장급의 군인이 좋겠다'고 엔도 사부로에게 분명하게 요구한다. 게다가 중국에서 온 방중 희망자 명단 중에는 명확히 '오카무라 야스지'의 이름이 있었다. 이것을 받아 본 엔도 사부로는 죽기 살기로 오카무라 야스지에게 방중을 부탁하는데, 오카무라는 '타이완과의 관계가 있다'면서 방중을 단호하게 거절한다.

1950년대 중국 대륙과 타이완과의 관계는 여전히 불안정한 상황이라 어느 쪽으로 흘러갈지 모르는 요소를 품고 있었다. 이 때문에 마오쩌둥은 전직 일본군을 열렬히 환영했던 것이다. 그런 까닭에 '이미 좌경화된 방문자'의 사죄 따위는 듣기 싫어했던 것이다.

엔도 사부로를 통해서는 오카무라 야스지를 초빙할 수 없다는 것을 안 마오쩌둥은 동시진행으로 츠지 마사노부(辻政信, 전 육군 대좌)도 상대하고 있었다. 츠지는 패전 후 능숙하게 처신해 1952년에는 중의원에 당선됐기 때문에 그 나름 힘이 있는 것이 아닌가 생각했을 것이다. 하지만 츠지에게는 적이 많았고, 이와이 에이이치도 츠지를 미워했다. 한때는 이와이에게 아첨해 이와이공관에도 드나들었지만, 뒤로는 이와이를 배신해 이와이를 상하이에서 광저우로 좌천시켜야 한다고 움직인 당사자가 바로 츠지인 것을 나중에 알았기 때문이다. 츠지는 『동란의 눈—아시아 아랍 지도자와 말한다』(츠지 마사노부 저, 마이니치신문사, 1958년)에서 중국 수뇌부와의 회담을 기록했는데, 1961년 돌연 외유지에서 행방불명됐다. 물론 오카무라 야스지는 츠지의 권유도 거절했다.

츠지는 일본의 역사평론가들이 '쇼와의 우장愚將'이라고 혹평하는 인간이다. 마오쩌둥이 그런 인물에 대해서조차 '전직 일본 군인이니 어떻게 해서든 불러내고 싶다'고 한 것은 츠지를 알고 있는 일본인으로서는 일종의 놀라움일 수도 있다.

마오쩌둥이 대약진운동의 실패로 대기근이 발생하자, 장제스는 이 때야말로 대륙 탈환의 기회라고 여긴 나머지, 1962년에 국광계획國光計劃이란 대륙반공전략大陸反攻戰略을 백단과 함께 구상하는데, 미국은 전면전으로 비화될 것을 염려해 반대한다. 미국의 지원이야 말로 장제스로서는 최후까지 자신의 손발을 옭아매는 속앓이였음에 틀림이 없다. 1966년에 오카무라 야스지가 타계하자 백단도 자연스 레 소멸되어 갔고, '대륙탈환전략' 도 마침내 장제스의 고령화와 중국 에 대한 미국의 미묘한 변화에 따라 유명무실해지고 있었다.

장제스가 목표로 한 것은 '타국의 지배를 받지 않는 독립국가 중 국' 이었다. 중소 대립을 목도한 장제스는 아마도 이것으로 족하다' 고 생각했을지도 모른다. 다만 장제스는 저서 『중국 안의 소련』에서 '공산당이 지배하는 국가는 반드시 독재로 가고 머지않아 패권을 지 향한다' 고 기록했다. 그런 점에서 '공산주의 국가는 최종적으로는 반드시 멸망한다' 고 예견하고, 중국이 공산주의 국가인 것에 관해서 는 매우 비판적이었다.

이 분석은 맞아 떨어지고 있는 것은 아닐까. 참고로 조선전쟁이 휴 전한 1953년, 마오쩌둥은 중국에 여전히 남아 있던 유용기술자留用技術者 등 일본인과 그 가족을 한시라도 일찍 귀국시키도록 했다. 필 자 일가도 1953년 9월에 반강제적으로 귀국하게 됐는데, 1990년대 가 되어서 재회한 톈진소학교의 교원은 수십 년 만에 만난 필자에게 다음과 같이 말했다.

'사실을 말하자면 당시 일본인을 귀국시킨 것은 이대로 계속 중국 에 머물러 있다가는 일본인이 중국을 혐오하게 될 것을 걱정한 마오쩌둥의 명령이 있었기 때문' 이라는 것이었다.

교과서에는 씌어 있지 않아도 일중전쟁시대 일본군의 잔학행위에 대한 중공의 과장된 선전선동이 중국 인민들에게 그대로 먹혀 들어가 당시까지도 일본을 지나치게 미워하고 있었기 때문이라고 은근슬쩍 가르쳐준 것이다.

역사 인식에 관하여

　일찍이 일본의 군부가 대단히 어리석은 방향으로 나아가는 바람에 중국과 한국을 포함한 주변 여러 나라 국민에게 어떤 위해를 가했는지, 그리고 결과적으로 일본 국민 자신에게도 어떤 위해를 초래했는지에 대해서는 새삼 이야기할 것도 없을 것이다. 하지만 그 일본군과 공모해서 국민당 병사를 죽이게 한 것은 지금 천안문에 초상에 걸려 있는 그 마오쩌둥이다. 그리고 그 중국공산당 정권을 탄생시키는 데 결정적 역할을 한 것은 다름 아닌 일본군이었다. 이 아이러니한 사실을 우리는 어떻게 자리매김하고 소화하면 좋을까?

　일본은 확실히 일러전쟁으로 서구 열강에 의한 일본의 식민지화를 막는 데 성공했다. 여기까지는 쑨원도, 장제스도, 마오쩌둥조차도 높이 평가하고 예찬하고 있다. 만약 일본이 그 시점에서 전장의 확대를 멈추는 것이 가능했더라면, 중공군은 절대로 강대해지지 못했을 것이다. 그렇게 됐다면 지금 일본의 이웃에 있는 '중국'은 '중화인민공화국'이 아니라 틀림없이 '중화민국'이었을 것이다. 이는 마오쩌둥 자신도 인정하고 있는 사실이며 바로 이 때문에 '황군에 감사하다'고 한 것이다.

　자, 그렇다면 공산당정권인 중국이 현재 일본에 대해 지겹도록 들이대는 '역사 카드'는 도대체 무엇인가 하는 문제에 봉착하게 된다.

이 책의 집필의도는 애초부터 침략전쟁의 정당화를 위한 것이 아니다. 그것을 명확히 하고 단지 (중국이 들이대는) 역사 카드의 정체를 속속들이 파악하고 싶을 뿐이다.

서문과 제3장에도 언급했듯이 마오쩌둥은 한 번도 일본에 역사문제를 제기한 적이 없고, 살아 있을 때 단 한 번도 '항일전쟁승리기념일'을 경축한 적이 없다.

중국이 역사문제를 논하기 시작한 것은, 마오쩌둥이 서거한 지 수년이 지난 뒤의 일이었다. 이때까지 중국 인민은 '난징대학살'에 관해서조차 대부분 모르고 있었다. 그러다가 일본의 '역사교과서 개찬改竄' 등에 의해 처음으로 '난징대학살'이 중국 국내에 널리 알려지게 됐다고 인민일보가 쓰고 있다. 그 밖에도 중일전쟁에 참전한 일본의 전직 군인과 좌익계 저널리스트 등에 의해 알게 되었다는 정보도 중국 대륙의 인터넷에는 있다. 어떻든 간에 일본 측이 그 멍석을 깔아 준 모양새 또한 분명하다.

일중전쟁이 한창이던 시기에 부친이 왕자오밍정권의 선전부 부부장으로 활약하고 있던 장쩌민(江澤民)은 마오쩌둥의 노회한 전략을 알 턱이 없다. 장쩌민은 일중전쟁시대는 일본 군벌 측 관리의 아들로 풍족한 생활을 하고 있었다. 따라서 당시 중국인으로서는 드물게 댄스를 즐길 줄 알았고 피아노도 연주할 수 있었다. 일본이 패전하자 허둥지둥 중국공산당에 접근하는데, 장쩌민은 자기 출신이 중국 인민에게 알려지거나 하면 국가주석은커녕 공산당원 자격도 박탈될 것을 두려워했음에 틀림없다. 장쩌민은 그런 연유로 자신이 얼마나 반일적反日的인지를 보여 주기 위해 1994년부터 시작한 '애국주의 교육' 내용 속에 필사적으로 반일 선동을 삽입하면서 자신의 태생을 감추려 했던 것이다.

항일전쟁승리기념일을 중국 국가 차원에서 경축하기 시작한 것이 1995년부터다. 그 해 5월에 모스크바에서 개최된 '세계반파시즘전쟁승리 50주년 기념축전'에 초대된 장쩌민은 충격을 받았다. 중화민국이 싸운 반파시즘 연합국 측의 일원으로, 자신의 '중국'의 위치는 없는 것이 아닌가. 그 때까지는 중소대립이 있었는데, 1991년 12월에 소련이 붕괴하고 러시아의 옐친 대통령이 중국을 이 축전에 초대해 줌에 따라 장쩌민의 자존심은 대단히 자극받았다.

1995년 9월 3일, 중국에서는 처음으로 전국 단위의 '항일전쟁승리기념일'과 '반파시즘전쟁승리기념일'의 축전이 합쳐져 치러지고 장쩌민은 '항일전쟁'을 '반파시즘 전쟁의 중요한 일부분'으로 자리 잡게 했다. 그리고 그 전쟁에서 '중국공산당이 얼마나 공헌했는지'를 강조하기 시작한 것이다.

일찍이 토지개혁에 의해 혁명을 성공시켜 온 중국공산당은, 지주에 반역한 농민에게 '혁명이 성공하지 못하면 다음에 피의 축제에 올라가는 것은 바로 자신'이라는 공포를 심었다. 그 피의 공포는 대지를 깊이 물들여 신중국 탄생 후 마오쩌둥의 대량살육시대의 출현을 예고하고 있었다. 마찬가지로 반일의 지뢰를 밟아 버린 중국은 앞으로 반일을 계속 외치지 않으면 매국노로 낙인찍히는 나라가 되어 버렸다. 이제 어떻게 해도 되돌릴 수 없게 되어 버린 것이다.

그것은 '대지의 규칙'이며 대지에서 맥박 치는 '혈관'이기도 하다. 필자는 이를 '대지의 트라우마'라고 부른다. 상대를 격렬하게 계속 비판하고 항상 비판하는 측에 서 있지 않으면 자신이 위험해지는 것이다. 당시에는 '반혁명'으로 불리지 않기 위해, 그리고 지금은 '매국노'로 매도당하지 않기 위해, 죽기 살기로 혁명을, 그리고 애국을 외친다. 그것이 대지의 트라우마다.

장쩌민의 반일 선동은 이 지뢰(대지의 트라우마)를 중국 인민에게 밟히도록 해 버렸다. 마오쩌둥 자신은 '애국'이란 단어조차 혐오했다. 신중국이 탄생하기 전의 애국이란 것은 '중화민족'을 사랑하는 것이었다.

마오쩌둥은 '자네들은 그 국민당을 사랑하고, 장제스를 사랑한다고 하는 것인가?' 라고 화를 내고는 했다. 그런 것조차 모르는 장쩌민은, 1989년 6월 4일에 일어난 천안문사건으로 중앙에 등장해 본래는 반일을 위한 것이 아니었던 애국주의 교육을, 자기 개인의 보신을 위한 반일 '트라우마'로 가지고 가게 되어 버린 것이다.

그 영향을 가장 크게 받은 것은 그 이후의 당 지도부일 것이다. 장쩌민에 이어 국가주석직에 오른 후진타오는 애국주의 교육이 불러일으킨 '대지의 트라우마'를 원래의 상태로 돌아가 '조금이라도 친일적이면 곧 매국노로 낙인찍히는 정신문화'를 시정하려 여러 가지로 시도하지만 그런 자신이 매국노, 매국 정권으로 매도되자 황급히 철회해 버렸다. 이를 이어받은 시진핑정권은 더 후퇴가 불가능하게 됐다. 그것이 상태가 더 심해져 2015년 9월 3일, 마침내 신중국 건국 이후 처음으로 항일전쟁승리기념일에 군사 퍼레이드를 개최한다.

오늘날 중국은 역사에 역행할 뿐 아니라 시간을 되돌려, 마치, '항일전쟁'이 승리로 지금 막 끝난 것처럼 열광하는 투다. 역설적이게도 항일전쟁이 끝난 날로부터 멀어지면 멀어질수록 더 뜨겁게 달아오르고 있는 것이다. 2015년 7월 7일(루거우차오사건의 날)부터 9월 3일까지 중국의 중앙텔레비전인 CCTV는 매일 '잊어서는 안 되는 역사'로 항일전쟁 다큐멘터리 프로그램을 뉴스 뒤에 연속해서 방영했다. 그것은 마치, 지금 중국 인민이 항일전쟁을 치르고 있는 듯한 격렬함으로, 9월 3일 저녁에 열린 연예회에서는 난징대학살을 비롯한 극을 통해서 문화대혁명을 방불케 하는 격렬함마저 노정시켰다.

이것이 무엇을 의미하는가. 일단 '대지의 트라우마' 라는 지뢰를 밟아 버린 이상 마지막에는 후퇴가 불가능하고, 다만 오로지 '반일을 가속화하라' 라는 것 말고는 선택의 여지가 없어져 버렸음의 역설적 의미인 것이다. 시진핑정권이 '일본을 패배로 몰아넣은 위대한 중국 공산당' 을 칭송하고, 항일전쟁승리기념 군사 퍼레이드를 개최한 것이 마지막인 셈인데, 이것을 뒤로 돌리는 것은 불가능한 것이다.

그 증거로 시진핑 국가주석은 마침내 '유엔 창설에 공헌한 것은 중국' 이라고 유엔에 관련해서도 역사개찬을 시작했다. 2015년 9월 28일, 유엔 창설 70주년 기념으로 처음으로 연설을 한 시진핑의 위신을 높이기 위해 중국의 매체는 유엔 창설에 공헌한 '중국' 의 특집 프로그램을 편성할 정도였다.

또 하나 반드시 기억해야 할 요소가 있다. 그것은 '보편적 가치관' 이란 외적요인이다. 예를 들면, 지금 일본과 미국 등을 중심으로 구성되고 있는 TPP(환태평양 전략적 경제제휴협정)는 경제 협정이면서도, 실은 아베 신조 수상 자신이 말하고 있는 것처럼 '자유, 민주주의, 기본적 인권 내지 법의 지배' 라는 민주주의 국가가 공유하는 보편적 가치를 내포하고 있다. 이것은 중국이 가장 꺼려하는 것으로 후진타오 정권 당시부터 '서구 측의 가치관' 이라면서 지속적으로 강력히 거부해 왔다. 왜냐하면 보편적 가치관은 삼권분립을 전제로 하고 있기 때문이다.

중국은 절대로 삼권분립을 수용하지 않으며 '특색 있는 사회주의의 핵심 가치관' 을 국가의 사상적 근간으로 하고 있다. '특색 있는' 이란 것은 '사회주의 국가에도 시장경제(저축)를 허용한다' 는 의미로, '사회주의의 핵심 가치관' 은 중국공산당이 법 위에 있는 것 같은

'일당지배체제'를 의미한다. TPP를 보편적 가치관에 의한 중국 포위로 받아들이고 있는 중국은, 지금까지 해왔던 것 이상으로 일본에 대한 역사인식 비난을 강화하고 있다. 일본의 '전쟁범죄'를 국제사회의 공통 인식으로 가져가는 것에 의거해, 가치관 외교의 대중 포위망을 무너뜨리려 하고 있는 것이다. 일미동맹이 강화되면 될수록 일본의 역사인식 카드를 더 높이 들고 미국을 곤란하게 해 약체화시키려 하는 책략인 것이다.

중국은 또 공산당정권을 정당화해 구심력을 높이기 위해서도 일중전쟁 기간 중공의 역사를 왜곡, 스스로를 높여 일본을 지속적으로 비판하는 수법을 취하고 있다. 이것은 서로의 악감정을 증폭시킬 뿐으로 일중 쌍방에 있어 좋은 일이 아니다. 객관적 사실의 검증과 두 번 다시 전쟁의 길을 가지 않겠다는 결의를 재확인하는 것은 불가결하지만, 현재를 방치하면 일중관계의 험악한 악순환으로부터 헤어 나오지 못하게 된다.

여기에 제동을 거는 것은 '마오쩌둥이 일본군과 공모했다는 사실'을 전 세계에 확산시키는 것밖에는 없다. 중국은 격렬한 저항을 할 것이고, 일부 일본인은 중국의 분노가 두려워 사실을 직시하는 용기를 억누를지도 모른다. 그러나 이 책에 쓴 것은 사실이다. 이 사실을 국제사회가 공유하는 인식으로 가져가는 노력을 일본이 하지 않는 한, 이를테면, 사실이 확인되지 않은 '난징대학살' 자료를 유네스코 세계기억문화유산에 등록한다든지, 한국 등 관계국의 목소리에 이끌려 반드시 정확하다고도 할 수 없는 '위안부 자료'를 유네스코에 공동 제출해 기정사실화해 버리는 사태가 일방적으로 진행되고 있는 것에 대한 방치를 들 수 있다. 이러한 일련의 현상을 종식시키기 위해서는 중국 건국의 아버지, 마오쩌둥의 진상을 통해 국제사회에 공산당정권이 어떻게 탄생했는지를 정확히 알려주는 것 말고는 길이 없다고 확신한다. 진정한 일중 상호이해를 위해서도, 그리고 두 번 다시는 전쟁을 부르지 않기 위해서라도 일본은 논리적 무장에 힘을 쏟아야 하는 것이다.

이 책이 일조가 된다면 다행이다.

※ 참고로 여담이지만, 일본의 인터넷에 나오는 중공군(팔로군과 신사군)이 얼마나 용감하게 일본군과 싸웠는지에 대한 정보 출전을 조사했더니, 거의가 중국공산당의 당사에 의거하고 있다는 것을 알았다. 확실히 하기 위해 덧붙인다.

마오쩌둥은 얼마나 많은
중국인을 살해했을까?

1949년 10월 1일 신중국(중화인민공화국)이 탄생한 뒤, 마오쩌둥은 끊임없이 정치운동을 전개해 중국 인민을 살육해 왔다. 목적은 '제왕'으로서 스스로의 존재가 흔들리지 않도록 하기 위해서였다. 그것은 신중국 탄생 전인 1941년부터 45년 초까지 전개된 옌안정풍(延安整風)의 수법 그 일단을 보여 준다.

1941년 9월, 마오쩌둥은 옌안에서 왕밍에게 "나는 마르크스-레닌주의가 아닌 마오쩌둥주의를 만들 생각이다. '주의'를 만들어 당내에 침투시켜 놓으면, 내가 죽은 뒤에도 인민은 나를 부정할 수는 없게 된다. 따라서 중국공산당사상을 마오쩌둥사상으로 바꾸어 칭하는 것"이란 취지의 말을 했다. '마르크스-레닌주의의 중국화'라고 하면 듣기에는 좋다. 확실히 레닌이 주도한 러시아혁명은 도시 노동자 중심으로 한 것이며, 마오쩌둥이 수행한 중국공산당혁명은 농민을 중심으로 처음으로 성공했다. 그런 의미에서는 서로 다르다.

그러나 중국공산당사상을 마오쩌둥사상으로 바꾸는 목적은 개인숭배를 철저하게 해서 자신의 위치를 절대적인 것으로 만들기 위한 것이었다. 왕밍은 이렇게 적고 있다. 왕밍은 『중공 50년』에서 마오쩌둥이 얼마나 진시황제를 숭배하고 자신이 현세뿐 아니라 사후에도, 말하자면, '영원한 제왕'으로서 계속 숭배될 것을 갈망했는지를 마오쩌둥의 발언으로 기록에 남기고 있다.

마오쩌둥은 모스크바의 지배로부터 벗어나는 것을 꾀했을 뿐 아니라 자신이 참가하지 못했던 1919년의 5.4운동도 부정했다. 이 두 사례에 공통되는 것은 '지식인' 인텔리인 것이다. 모스크바에서 귀국한 인텔리가 잘난 척하는 것을 격하게 미워했고, 베이징대학 학생을 중심으로 전국에 확산된 애국민주운동이었던 5.4운동을 마뜩치 않아 했다. 그 결과, 자신을 부동의 지위로 가져가서 마르크스—레닌주의(특히 레닌주의)와 5.4정신 대신에 '영수領袖(최고 지도자) 지상주의, (농민을 중심으로 한) 집단주의'를 종지宗旨로 한 마오쩌둥사상을 심게 된 것이다.

이를 위해 전개한 것이 '옌안정풍운동'이다. 이 정풍운동에 의해 1만 명에 달하는 당원과 시민이 참살 당한다. 정풍운동의 대상으로 몰리면 생손가락을 절단 당하는가 하면, 여성의 경우에는 유방을 도려낸다든지 해서 서서히 죽게 만드는 식의 옌안정풍운동의 잔학상을, 훗날 생존자의 구술을 받아 적어 기록한 『붉은 태양은 어떻게 떠올랐는가』[가오화(高華) 제는 남김없이 묘사하고 있다.

이때 사형집행인은 캉성이었다. (스탈린 대숙청의 사형집행인으로 불린) 소련 베리아의 수법을 배워 온 것이다. 1943년에는 흔히 '구제활동'으로 불리는, '타인을 밀고하면 당신은 봐준다'고 하는 밀고 제도를 장려해 중국에서는 지금도 이른바 '밀고문화'가 깊이 뿌리내려 있다.

옌안정풍의 성공사례는 신중국 건국 후에도 집요하게 실시되어 왔다. 여기에서는 간략하게나마 마오쩌둥이 어느 정도나 중국인을 살육했는지에 한해 고찰해 보기로 한다. 애당초 중공중앙이 여기에 관해 정확한 수치를 발표할 리가 없고, 정확한 근거를 검증하려면 그것만으로도 한 권의 책으로는 부족할 정도의 분량이 필요하기 때문에, 이 책의 주제 관계상 개략의 수치로 서술해 남긴다.

우선 1951년부터 '오직汚職, 낭비, 관료주의'에 반대하는 '삼반운동'을 개시하는데 이것이 1952년까지 계속되면서 '증회贈賄(뇌물공여), 탈세, 국가 자재의 횡령과 부실, 재료를 속이는 것, 경제정보 절도'에 반대하는 '오반운동'으로 발전되어 간다. 이를 '삼반오반운동'이라고 부르는데, 삼반오반운동으로 체포, 투옥된 사람의 수는 대략 200만 명에서 300만 명으로 알려져 있다. 삼반오반운동은 조선전쟁에서 준동하기 시작한 국민당 계열 (반혁명)분자들을 숙청하는 것이 목적이었다. 마오쩌둥은 당시 뤄루이칭(羅瑞卿) 공안부장에게 '조선전쟁이란 이 절호의 기회를 놓치지 말고 반혁명분자를 철저히 숙청하라'고 지시하면서 숙청 인원을 '전인구의 1000분의 1까지를 수치 목표로 하라'고 명령했다. 당시 필자는 소학교 교과서에서 '우리나라는 6억의 인구를 가진다'고 배웠기 때문에(정확히는 5~6억 명) 3백만 명은 지나치게 많은 숫자였다. 그들 대부분은 물론 옥사했다.

다음으로 1956년 2월에 소련 후르시초프 제1서기가 스탈린을 비판한 것에 충격 받은 마오쩌둥은 '설마 자신도 죽은 후에 비판당하는 것은 아닐까'라고 의심해, '어떤 비판이라도 하고 싶은 대로 해도 좋다'는 '백화제방, 백가쟁명' 운동을 일으켰다. 그런데 많은 지식인이 공산당을 비판하고 마오쩌둥 독재를 우려하고 있다는 것을 알게 되었고, 이듬해인 1957년 '반우파운동'(57운동)의 전개를 통해 자유롭게 의견을 개진한 이들을 우파분자로 몰아 일망타진해서 체포, 투옥해 버린다. 중국정부의 발표로는 50만 명이라고 하는데, 필자의 친구는 지금도 적지 않은 '57운동'의 살아 있는 증인인 '57노인'으로 활동하고 있으며, 300만 명이 숙청당했다고 증언한다.

당시에는 아직 공산당과 국민당 사이에서 흔들리는 이가 많았고, 적화시키기 전 국민당원 내지 국민당원을 지지했던 지식층 중에는 삼반오반운동으로 인하여 공산당 통치에 공포감을 갖게 된 이들도 적지 않았다. 이들을 포함한 '우파'란 딱지가 붙은 그룹을 숙청한 마오쩌둥은 이어서 자신이야말로 급진적인 사회주의 노선을 실현시킬 능력을 가지고 있다는 것을 국내에 알리려고 1958년, '대약진운동'을 내놓는다. 15년 안에 영국을 뛰어넘는 철의 증산을 위해 전농민을 동원하는 것이었는데 쓸모없는 대량의 조악한 철제품과 전답의 황폐화만을 초래함으로써 '수천만 명'의 아사자를 유발시켰다. 그 책임을 지고 1959년에 국가주석 사임에 몰린 마오쩌둥은 국가주석이 된 유사오치가 미워 견딜 수 없었다. 어떻게 해서든 유사오치를 국가주석 자리에서 끌어내리고 자신의 위신을 회복하기 위해 1966년에 '문화대혁명'을 발동한다.

문화대혁명으로 말미암아 유사오치는 극심한 폭력과 굴욕을 겪은 뒤 옥에 갇혔다가 1969년 기어이 옥사한다. 그래도 마오쩌둥의 분노는 수그러들지 않았는데, 문화대혁명은 마오쩌둥이 사망한 1976년이 되어서야 서서히 종식된다. 1978년 12월 13일, 중공중앙공작회의 개막식에서 예젠잉은 '문혁으로 숙청된 이는 1억 명, 사망자는 2천만 명, 손실은 8천억 위안을 웃돈다'고 발표했다. 최근의 구미 쪽 연구로는 2천만 명보다는 적을 것이라는 설도 있지만 그래 봐야 오차 범위 내일 것이다. 예젠잉이 통계수치를 과장해서 냈다고는 생각되지 않는다.

문혁이 시작되자 마오쩌둥은 '국가주석 자리는 필요 없다'면서 주석 자리를 공석인 채로 남겨두었다. 그런 까닭에 1978년 3월부터 전국인민대표대회(전인대) 상무위원회 위원장에 취임한 예젠잉이 사실상의 국가원수였다. 바로 이 예젠잉이 판한넨 등이 홍콩과 상하이에서 스파이 활동을 할 때, 여류작가 관루(關露)를 여성 스파이로 만들어 왕자오밍정권의 특무기관 76호 리스췬 밑으로 파견한 인물이다 신중국 탄생 이후 실제로 '중국 인민'을 살해한 것만 대략 7천만 명이다. 여기에, 이를테면 필자가 체험한 챠즈의 아사자 수, 그리고 군사정보를 팔아넘긴 일본군에 살해된 국민당 군인의 수를 포함하면 더 늘어난다. 중국인 중에는 마오쩌둥이 살해한 중국 인민의 수를, 살해당한 사람들 속에 포함된 적령기 남녀가 출산했을 아이들 숫자까지 집어넣어 1억 명으로 추산하는 이도 있다.

　적게 잡아 7천만 명, 아니 5천만 명이라 해도 동서고금 인류역사상, 한 사람이 이 정도로 많은 자국민을 살해한 자는 마오쩌둥밖에는 없지 않은가. 게다가 이는 전쟁이 끝난 후 죽인 자국민 숫자다. 전쟁 때문도 아니고, 아무 일도 없었더라면 평화로웠을 터인데, 국가 건설에 따라 국민이 행복해질 시기에 살육한 자국민의 숫자인 것이다. 이 사실 하나만으로 생각해도 일중전쟁 시대에 '중화민족을 일본군에 팔아넘긴' 정도는 거리낌 없이 한 것은 쉽게 상상이 갈 것이다.

　그렇지만 오늘날 중국에서 마오쩌둥은 신의 존재를 무색케 할 정도로 숭배되고 있다. 그런 의미에서 마오쩌둥의 제왕학은 성공한 셈이다. 또 결과론적으로 말하면, 마오쩌둥사상은 중화인민공화국이라는 국가를 오늘까지 유지시키는 데 성공하고 있는 셈이라서 '결과는 모두 옳다'는 식으로 귀결됐는지도 모를 일이다.

　셰여우톈은 『항일전쟁 중, 중국공산당은 무엇을 하고 있었나―숨

겨진 역사의 진실』에서 '마오쩌둥은 대죄인이며 극악한 인간이다'
는 취지를 몇 번이고 쓰고 있는데, 필자가 비록 여기까지 오긴 했지
만 사실 전적으로 그리 생각하지는 않는다.

마오쩌둥은 단지 '제왕학의 궁극에 도달한 인물'이며 시국을 날
카롭게 궁극의 경지까지 꿰뚫어보고 자신이 이기는 전략을 실행했
을 뿐으로, 이를 '악'으로 단죄할지의 여부는 쓰는 사람의 주관의 문
제다. 필자의 소견으로 마오쩌둥은 '거짓 선전을 하게 한' 점도 포함
된, 전략적이기도 하면서 '정직'했던 것으로, 그 의미에서는 '장하
다'('적이지만 존경할 만하다'는 뉘앙스를 포함한)고 할 만한 경외의 느낌
까지 갖게 한다.

다만, 역사를 왜곡해서 부조리한 사실史實을 영원히 계속 감추기
위해서는 '중선부(중국공산당중앙위원회 선전부)'가 창조한 '신화'는
불가결한 노릇이라 그 '신화 만들기'에 지금도 여전히 매진하고 있
는 중선부는, 정녕 '죄 만들기'를 하고 있다고 해도 좋을 것이다.

무엇보다 그 덕분에 현재의 공산당정권이 초래하고 있는 부패와
불평등에 대해 인민이 '마오쩌둥시대는 가난했지만 평등해서 좋았
다'라는 '붉은 노스탤지어'를 품는 현상을 가져왔기 때문에, 시진핑
정권도 애를 먹고 있음에 틀림없다.

그럼에도 불구하고 시안사건으로부터 약 80년, 지금에 이르기까지
줄곧 '중화민족의 꿈, 공산당의 꿈'을 사람들에게 주입해 세뇌시켜
온 중선부의 힘은 만만치 않다.

필자는 1946년 4월, 당시 창춘 시 서기였던 린펑(林楓)이 파견한
자오형(趙兄)의 혁명과 마오쩌둥을 향한 뜨거운 마음을 들은 이래,
오랫동안 그 '뜨거움'을 마음 어딘가에 계속 간직해 왔을 정도였다.
그 정도로 그 세뇌의 전염력과 침투력에는 무시무시한 것이 있다.

그 젊은 팔로군은 누구였을까?

이번에 이 책을 집필하면서 문득 '자오안보(趙安博)'란 이름이 마음에 걸렸다. 자오안보는 이 책 제7장에서 다룬 마오쩌둥이 일본에서 온 손님과 만날 때 붙인 통역 가운데 한 명이었다. 한 사람은 랴오청즈, 또 한 사람이 자오안보였다.

일본어가 가능한, 자오(趙)라는 성씨….

깜짝 놀라 자오안보의 과거를 인터넷에서 찾아보았다. 다행히 그가 1945년 10월 창춘에 있던 만영滿映(만주영화협회)의 접수 작업에 관계했고, 게다가 그 뒤에는 일교(일본교민)관리위원회의 중국 측 담당자가 되어 있다는 사실을 알게 됐다. 자오안보는 당시 창춘에 있던 것이다.

필자의 부친과 꽤나 사이가 좋았던 린펑은 1948년부터 중공중앙 동북국 상무위원이 된 큰 인물로, 자오형은 그 린펑이 직접 파견한 팔로군이다. 더구나 당시 거의 농민 출신의 팔로군들 가운데에서 드물게 자오형은 일본어를 말할 수 있는 인텔리였다. 웃으면 눈이 가늘어지는 상냥한 표정을 가진 젊은 팔로군이었다.

그는 당시 27세였다. 도쿄제국대학에 유학한 적도 있었던 것 같았다. 필자는 그가 말해 준 '너는 작은 영웅'이라는 말에 고무되어 톈진의 소학교에서 일본인으로서 온갖 괴롭힘을 당해도, 그의 말을 되새기며 마음을 다잡았던 시절이 있다. 한편으로는 챠즈의 한가운데서 '자오형은 거짓말쟁이'라고 미워했고 '뭐가 마오쩌둥이고 뭐가 붉은 태양이냐'고 늘 마음속 한가운데서 씨름해 왔다.

그 자오형이 자오안보였던가?

'미완의 혁명'으로 자리매김하고 마침표를 찍지 않고 싸워온 나의 인생이었지만, 지금 겨우 그 마침표가 찍히는 듯한 느낌이 든다. 자오형이 누구였는지 발견했기 때문만은 아니다. 그것도 조금은 있겠지만, 뜨거웠을 법한 그 '혁명'의 실태다. 그 실태가 여기에 쓴 것과 같다는 것을 알았기 때문이다. 점과 점, 선과 선으로 포위된 면의 한 가운데서 뜨겁게 타오르고 있었던 중국의 민(民)!

그들은 진심으로 '혁명'을, 그리고 '마오쩌둥'을 믿고 있었다. 나조차도, 자오형의 한 마디에 물들어, 일생을 허우적거려 왔기 때문이다. 그 막다른 지경에 몰린 시대, 자오형이 그랬던 것처럼, 팔로군과 신사군들 자신은 필사적이었다고 믿고 있다. 그들의 명예를 위해, 그들 자신은 진정으로 중국을 생각하며 싸울 때는 용감 과단했다는 사실을 여기에 기록한다.

이 책을 집필할 때 마침 엔도 사부로 씨의 손자 엔도 토쿠코 씨와 사이마 시 박물관 직원들, 그리고 『지나파견군 총사령관 오카무라 야스지 대장』의 저자 후나기 시게루 씨의 부인은 나에게 많은 친절과 후의를 베푸셨다. 감사의 말씀을 드리고 싶다. 『환상의 일중평화공작 군인 이마이 타케오의 생애』의 저자 이마이 타케오 씨의 아들 이마이 사다오 씨는 바쁜 와중에도 5천 점에 이르는 자료 중에서 양판(楊帆)에 관한 자료 유무를 조사해 주셔서 어떻게 감사해야 할지 모르겠다.

사실 마오쩌둥에 관해 써 달라는 제의가 일찍부터 '신초신서'의 요코테 다이스케 씨로부터 있었지만, 다른 책의 집필과 강연 등이 잡혀 있어 시간을 잡지 못하고 미루어 왔다. 가까스로 집필을 하다 생각지도 않았던 생애의 숙제에 해답을 발견할 수 있었던 것은 전적으로 요코테 씨의 열의와 성의 덕택이다. 중국이 챠즈의 사실을 인정하지 않는 한 '나의 혁명전쟁'은 끝나지 않는다고 나 스스로에게 계속 말하며 중국 문제와 씨름해 왔는데, 더 빨리 본 모습의 마오쩌둥에 초점을 맞춰야 했기 때문일지도 모르겠다.

마오쩌둥의 심경변화에 바짝 다가가며 사실을 철저히 추적함으로써 필자로서 나 스스로와의 마음의 싸움에 가까스로 마침표를 찍게 됐다고 생각한다. 요코테 씨에게 진심으로 감사한다.

※덧붙임; 필자는 일본 국내에 있어 일본군의 상세한 정보와 관련해서 충분한 지식을 가지고 있지 않습니다. 사실 오인이 있는 경우 양해를 바라며 아무쪼록 지적이나 가르침을 주셨으면 좋겠습니다. 또 이 책은 마오쩌둥의 인생을 묘사해, 일중전쟁 당시 마오쩌둥이 무엇을 했는지에 초점을 맞추고 있습니다. 그 밖의 상세한 내용과 관련해서는 생략하고 있다는 점을 이해해 주셨으면 합니다.

옮긴이 보충 해설

엔도 호마레 박사의 이 책은 마오쩌둥이 일본을 어떻게 바라봤는지에 주로 초점을 맞추고 있어 한국 독자 입장에서는 신선하면서도 배경을 모르면 이해하기 힘든 부분이 간혹 있다. 이에 독자의 이해를 돕는 차원에서 본문 중에 나오는 인물들인 '중화인민공화국(중국)'과 '중화민국(대만)'이 동시에 국부로 추앙하는 쑨원, 중화민국의 국부 장제스, 마오쩌둥의 충실한 2인자였던 저우언라이가 일본에 대해 어떤 입장을 취했는지 독자의 이해를 돕기 위한 역자의 부연 설명을 별도의 장으로 덧붙인다.

마오쩌둥이 인용한 일본 한시
〈장동유제벽將東遊題壁〉

將東遊題壁   釋月性

男兒立志出鄕關, 志若無成死不還, 埋骨豈惟墳墓地, 人間
到處有靑山

남아가 뜻을 세워 고향을 나서니 학문을 이루지 못하면 돌아오지
않으리.

뼈를 어찌 묘에만 묻어야 하는가, 인간 도처가 청산인 것을.

일본 에도 메이지시대는 일본의 모든 분야가 고양되는 시기였듯이
한시 수준 또한 상당했다. 칠언절구인 이 시는 남아가 뜻을 세워 출
가할 때의 결심을 유장하게 그리고 있다. 〈장동유제벽將東遊題壁〉이
란 제목의 이 시의 작자는 막말 시기 존황양이파의 승려인 겟쇼(月性)
다. 나가사키에 유학하면서 네덜란드 군함을 보고는 바다 방비(海防)
의 필요성을 막부에 호소해 해방승海防僧으로도 불린다.

겟쇼는 1843년 여름 뜻한 바 있어 상경하게 되는데, 이때 지은 시
가 장동유제벽이다. 야마구치 현 출신인 그는 오사카, 에도 등지를
17년 동안 전전하며 당대의 명사와 사귀었는데, 하기의 요시다 쇼인

과는 의기투합했으며 사츠마 번의 사이고 타카모리보다는 11세 연상이지만 그와도 교유했다. 그는 에조치(현재의 홋카이도) 경영과 관해 강의를 해달라는 막부의 요청을 받고 이동하던 중 42세로 병사한다. 겟쇼는 비교적 젊은 나이로 생을 마감하기까지 평생 학문을 익히며 국방을 역설한 호국승護國僧으로서 그가 남긴 저작도 『불법호국론佛法護國論』이었다.

겟쇼의 시는 그와 동시대 인물인 메이지 유신 3걸 가운데 한 사람인 사이고 타카모리(1828~1877)가 읊어 더욱 유명해진다. 2, 3, 4번째 구절에 사용된 글자가 약간은 다르지만 의미는 사실상 같다.

男兒立志出鄕關, 學不成名死不還. 埋骨何須桑梓地, 人生無處不靑山.

세 번째 구절에서 '뼈를 묻는데 상재(桑梓; 뽕나무와 가래나무. 고향집을 의미함) 땅이 굳이 필요할까'라고 했다. 상재는 조상을 기억하기 위해 고향에 심은 나무, 나아가 고향집을 의미하는 것으로 미루어 사이고 타카모리는 중국의 한학과 경서에도 능통했음을 알 수 있다.

겟쇼보다는 사이고 타카모리가 일본 역사에서 지명도가 훨씬 높아, 많은 이들이 사이고 타카모리를 원작자로 혼동하기도 한다. 서구 열강과의 교류와 경쟁을 통해 식민지화를 모면하고 부국강병을 이룩한 메이지유신의 지사들을 존경한 중국의 마오쩌둥도 이 시를 몇 글자만 바꿔 읊어 중국에서도 〈장동유제벽〉은 유명하다.

1910년, 17세였던 모택동은 친척의 도움과 부친인 마오순성의 허락을 받아 집을 떠나 상향현동산고등소학으로 가게 된다. 그는 출가한 뒤 부친에게 한 편의 시를 쓴다. 시의 제목은 〈改西鄕隆盛詩贈父親〉이다. 즉 사이고 타카모리의 원시를 약간 바꿔 부친에게 바친 것이다.

孩兒立志出鄕關, 學不成名誓不還. 埋骨何須桑梓地, 人生無處不靑山.

첫째 구절에서 부친에게 주는 헌정시라 남아男兒를 아이(孩兒)로 고치고, 둘째 구절의 죽어도 돌아오지 않는다(死不還)를 돌아오지 않는다고 맹세한다(誓不還)로 글자만 바꾼 것이다.

긴자(銀座)의 밤거리를 누빈 벽안의 스파이,
리하르트 조르게|Richard Sorge

한국에서는 모략謀略이라고 하면 보통 중상모략이란 단어가 연상되어 남을 뒤에서 험담하거나 해코지를 하는 의미를 주로 떠올리지만, 한편으로는 첩보(Spying, Espionage)를 의미하기도 한다. 첩보의 요체는 적을 속이는 것인데, 한국에서는 첩보의 역사가 일천해서인지 중상모략의 의미만 유독 강하다. 반면, 일본에서는 첩보의 의미가 강하다.

제2차세계대전 중 일본 도쿄 번화가에서 암약한 푸른 눈의 스파이가 있었다. 1895년, 지금의 아제르바이잔에서 독일인 아버지와 러시아인 어머니 사이에서 태어난 '리하르트 조르게'가 그다. 조르게는 러시아 제국령이었던 아제르바이잔에서 세 살 때 베를린으로 이주한다. 독일에서는 고교 시절 제1차세계대전에 참전해 세 차례나 부상당하는 등 용감하게 싸워 철십자훈장까지 받는다. 하지만 패전으로 가난과 기아에 시달리는 독일의 현실과 1917년 러시아혁명의 영향으로 공산주의자가 되고, 1921년에는 소련으로 건너가 공산당원이 된다.

코민테른 멤버가 된 리하르트 조르게는 이후 신분 위장을 위해 독일 나치당에 가입하고 독일 유력지 〈프랑크푸르터 알게마이너 지〉의 특파원으로 중화민국 상하이를 거쳐 1933년 일본 도쿄에 도착한다. 그는 도쿄 미나토구 아자부(麻布) 대로변에 거처를 마련한다. 조르게에게는 일본군이 소련을 침공할 것인지를 파악해 소련에 보고하라는 임무가 주어진다.

독일이 불가침조약을 깨고 소련을 침공했을 때, 스탈린은 독일의 동맹군인 일본의 관동군이 만소국경을 통해 소련과 개전하는 시나리오가 공포였다. 마침 만소국경에는 정예를 자랑하는 관동군 70만 병력이 전개되어 있었다. 이때 조르게는 관동군의 기동훈련은 소련을 겨냥한 것이 아니라 일본 군부, 특히 육군이 소련의 위협을 부추겨 존재감을 과시하고 예산 요구를 하기 위한 방편이며, 일본의 목표는 중국과 동남아시아의 유전 지대를 점령함으로써 미영과 충돌하게 될 것이라고 분석했다. 스탈린은 조르게가 독일인이라 역정보에 걸릴 수 있다면서 그를 신뢰하지 않았다. 하지만 조르게의 분석은 적중했다.

일본에 대한 조르게의 분석력은 대단했다. 그는 일본에 대해 상당한 지식을 가지고 있었으며, 아자부의 자택 서재에는 『고사기古事記』, 『일본서기日本書紀』, 『겐지모노가타리(源氏物語)』 같은 고전을 포함해 천 권 가까운 일본 관계 서적이 꽂혀 있었다고 한다. 그가 기자로서 작성하는 '일본 보고서'는 유럽에서 높은 평가를 받았다. 조르게는 스스로 자신이 평화 시기에 태어났더라면 학자가 됐을 것이라고 이야기했다. 어두운 시대가 그를 스파이로 만든 것이었다.

일본의 국민작가 시바 료타로도 높이 평가했다. 시바 료타로는 생전에 '조르게의 팬이라면서 그는 탁월한 일본 분석가로 일본제국이 갈 길을 잃고 전문가조차 자국의 운명을 몰랐을 때 일본이 북진 대신 미영에 싸움을 걸게 될 것'임을 판단한 것에 놀라워했다.

조르게의 아사부 자택은 스파이들이 가장 두려워하는 특별고등경찰特別高等警察(特高)이 있던 토리이자카 경찰서 바로 앞이었다. 그는 도쿄지국을 따로 만들지 않고 자택을 사무실 겸 아지트로 사용했다. 그에게는 16세 연하의 일본 여인 이시이 하나코(石井花子)란 애인도 있었다.

도쿄의 긴자는 상하이와 함께 각국 특파원들이 아시아의 뉴스를 전하는 도시였다. 미디어센터는 8층 높이로, 당시로서는 고층 빌딩이었던 일본전보통신日本電報通信(현재의 덴츠)에 있었다. 여기서 3분 거리에는 '라인골드'라는 독일 레스토랑이 있었는데, 일본 생활 3년째가 되던 해에 40세 생일 파티 중 24세의 일본 여인 하나코를 만난 것이다. 조르게는 미디어센터에서 오토바이로 퇴근하면서 종종 하나코를 뒷자리에 태우고 아자부의 자택으로 갔었다.

하나코가 아자부 자택에 오는 날, 조르게는 외등을 켜 두었다고 한다. 애인이 있으니 지금은 용무가 있어도 오지 말라는 동료 첩보원에게 보내는 일종의 신호였던 셈이다. 하나코가 나중에 남긴 저서 『인간 조르게(人間 ゾルゲ)』에 따르면 조르게의 집은 2층집으로 서재에는 토리이자카의 경찰서가 보였다고 한다. 조르게는 오전에 독서나 타자기로 집필을 하고 점심 후에는 낮잠을 자거나 나치 독일의 기밀 정보가 있는 독일대사관이나 외국 보도진들이 있는 긴자로 향했다. 조르게는 또 제국호텔의 바에도 자주 드나들며 위스키 잔을 들고 독

일대사관원과 함께 국제 정세를 논하고, 긴자의 화려한 밤거리를 돌아다니며 여러 여성들과 염문을 흘리는 등 첩보 스릴러 영화 주인공과 같은 면모를 발산하기도 했다.

조르게는 러시아 어가 유창했지만, 도쿄에서 독일인으로 위장하기 위해 아예 입 밖에도 내지 않았고 소련대사관에도 접근하지 않았다. 그는 일본에서 8년 동안 첩보 활동을 하다가 수상한 전파가 그의 주변에 집중하고 있다는 점을 파악한 특별고등경찰에 체포된다. 이때가 일본의 진주만 공격 2개월 전인 1941년 10월이었다. 극동을 뒤흔든 역대급의 조르게 사건이 터진 것이다. 조르게가 체포되면서 19명이 함께 체포되어 이 가운데 두 명이 사형에 처해지고 다섯 명이 옥사한다. 그리고 한 명은 병보석 뒤 사망, 집행유예가 두 명이고 전후 석방이 아홉 명이다.

조르게와 함께 체포되어 처형된 이가 아사히신문 기자로 중국 문제 전문가이며 당시 가장 예리한 정치 분석으로 이름을 날려 코노에 후미마로(近衛文磨) 내각의 촉탁으로도 활동했던 오자키 호츠미(尾崎秀實)였다. 그는 조르게와 상하이에서 아는 사이였으며 도쿄에서 기자로 다시 만나 교분이 두터웠으며 줄곧 조르게의 협력자가 된다.

그도 그럴 것이 오자키 역시 소련 코민테른의 공산주의자였다. 따라서 일본이 소련과 전쟁을 하는 대신 남진정책을 취하도록 하기 위해 백방으로 뛰었다. 도조 히데키 내각은 결국 1941년 7월 미영을 적으로 돌리게 된다.

조르게와 함께 체포돼 처형된 오자키는 죽기 전에 여러 말을 남겼고 이는 『요시다 시게루와 그의 시대』에 적혀 있는데, 이후 코노에 후미마로가 이를 읽고는 경악했다. 오자키에게 어전회의의 내용까지 일러줄 정도로 신뢰해 내각의 브레인으로 기용했었기 때문이었다.

'동아신질서사회가 전쟁의 재 안에서 나타나 세계혁명의 일환이 된다. 우리의 일본 적화운동은 이미 목적을 달성했다. 일본이 마침 내 큰 전쟁에 돌입해 소란이 일어나니 혁명은 반드시 발생할 것이 다. 나의 일은 거의 성공했는데, 그 결과를 보지 못한 채 죽는 것은 유감이다.'

세계사의 큰 줄기를 날카롭게 파악한 푸른 눈의 스파이 리하르트 조르게와 그에 협력해 일본의 정책 정보를 넘긴 아사히신문의 오자 키 호츠미 기자는 그들이 끼친 영향과는 별도로 일류 정치분석가이 며 경제·사회·문화평론가이기도 했다.

쑨원과 우메야 쇼키치의 신해혁명 지원

　　일본은 중국혁명의 요람이었다. 중국의 국부 쑨원(孫文)은 흔히 쑨중산(孫中山)이라고도 불리는데, 중산은 그의 자字다. 중산은, 그가 일본에 머물면서 사용한 '나카야마'란 이름에서 유래한 것이다. 쑨원이 신해혁명을 위해 주로 한 일은 해외 화교자금의 조달이었다. 쑨원의 호號는 '일선逸仙'으로 서구권에서는 쑨이센(孫逸仙)의 광동어 발음인 '쑨얏센Sun Yat-Sen'이라고 하며, 그의 삼민주의를 Dr. Sun Yat-Sen's Thought이라고도 번역한다.

　　쑨원은 1894년 하와이에서 흥중회興中會를 조직하고 이듬해 광저우에서 무장봉기를 계획하지만 실패하고 일본으로 망명한다. 그리고 일본에서 자유민권 사상가로도 활동한 미야자키 토텐(宮崎滔天)과 깊이 교유하며 일본 조야와 재계 인맥을 넓혀 간다. 쑨원은 미야자키의 소개로 겐요샤(玄洋社)의 토야마 미츠루(頭山滿)와 만나고 그들 통해 실업가였던 히라오카 고타로(平岡浩太郎)의 경제 지원도 받는다.

　　쑨원이 동맹회同盟會를 결성해 유학중인 장제스와 만난 곳도 도쿄였다. 중국의 국부인 쑨원은 여러 일본인들의 도움을 받는데, 이 가운데 그를 믿고 평생 물심양면으로 후원해 준 이는 우메야 쇼키치(梅

屋庄吉)란 인물이다.

　우메야 쇼키치는 일본에서 시작한 영화 사업으로 재산을 일구고
그 재산을 쑨원의 혁명 사업에 쾌척했다. 중국의 혁명가와 나가사키
출신의 야심만만한 사업가는 그들이 20대였던 1895년부터 인연이
시작된다. 사진 기술을 배우던 우메야는 홍콩의 번화가인 센트럴에
서 우메야(照相館) 사진관을 경영하고 있었는데, 여기에 쑨원의 은사
였던 의학박사 제임스 컨트리 씨가 드나들면서 두 사람을 이어 주었
던 것이다. 우메야에서 만난 두 사람은 의기투합했고 동양의 평화를
주제로 밤늦게까지 이야기를 나누었다. 쑨원은 "중국의 미래를 위해
서는 혁명을 일으켜 청나라를 쓰러뜨리는 수밖에 없다"고 말했고, 이
에 대해 우메야 쇼키치는 "자네가 거병하면 나는 재산으로 지원할 것
이네(君は 兵を 挙げたまえ´我は 財を 挙げて 支援す)"라고 맹약했다.

　메이지 원년인 1868년에 태어난 우메야는 나가사키 무역상의 아
들로 성장했다. 나가사키는 에도시대부터 계속된 해외문물의 유입구
였으며, 상하이와의 교역 창구로 화교들도 많이 진출한 곳이었다. 어
릴 때부터 외국문화에 친숙했던 우메야는 열네 살 때 상하이에 밀항
해 아편전쟁 이후 서구 열강에 의해 반식민지가 되어 버린 중국의 모
습을 접한다.

　이후 우메야는 사진관 사업을 영화 사업으로 발전시켜 대성공을
거둔다. 특히 싱가포르에서 50만 엔을 벌어 귀국했다. 당시 영화산
업은 최첨단 미디어 사업이었다. 그는 귀국 후 'M파테'(프랑스의 파테
필름을 구입한 것이 계기)를 설립한다, 그러다가 메이지 말기 영화산업

에 불황이 닥치자 '요시자와 상점', '요코다 상회', '후쿠호쿠도(福寶堂)' 등의 영화사를 인수해 '일본활동사진주식회사'를 설립, 시라세 중위의 남극 탐험 기록영화를 만드는가 하면, 히비야공원에서의 이토 히로부미 장례식을 전하는 등 영화 제작자로서 여러 실험적인 시도를 한다.

이렇게 벌어들인 돈을 우메야는 약속대로 쑨원에게 아낌없이 보냈다. 송금 방법으로는 영화 필름 깡통에 돈뭉치를 넣어 혁명군에게 보내기도 하는 등 첩보영화를 방불케 했다. 우메야 쇼키치는 신해혁명 이후 일본에 망명한 쑨원을 숨겨 주고 송칭링을 소개해 결혼에 이르도록 한다. 심지어는 결혼 피로연 장소로 자기의 저택을 제공하기도 한다. 쑨원 부부가 중국에 귀국할 때까지 송칭링은 우메다의 집에서 거의 살다시피 했고 틈만 나면 피아노를 쳤다. 이 피아노는 현재 히비야 공원에 있는 쑨원과 그의 일본인 지지자들의 교류 장소였던 마츠모토로(松本樓)에 전시되어 있다.

쑨원은 1925년 "혁명은 아직 끝나지 않았소. 동지들이여, 혁명을 향해 노력하시오!(革命尙未成功, 同志仍須努力)"라는 말을 남기고 숨을 거둔다. 우메야는 쑨원을 기리기 위해 현재 가치로 1억 5천만 엔의 돈을 들여 4기의 동상을 제작해 난징과 광저우, 마카오 황푸에 기증한다. 우메야는 이후 계속 악화되어 가는 일중관계의 개선을 위해 힘쓴다. 그러다가 일중전쟁이 시작되기 전인 1934년 쓰러져 65세로 타계한다. 사업으로 번 돈은 모두 쓴 상태였다.

우메야가 쑨원의 혁명사업을 지원하기 위해 쓴 돈은 현재 가치로 1

조 엔 정도다 그가 생애를 관통해 신조로 삼은 것은 부귀재심貴富在心이었다. 우메야는 명성이나 지위 같은 대가를 바라지 않고 젊은 날의 서약을 중시해 쑨원을 물심양면으로 도와 중국 혁명의 연출자로 불리고 있다.

쑨원과 우메야 쇼키치의 인연은 일중양국 우호의 상징이기도 하다. 국부 쑨원이 일본식 이름인 나카야마(中山)을 사용하고 일본인 사업가 우메야 쇼키치 그리고 겐요샤의 토야마 미츠루 등과도 널리 교유했지만, 당시나 현대 공산중국, 그리고 대만 어디에서도 쑨원을 '친일파라 매도하는 중국인은 단 한 사람도 없다.

중화민국 국군을 지원한 일본의 군사고문단 백단

장제스가 대륙에서 패퇴한 뒤 타이완에 중화민국정부를 수립한 이 래 내세운 슬로건은 '대륙반공大陸反攻'이었다. 그리고 제갈량 출사 표에 나오는 '漢賊不兩立(촉한은 조조의 위나라와 결코 함께 존재할 수 없 다)'의 태세로 대륙 수복을 꿈꾸며 군사력 재건에 나섰는데, 이 같은 그의 고집은 1975년까지 계속됐다. 이 과정에서 장제스는 제2차세계 대전 당시 적군인 일본군의 도움을 받았다는 사실은 잘 알려져 있지 않다. 사실, 전후 중화민국 국군을 만든 것은 구일본제국군의 장교단 이었다.

장제스는 1949년부터 1969년까지 타이완의 국군을 비밀리에 지 원하기 위한 구일본제국군 장교를 중심으로 군사고문단을 결성한다. '백단白團'이란 명칭은 이 조직의 단장 토미타 나오스케(富田直亮) 소장의 중국명 백홍량白鴻亮에서 유래된 것이다. 장제스는 국공내 전에서 궤멸된 국군의 재건은 물론이고 군 훈련과 동원, 금문도 포격 등 해협 위기와 실현에 옮기지는 못한 대륙 공격 계획인 '국광國光계 획' 검토에도 백단을 참여시켰다. 타이완의 역사가 대국휘(戴國煇)에 따르면 장제스는 미국의 군사고문단보다 백단을 훨씬 신뢰했다. 이 는 백단이 구성한 군사교육 커리큘럼인 원산군관훈련단圓山軍官訓

練團 개강시에 장제스의 훈시에서 잘 나타나 있다.

"지금까지 동양 국가들 가운데 가장 먼저 군사적 진보를 이룬 것이 일본이다. 노력하며 수고를 감내하는 정신, 근면, 검약의 생활 습관은 우리나라와 공통된 점이 있다. 이 때문에 우리는 일본인 교관을 초빙한 것이다. 반드시 그대들의 과거 결점을 고쳐줄 것이다. 일본은 우리와 8년 동안 싸웠다. 우리를 침략한 적이었다. 우리가 이긴 적을 교관으로 삼는 것은 납득되지 않는다고 생각할 수도 있는데, 이는 잘못된 것이다. 일본인 교관은 타산도 없고 중화민국을 구하기 위해 타이완에 온 것이다. 서양인의 작전은 풍부한 물자를 전제로 하고 있어 우리나라 실정에 맞지 않고 기술 중시로 정신을 가볍게 여기고 있어 안 된다."

백단의 군사교육은 시기별로 변천을 거친다. 우선 '원산군관훈련단'(1950~1952)은 계급별로 소위부터 소령까지를 총괄해 교련, 전술, 통신, 정보, 전사를 가르치는 보통반, 대령 이상 위주로 황포군관학교와 중앙군관학교출신자를 대상으로 한 고급반 등이 있었다. 이후 미군정규군사고문단이 들어오자 원산에서 장소를 이전한 '석패실천학사石牌實踐學社'(1952~1965)가 운영된다. 미국의 백단 해산 압력이 있던 시기여서 '지하대학'으로도 불리며 영관급 이상의 참모 교육 위주로 운영되는데, 당시 국민당군에서는 석패실천학사 출신이라면 사단장 이상 진급은 불문율로 통할 정도로 군내에서 엘리트 교육 기관으로 명성이 높았다.

석패실천학사 이후에는 '육군지휘참모대학'(1965~1968) 형태로 대학 교관을 대상으로 한 교관특별훈련반, 부사단장급과 사단장급을 대상으로 한 전술 시뮬레이션 강습반, 군사 대항 훈련시 심판원 강습반 등을 운영하다 1968년에 활동이 중지되고, 이듬해 1월 백단은 정식으로 해산하게 된다.

일본 국내에서는 백단을 지원하기 위한 후방 지원 활동이 있었다. 1952년, 도쿄 이이다바시(飯田橋)에는 '후지구락부'라는 군사연구소가 설립됐다. 여기에는 구일본제국 육군의 오카무라 야스지를 중심으로 핫토리 타쿠시로(服部卓四郎), 토코 세이이치(都甲誠一), 해군의 타카다 토시타네(高田利種) 등이 참여해 전사, 전략, 국제정세 등을 연구 분석했다. 5천 점 이상의 연구자료를 작성해 타이완에도 보내는 한편 백단의 교육자료로도 활용했다.

장제스의 일본 딜레마

장제스의 '제스(介石)'는 그의 자字이고 이름은 중정中正이다. 보통 서구권에서는 그를 '챵카이섹Chiang Kai-shek'이라 하는데, 이는 제스를 그의 고향인 저장 성(절강성) 발음을 그대로 옮긴 것이다. 총통總統이란 용어는 장제스 시대에는 서구권에서는 이태리어에서 차용한 '제네럴리시모Generalissimo'로 번역했다. 장제스가 공산주의자들에 대해 백색테러를 가해 권위적으로 비쳐져 위압감을 주는 군복 차림에 훈장을 주렁주렁 달고 있는 모습이 독재자 무솔리니를 연상시키는 측면이 있었기 때문이다. 제네럴리시모란 번역어는 계엄통치를 계속한 그의 아들 장징궈(張經國)까지 사용되다 민선 총통인 리덩후이(李登輝) 이후부터는 '프레지던트President'로 번역한다.

장제스는 1907년에 일본에 건너가 군사교육기관인 도쿄진무학교에 유학했고, 1909년에는 일본제국 육군에 근무하면서 타카타 포병연대 사관후보생이 되기도 하고 일본 정재계 인사들과 교분을 맺는다. 종전 후에는 패전한 일본군과 거류민들에 대해 보복을 금지하면서 서둘러 일본으로 귀국시킨다. 그리고 지나파견군총사령관 오카무라 야스지(岡村寧次) 대장에게 무죄를 선고해 일본인들로부터 이덕보원以德報怨을 실천했다는 칭송을 받았다.

하지만 국공내전에서 패배해 타이완으로 건너간 이후 일본에 대한 정책은 표면적으로는 크게 바뀌게 된다. 타이완 해방자로서 국민당 정권을 부각시켜야 했기 때문에 1895년부터 1945년까지 50년 동안 타이완을 통치한 일본에 대해 부정적인 태도를 취한 것이다. 국민당의 고위층과 군부는 대륙반공의 꿈을 이루기 위해 구일본군 군사고문단을 초빙해 그들의 협력을 받는 등 친일정책을 펼친 것과는 반대로 타이완에서의 일본문화 잔재를 추방한다면서 일본 서적과 노래의 수입을 금지하는 등의 다소 극단적인 반일 노선을 취했다.

일본의 타이완 식민지배는 상당히 고압적이라 불쾌한 추억을 남겼지만, 근대 교육제도 도입과 환경 위생 개선, 수력발전소 건설 같은 긍정적인 유산도 남긴 덕분에 일본에 대한 타이완 사람들의 감정은 묘하다. 타이완 사람들은 일본이 물러가고 대륙에서 패퇴한 장제스의 국민정부가 타이완을 통치하게 된 것을 거우취주라이(狗去猪來, 개가 물러나니 탐욕스런 돼지가 왔다)라고 표현한다. 일본에 해방된 줄 알았더니 장제스의 국민당정부가 타이완에 들어와 '2.28학살사건'과 정적 숙청, 37년간 계속된 계엄령 같은 철권통치에 대해 반발감을 갖게 된 타이완 사람들이 오히려 일본에 대한 호감을 나타내게 된다.

저우언라이와 일본의 인연

　한국인도 즐겨 찾는 일본의 관광지 교토 서북부의 아라시야마(嵐山) 카메야먀 공원에는 빗속의 아라시야마(雨中嵐山)라는 시비가 있다. 중국의 총리를 지냈던 저우언라이가 일본 유학생활을 마치고 1919년 4월에 귀국하기 전 교토를 유람하면서 남긴 시다.

　　雨中二次遊嵐山
　　빗속에 두 번째로 아라시야마를 노닐다

　　兩岸蒼松, 夾着幾株桜. 到盡處 突見一山高, 流出泉水綠如許, 繞石照人.
　　瀟瀟雨, 霧濛濃；一線陽光穿雲出, 愈見姣姸.
　　人間的万象眞理, 愈求愈模糊；
　　模糊中偶然見着一点光明, 眞愈覺姣
　　강둑의 양쪽으로 푸른 소나무, 그 사이를 비집고 있는 몇 그루의 사쿠라 길이 끝나는가 싶더니 산이 높이 솟아 있네.
　　흐르는 샘물은 푸르름이 넘치고 돌 사이를 굽이치며 사람을 비추네.
　　부슬부슬 내리는 비에 안개가 자욱하고,

한줄기 햇빛이 구름을 뚫고 나와 볼수록 아름답네.

인간사 만상의 진리는 찾으려 할수록 모호하네,

모호한 가운데 우연히 한 점의 광명을 보니 참으로 아름다움을
느끼네.

서우언라이의 이 시는 그가 귀국한 뒤 잡지 《각오覺悟》 창간호에
게재됐고, 1978년 '일중평화우호조약' 체결을 기념해 교토의 여러
단체들이 건립했으며, 이듬해인 1979년에는 저우언라이의 부인 덩
잉차오(鄧穎超)가 참석했다. 저우언라이가 비 내리는 날 아라시야마
의 소나무와 벗나무, 푸른 물과 산의 아련한 아름다움을 노래한 이
시비는 일중 우호의 상징으로 그 동안 랴오청즈와 화궈펑(華國鋒), 보
이보(薄一波), 자오즈양(趙紫陽), 후야오방(胡耀邦), 원자바오(溫家寶)
등이 방문했다.

사쿠라와 저우언라이 총리의 인연은 깊다. 도쿄도 하츠오지 시 소
카대학교에는 '저우언라이의 사쿠라(周櫻)'라는 팻말이 서 있는 벗
나무 한 그루가 있다. '소카학회', 'SGI'의 창시자인 이케다 다이사
쿠와 저우언라이의 인연을 기념하기 위해 식수한 벗나무에 저우언라
이의 이름을 붙인 것이다. '소카학회'의 창시자인 이케다는 일중우
호를 위해 1971년 공명당 대표로 중국을 방문했고, 저우언라이의 환
대를 받았다. 이케다에게 깊은 정을 느낀 저우언라이는 1974년 병석
에 있었음에도 불구하고 그와 회견을 하기도 했다. 당시 이케다는 50
년 전 저우언라이가 벗꽃이 만개했을 무렵 일본을 떠났을 때의 정취
를 다시 느끼도록 일본 방문을 권유했으나 저우의 건강 악화로 성사
되지 못했다. 이케다는 아쉽다면서 벗꽃이 활짝 핀 모습을 그린 영화

〈앵화난만櫻花爛漫〉이란 그림을 저우에게 선물해 병실에 걸어 놓게 된다. 저우언라이가 숨진 뒤 이케다는 일본에 유학 온 중국 학생들로 하여금 일본 학생과 함께 저우 총리를 기리는 벚나무 묘목을 교정에 심도록 하고 여기에 '저우언라이 사쿠라'란 푯말을 세운다.

저우언라이의 부인 덩잉차오는 1979년 4월에 숨진 남편이 그토록 그리워했던 일본을 방문했고, 이케다는 직접 두 그루의 벚나무 묘목을 심고 '주씨 부부 사쿠라(周夫婦櫻)'로 명명했다.

이후, 1987년 이케다 다이사쿠는 저우언라이를 회고하며 〈앵화연櫻花緣〉이란 장시를 지어 덩잉차오에게 선물한다.

時去時来，世事變幻，唯有櫻花因緣緣而倍增光輝，告訴人們友誼万世常在.

年年歲歲花開時，人們贊頌，人民的總理和人民的慈母，光輝的一生.

我也贊贊頌，心田中友誼谊的櫻花，永遠盛開.

저우언라이는 벚꽃을 유독 좋아했던 것 같다. 저우언라이 부부는 베이징의 자택 마당에 벚나무 두 그루를 심었는데, 이 가운데 한그루가 고사했다. 그래서 덩잉차오는 부부가 함께 벚나무 아래에서 기념사진을 찍지 못했던 것을 못내 아쉬워했다고 한다. 이 소식을 들은 이케다 다이사쿠는 저명한 화가를 초빙해 저우 부부가 자택 마당의 벚나무 아래 있는 모습을 그리게 한 뒤, 이를 1989년 중화인민공화국 건국 40주년을 맞아 덩잉차오에게 선물한다. 덩잉차오는 이 그림을 자택 거실에 걸어 두고 외국 손님이 방문할 때마다 이토록 사람에게 감동을 주는 선물은 받아 본 적이 없다고 자랑했다고 한다.

　중국(중화인민공화국)인이 가장 존경한다는 저우언라이는 벚꽃을 매우 좋아했고, 일본은 지금도 그런 저우언라이의 개인적 취향과 일본에서의 인연을 외교에 활용한다. 벚꽃과 저우언라이의 인연은 어느 정도 알려진 에피소드지만 벚꽃을 좋아했다는 이유로 중국인들이 그를 친일파로 매도하는 경우는 들어보지 못했다.

옮긴이 후기

　엔도 호마레 박사의 『모택동 인민의 배신자(원제; 마오쩌둥, 일본군과 공모한 남자)』의 책 제목을 본 순간 역자는 바로 '이것이 중국현대사의 진실'이라는 감동이 밀려왔다. 30년 가까이 중국 문학과 중국 역사에 대해 관심을 가져왔고, 2006년부터 2008년까지 MBC의 베이징 특파원을 했던 역자가 오랫동안 가슴에 품고 있었던 현대 중국사의 미스터리가 한순간에 풀리는 계기였다.

　마오쩌둥을 동방에 떠오르는 태양이라 칭송한 붉은 가극 〈동팡홍(東方紅)〉, 동풍, 즉 중국의 기세가 서구를 압도한다는 의미로 명명한 중국의 대륙간탄도탄 '동펑(東風)', 마오쩌둥의 팔로군이 일본군과 제대로 싸운 기록은 '평형관전투'와 '백단대전' 밖에 없는데도 국민당군에 패주한 기록을 '대장정(The Great March)'이라는 단어로의 상징조작에 그 동안 서구 세계는 물론이고 한국인들도 중국공산당의 프로파간다에 세뇌되어 있었던 것임을 알게 됐다.

　중국의 공산혁명사와 관련해 많은 이들의 인식은 에드가 스노우 Edgar Snow의 『중국의 붉은 별(Red Star over China)』이었다. 에드가 스노우는 1936년부터 1937년까지 마오쩌둥 등이 농촌 소비에트를 근거지로 내전 중지와 항일 투쟁을 모토로 한 탁월한 전략으로 역사의 승리를 거뒀으며, 홍군 지도자들은 스스로 검약하는 높은 도덕성으로 민심을 얻었다고 강조한다. 하지만 에드가 스노우의 저작에서는 마오쩌둥이 징강산(井岡山)에서 자신에게 도움을 준 산채의 두목들을 숙청했다든지, 국공내전 말기에 창춘을 포위해 같은 중국인들 수십만 명을 아사에 이르게 한 비극의 역사에 대해서는 일절 언급이 없다. 홍군 지도자들과의 대담과 그들이 어떻게 중국 전역을 장악하게 됐는지에 대해서는 꼼꼼하게 취재했지만, 역사의 공정한 평가라는 측면에서는 마오쩌둥에게 이용당한 셈이다.

에드가 스노우뿐만 아니라 좌파 페미니스트 언론인인 아그네스 스메들리Agnes Smedley도 같은 맥락이다. 그녀는 1928년부터 독일 신문 〈프랑크푸르터 차이퉁Frankfurter Zeitung〉 특파원으로 중공군에 종군했으며, 1937년에는 아예 옌안(延安)에 들어가 중국공산당을 위한 선전활동에 참여했다. 1951년 생전의 희망에 따라 중국 베이징 혁명가 묘지에 안장된 아그네스 스메들리의 묘비에는 그녀가 인터뷰했던 주더(朱德)가 '미국의 혁명적 작가이자 중국 인민의 벗, 아그네스 스메들리를 추모하며'라고 쓴 친필 글씨가 새겨져 있다. 사실상 중국공산당의 선전원이었던 아그네스 스메들리의 『위대한 길, 주더의 생애와 그의 시대』, 『중국은 저항한다, 팔로군 종군기』 같은 저작물은 오랫동안 많은 이들의 중국관을 지배해 왔다고 해도 과언이 아니다.

엔도 호마레 박사의 『마오쩌둥, 일본군과 공모한 남자(한국어판: 모택동 인민의 배신자)』는 에드가 스노우, 아그네스 스메들리의 중공 친화적인 역사 서술에서 탈피해 마오가 항일 투쟁을 하기보다는 오히려 일본군과 공모해 중국 인민을 배반했다는 역사적 사실을 실증적으로 그려냈다.

그 동안 마오가 일본군과 공모했다는 사실은 어렴풋하게 인식되어 왔는데, 이를 학술적으로 대중화시킨 것은 참으로 대단하다고 해야 할 것이다. 엔도 박사가 미국의 소리(VOA)와 한 인터뷰에 따르면 이 책이 일본에서 출간된 직후 학술적으로 마오의 친일 스탠스를 정리해 줘서 고맙다는 찬사가 쇄도했으며, 초판 1만 5000부가 단 사흘 만에 매진되는 등 폭발적 반향을 불러일으켰다고 한다. 엔도 박사는 반일 프로파간다라는 애국주의를 국내 정치에 이용하고 있는 중국정부의 대일외교 정책의 악순환을 끊기 위해서는 일본과 관련된 마오쩌둥의 본질을 세계에 알려야 한다는 점을 강조하고 있다.

중국공산당 현대사에서 친일은 언제부터 시작됐는지도 이 책의 핵심이다. 마오쩌둥은 일본의 중국 점령과 관련해 '침략侵略'의 '침侵' 자를 극구 피해 '진공進攻'이란 단어를 사용했고, 전후 오카무라 야스지(岡村寧次) 전 지나 주재 일본군 총사령관을 중국 편으로 끌어들이기 위해 무진 노력을 했으며, 마오의 속도 모르고 '중국에 사죄한다'는 말을 계속했던 일본의 좌익 정치인들에 진절머리를 냈다고 엔도 박사는 밝히고 있다.

중국공산당의 반일은 톈안먼 사태와 소련 동구권의 몰락으로 인해 사회주의 사상의 공백이 생긴 데 따른 위기감을 돌파하기 위해 장쩌민이 소위 애국주의 사상을 집중적으로 보급하면서 시작됐다. 중국공산당의 정통성을 강조하기 위해 항일 신화를 조작하기 시작했고, 러시아 대통령 옐친의 초대로 모스크바를 방문해 제2차세계대전과 반파시스트 전쟁 승리 기념 열병식을 치루는 것을 보고 이를 중국에

도입한 것이다. 여기에는 장쩌민 개인사의 배경도 있었다. 장쩌민의 부친이 '친일' 왕자오밍 괴뢰정부에서 부역했고, 집안이 부르주아 출신이라는 점을 분식하기 위한 목적이라는 것이다.

엔도 호마레 박사가 밝힌 마오쩌둥의 본질과 중국의 만들어진 반일감정은 한국에도 시사하는 바가 크다고 할 것이다. 김일성은 자신의 항일 경력을 조작해 북한정권을 수립했으면서도 대한민국을 향해 '친일 부역배들이 이승만과 합작해 세운 미제의 괴뢰정부라면서 민족사적 정통성이 북한에 있다'고 선전했다. 마오쩌둥이 국공내전 시기에 일본군과 공모했고 전후에는 외교적 고립을 탈피하기 위해 일본 정치인들에게 구애했던 것과 김일성이 내각에 친일파를 다수 중용했던 사실을 과연 우리는 어떻게 봐야 하는가 하는 생각이 든다.

중국에서 장쩌민정권이 체제를 공고화하기 위해 반일 프로파간다를 시작했고, 이후 후진타오 시기에는 반일 공세가 잠시 수그러들었다가 시진핑이 집권하면서 대내적으로는 반일 프로파간다 기조를 유지하고 있지만, 미국과 무역전쟁이 본격화되면서부터 대외적으로는 일본에 구애를 하고 있다. 2018년에는 일본과 통화스와프를 맺었고, 2019년에는 칭다오에서 열린 '국제해상관함식'에도 일본 해상자위대 함정을 초청, 반일감정에 사로잡힌 한국의 좌파들이 흔히 '전범기'라고 부르는 '해상자위대 깃발'을 휘날리며 일본 호위함이 칭다오 군항에 입항했다.

한국에서는 시기적으로 장쩌민 집권 시기에 해당하는 김영삼정부 시절, 갑자기 '역사바로세우기'란 미명의 반일 카드를 꺼내들고 과거 조선총독부 건물이라는 이유로 중앙청을 철거했고, 일제가 한국의 지맥을 끊기 위해 '쇠말뚝'을 박았다면서 이를 제거하는 캠페인이 벌어지기도 했다. 이어 이명박·박근혜정부 시절에 이어 한일관계가 중국의 후진타오 집권 시기처럼 냉탕과 온탕을 오갔다면 현재 문재인정부의 반일 일변도 정책은 브레이크가 없을 정도다.

반일감정을 국내정치에 이용하는 것은 한국이나 중국이나 비슷하다. 그러나 중국은 국가 외교전략 차원에서 중국공산당이 완급을 조절하고 있지만, 한국은 이마저도 없는 형편이다. "반일의 원조는 중국이 아니라 한국!"이라고 외치는 것처럼 보인다. 마치 조선시대 선비들이 주자학의 정통성을 강조하면서 양명학이 발생한 명나라에 대해 도덕적 우월감을 느꼈다는 역사가 연상되기도 한다.

국제관계에는 영원한 친구도 적敵도 없다. 시대에 따라 달라지는 법이다. 중국을 오랫동안 공부해 온 역자는 엔도 호마레 박사의 이 책으로 역사를 보는 시각이 넓어졌고, 특히 현대 중국에 대한 허상에서 탈출하게 됐다.

끝으로 역자가 이 책의 번역 출판을 제안한데 대해 흔쾌히 허락해 주신 타임라인의 길도형 대표와, 한국 출판을 수락해 주신 저자 엔도 호마레 박사, 그리고 일본 신조사新潮社 관계자 분들에게 감사를 표한다.

참고문헌

    (일본어판 원서의 참고문헌을 그대로 옮기면서, 일본식의 한자 표기 방식인 신자체新字體와 중국식의 표기 방식인 간체자簡体字를 모두 한국에서 일반적으로 사용되는 원래의 표기 방식인 번체자繁體字로 바꾸어 표기한다.)

【中國語】

『毛澤東年譜 1893~1949』上・中・下卷 および 『毛澤東年譜 1949~1976』第一卷~第六卷(中共中央文獻研究室編, 中央文獻出版社, 1993年)

『毛澤東傳 1893~1949』(中共中央文獻研究室編, 中央文獻出版社, 1996年)

『毛澤東外交文選』(中華人民共和國外交部・中共中央文獻研究室編, 中央文獻出版社・世界知識出版社, 1994年)

『粟裕 戰爭回顧錄』(粟裕著, 解放軍出版社, 1988年)

『聶榮臻 回顧錄』(陳漢民編輯, 解放軍出版社, 1986年)

『我的回顧』第三册(張國燾著, 東方出版社, 1998年)

『歷史的回顧』(徐向前, 解放軍出版社, 1987年)

『潘漢年的情報生涯』(尹騏著, 人民出版社, 1996年)

『潘漢年傳』(尹騏著, 中國人民公安大學出版社, 1997年)

『揚帆自述』(揚帆著, 群衆出版社, 1989年)

『蔣介石の手書きの日記原文』スタンフォード大學フーバー

研究所)

『汪精衛與陳璧君』(陳舒侯・鄭瑞峰著, 團結出版社, 2004年)

『廖承志與日本』(吳學文・王俊彦著, 中共黨史出版社, 2007년)

『現代稀見史料統系 中共50年 (內部發行, 雙供研究)』(王明著, 徐小英等譯, 東方出版社, 2004년

『紅太陽是怎樣升起的 延安整風運動的來跌去脈』(高華著, 香港中文大學出版, 2011年)

『AB團與富田事變始末』(載向青・羅惠蘭著, 河南人民出版社, 1994年)

『中共將大之謎 被掩蓋的中國抗日戰爭真相』(謝幼田著, 明鏡出版社, 2002년)

『對日抗戰期間中共統戰策略之研究』(梅良眉編著, 正中文庫, 1977年)

『勦匪戰史』(蔣中正著〈 國防部史政局編印, 1962年)

『中共黨的策略路線』(司法行政部調查局, 1956年)

『中共史論』第三册&第四册(國立政治大學國際關係研究中心中文出叢書系列第版60冊)(郭華倫 著, 政治大學國際關係研究中心中文叢書系列第60冊)(郭華倫著, 政治大學國際關係中心出版, 1969年)

『何應欽將軍講詞選集』(何應欽將軍講詞選集編輯委員會, 北何氏宗親會, 1969年)

『歷史塵埃』(高伐林著, 明鏡出版社, 2006年)

【日本語】

『抗日戰爭中, 中國共産黨は何おしていたか──覆い隠された歷史の
眞實』(謝幼田著, 坂井臣之助譯, 草思社, 2006년)

『回想の上海』(岩井英一著, 「回想の上海」出版委員會による發行, 1983
年)

『支那事變の回想』(今井武夫著, みすず書房, 1964年)

『幻の日中和平工作 軍人 今井武夫の生涯』(今井武夫著, 中央公論出版
社)

『支那派遣軍總司令官 岡村寧次大將』(船木繁著, 河出書房新社, 1984
年)

『岡村寧次大將資料 戰場回想錄』(稻葉正夫編, 原書房, 1970年)

『現代史資料13 日中戰爭5』(349項~398項にある影佐裕昭による「會走
路我記」お參照した)(臼井勝美編, みすず書房,, 1966年)

『影佐裕昭──汪正權生みの親』(人物群像・昭和の軍人たち 第十四回)
(雜誌《經濟往來》1980年 5月號)

「遠藤三郎氏の手書きの日記原文」(狹山博物館所藏)

『日中十五年 戰爭と私』(遠藤三郎著, 日中書林, 1974年)

『將軍の遺言 遠藤三郎日記』(宮武摑著, 毎日新聞社, 1986年)

『蔣介石秘錄』1~14(サンケイ新聞社著, サンケイ新聞社出版局, 1975年
~1977年)

『中國のなかのソ連──蔣介石回顧錄』(蔣介石著, 毎日新聞社外信部譯,
毎日新聞社, 1957年)

『敵か味方か──蔣介石總統の對日言論──』(東亞問題史料叢書の一, 東
亞出版社, 1952年)

『同生共死の實體──汪兆銘の悲劇』(金雄白著, 池田篤紀譯, 時事通信社, 1960年)

『周佛海日記』(周佛海著, 蔡德金編, 村田忠禧・楊晶・廖隆幹・劉傑譯, みすず書房, 1992年)

『延安日記』(ピョートル・ウラジミロフ著, 高橋正譯, サイマル出版會, 1973年)

『戰史叢書 北支の治安戰』〈1〉&〈2〉(防衛廳防衛研修所戰史室著, 朝雲新聞社, 1968・1971年)(日中戰爭中の中共軍の活躍に關する描寫の出典を調べるために見たのみ.)

『動亂の眼──アジア・アラブの指導者と語る』(?政信著, 毎日新聞社, 1958年)

『中國がひた隠す 毛澤東の眞實』(北海閑人著, 廖建龍譯, 草思社, 2005年)

『革命の上海──ある日本人中國共産黨員の記録』(西里庵夫著, 日中出版, 1977年)

『毛澤東思想萬歳』(上・下)(東京大學近代中國史研究會譯, 三一書房, 1975年)(毛澤東が言った‘進攻’を‘侵略’と譯しているこをチェックするために見たのみ.)